02. September 2015

origin

BEN SHEWRY

origin

das Kochbuch

Matthaes Verlag GmbH

Inhalt

Geschichten erzählen

Dieses Buch ist eine Betrachtung meines Lebens und meiner Person. Ich schreibe es offen und ehrlich, ohne etwas zu verheimlichen, denn ich möchte objektiv und detailliert davon erzählen, was es bedeutet, ein Spitzenkoch zu sein. Mein Restaurant steht derzeit auf Platz 21 der Liste der weltbesten Restaurants, trotzdem pflege ich keinen glamourösen Lebensstil.

Für mich ist dieses Buch weit mehr als nur ein Kochbuch, denn es erzählt Geschichten, und die Bilder sollen zum Blättern einladen. Da ich selbst Kochbücher liebe, die sich wie Romane lesen, hoffe ich, dass auch dieses Buch von vorne bis hinten gelesen wird. Denn ich erzähle wahre Geschichten, angefangen von meiner Kindheit auf einer einsamen Farm in Neuseeland über meine Ausbildung zum Koch, meine beruflichen Anfänge, von meinem jetzigen Leben als Vater dreier Kinder und als Chefkoch des erfolgreichen Restaurants »Attica« in Melbourne. Ich beschönige nichts, sondern beschreibe, wie es ist.

In vielen Kritiken heißt es, meine Gerichte würden Geschichten erzählen und das gefällt mir, denn sie sind in der Tat fast immer von einer wichtigen Erinnerung, einem Erlebnis oder einer Erfahrung inspiriert.

Ich finde es schön, Leute zum Nachdenken anzuregen, und weiß, dass man, wenn man sie ein wenig erziehen oder für etwas sensibilisieren will, besser ihre Fantasie anregt, statt sie mit harten Fakten zu konfrontieren. Aus diesem Grund möchte ich in diesem Buch Geschichten aus meinem privaten Erfahrungsschatz erzählen.

Als Küchenchef habe ich eine große Verantwortung bei der Auswahl der Lebensmittel für meine Gäste. Die Speisekarte des »Attica« wird alljährlich etwa 40000-mal runtergeladen, weil sie Köche auf der ganzen Welt inspiriert und beeinflusst. Treffen meine Kollegen und ich eine unglückliche Wahl, kann dies über das Schicksal einer ganzen Fischart oder Pflanzengattung entscheiden. Dies bedeutet eine riesige Verantwortung. Stehen Lebensmittel auf meiner Speisekarte, die nicht nachhaltig produziert wurden, bin ich Teil unseres globalen Problems. Das würde mich belasten, da ich mich um Lösungsansätze für weltweite Probleme bemühe. Häufig lässt sich die ethisch verantwortungsvolle Herstellung von Lebensmitteln gar nicht erkennen. In meinem Restaurant versuche ich, Lebensmittel wieder in ihrer ursprünglichen Form zu präsentieren und eine Brücke zur Natur und zu ihrer Anbaugeschichte zu schlagen. Ich fördere bäuerliche Kleinbetriebe, die sich ihren Produkten (egal ob Vieh oder Obst und Gemüse) mit Leib und Seele verschrieben haben, und zitiere sie daher auch immer wieder in diesem Buch.

Ich hatte im Laufe meiner Karriere als Koch das große Glück, zahlreiche wichtige Mentoren zu haben, darunter den neuseeländischen Spitzenkoch Mark Limacher, der die Küche Neuseelands revolutionierte und ihr einen europäischen Anstrich verlieh, und den Spezialisten für thailändische Küche David Thompson, in dessen Restaurant »Nahm« in London ich hospitieren durfte. Daher wiesen meine ersten Speisekarten im »Attica« eine ungewöhnliche Mischung beider Kochtraditionen auf, denn als Purist brachte ich es nicht über mich, die beiden unterschiedlichen Stile zu verbinden. So bestand zum Beispiel eines der ersten Menüs des »Attica« aus einem gedämpften Hühnchen französischer Art als Vorspeise und einem authentischen Nam Prik Pao mit all seinen traditionellen Beilagen als Hauptspeise. Ein bizarrer Stil, über den viele den Kopf schüttelten. Ich war damals achtundzwanzig, musste eine junge Familie ernähren, hatte Angst zu versagen und war überhaupt nicht darauf vorbereitet, irgendwelche Kompromisse einzugehen.

Ich entsinne mich, dass ich in meinem ersten Jahr im »Attica« viele verrückte Sachen gemacht habe. Es gab ein thailändisches Gericht für zwei Personen, das den Namen

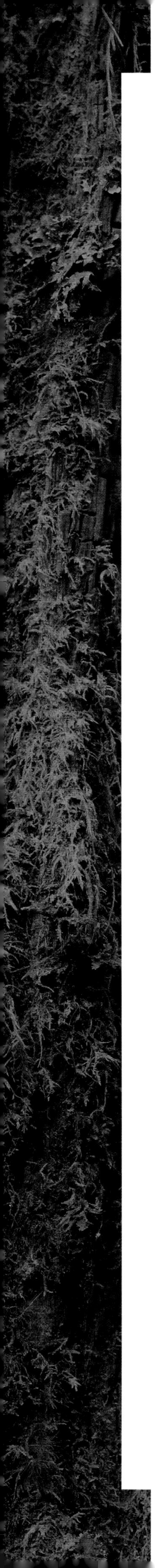

»Die Opfergabe des Mönchs« trug und aus mehr als achtzehn einzelnen Speisen bestand, die auf riesigen Platten gereicht wurden. Ich brauchte einen ganzen Tag für die Vorbereitung, was bedeutete, dass mein armer Freund und mein damaliger Sous-Chef Jason alles andere vorbereiten musste. Letztlich war dieses Gericht so stressig, dass ich es nach nur vier Tagen wieder von der Karte nahm. Meine im Gastgewerbe arbeitenden Freunde amüsierten sich wohlwollend über meine ersten Gehversuche und warteten stets gespannt auf meine nächsten Torheiten.

Relativ schnell bemerkte ich, dass ich so nie wirklich meinen eigenen Stil entwickeln würde und dass ich mich von den beiden starken Einflüssen befreien musste. Unbewusst begann ich in meiner neuseeländischen Kindheit nach Inspiration zu suchen. Ironischerweise lehrte mich der Ort, von dem ich weggezogen war, um tiefere Einblicke in die Kochkunst zu bekommen, mehr über mich selbst, als ich es mir hatte vorstellen können.

Es gelang mir, meine anfängliche Frustration über das fehlende kulinarische Erbe Neuseelands und Australiens zu überwinden und sogar eine große Chance darin zu sehen, an weniger kulinarische Traditionen und kulturelle Restriktionen gebunden zu sein als Köche aus Ländern mit einer jahrhundertealten Kultur. Auch wenn ich es damals nicht erkannt habe, so war diese Freiheit für mich als junger Koch von sehr großer Bedeutung. Dennoch wäre dies alles niemals möglich gewesen ohne die vielen Spitzenköche, die meiner Generation den Weg geebnet haben; darunter meine Freunde Cheong Liew, Tetsuya Wakuda, Neil Perry, Stephanie Alexander, Jacques Reymond, Maggie Beer und David Thompson in Australien sowie Peter Gordon und Mark Limacher in Neuseeland. Mit der Zeit entdeckte ich auch das unglaublich reiche Erbe der Ureinwohner Neuseelands und Australiens als Inspirationsquelle. Eines meiner ersten berühmten Gerichte im »Attica« – Kartoffeln, gegart in der Erde, in der sie wuchsen (siehe Seite 49) – ist eine Hommage an die traditionelle Speisezubereitung der Maori. Inzwischen serviere ich auch Wallaby, Bunya-Nüsse und australische Früchte und bereite beispielsweise Blasentang genau so zu, wie es die australischen Ureinwohner jahrhundertelang gemacht haben.

Eine gute Küche hat für mich vor allem mit den Zutaten zu tun, dem Zubereitungsprozess und der inneren Einstellung und nicht mit irgendwelchen Hintergedanken, Wettbewerben und Auszeichnungen. Man sollte das Kochen intuitiv lernen, um ins wahre Zentrum der Kreativität vorzudringen, beziehungsweise den Schöpfungsprozess durchleben und Dinge außen vor lassen, die nicht wirklich wichtig sind. Was zählt ist einzig und allein die aufrichtige Hingabe.

Nachfolgend noch einige Hinweise zu den Zutaten und zur Herangehensweise an die in diesem Buch aufgelisteten Rezepte:

- Koche stets mit Herz, konzentriere dich auf das, was du tust, gib einfach alles und halte nichts zurück.
- Frische Zutaten sollten möglichst aus der Region stammen und biodynamisch angebaut worden sein.
- Das Öl sollte kalt gepresst und schonend hergestellt (nativ) sein.
- Die Rezepte können erheblich variieren, denn sie sind abhängig von den regionalen Zutaten, der Jahreszeit und der persönlichen Interpretation meiner Worte. Ich rate stets dazu, meinen Rezepten nicht sklavisch zu folgen.
- Das Würzen ist immer eine sehr persönliche Angelegenheit, denn der Geschmack ist individuell. Folge beim Würzen stets deinem Instinkt.
- Fische und Meeresfrüchte wurden nach dem Prinzip der Nachhaltigkeit ausgewählt. Die Portionen sind klein, um der Tatsache Genüge zu tun, dass unsere natürlichen Fischbestände endlich sind und dass, wenn wir Fisch essen wollen, wir dies mit Bedacht tun sollten.
- Meerestiere sollten human getötet werden.
- Die Zubereitung eines Gerichts sollte möglichst immer am gleichen Tag erfolgen. Dies gehört zu unseren Grundprinzipien im »Attica«. Von langer Hand vorbereitete Gerichte schmecken fad und abgestanden.
- Garzeiten sind nur eine Richtschnur. Kochen ist eine Frage des Instinkts, der sich umso besser entwickelt, je mehr Zeit man in der Küche verbringt.
- Die meisten Beilagen sollten bei Raumtemperatur serviert werden.
- Essbares sollte niemals verschwendet werden – dazu gehört auch alles, was bei der Zubereitung abgeschnitten wird. Wenn man Gemüse vor dem Schälen gründlich säubert, kann man aus den Schalen beispielsweise noch eine Gemüsebrühe kochen. Ein verantwortungsbewusster Koch wirft niemals Lebensmittel weg.
- Beim Kochen spielt die Größe der Töpfe und Pfannen eine große Rolle. Zu jedem Gericht stets das perfekte Kochgeschirr und beim Servieren die perfekte Geschirrgröße wählen.
- Die Backtemperaturen beziehen sich, falls nicht anders angegeben, auf einen Umluftherd.
- Die in den Rezepten verwendeten Eier stammen aus Freilandhaltung nach den Regeln der ökologischen Landwirtschaft und wiegen 68 g.
- Schokolade sollte aus fairer Produktion stammen, sodass der sozialen Verantwortung und der Nachhaltigkeit Rechnung getragen wird, denn zwei Drittel der Kakaoplantagen befinden sich in Westafrika, wo größtenteils Kinder unter skandalösen Bedingungen arbeiten.
- **Die mit einem Sternchen* gekennzeichneten Zutaten und Küchenutensilien werden im Glossar (Seiten 290–292) näher erläutert.**

Wurzeln

KAPITEL EINS

Ich wurde am 15. März 1977 in einem kleinen Städtchen namens Waitara auf der Nordinsel Neuseelands geboren, in dem hauptsächlich Fleisch produziert wurde. Meine Eltern besaßen eine Schaf- und Rinderzucht an der Westküste der Insel. Wir wohnten auf einer weit abgelegenen Farm am Ende der kurvenreichen Awakau Road kurz vor der gefährlichen Awakino-Schlucht.

Verbundenheit

Dies ist nicht der Teil Neuseelands, den man auf Postkarten sieht. Dies ist das wahre Neuseeland; das raue, harte Leben der Schaf- und Rinderzüchter – einst ein Grundpfeiler des Landes – auf Böden, die dafür nie gemacht waren. Die Hügel, über die mein Vater tagtäglich schweren Schrittes ging, würde man in Australien bereits als kleinere Berge bezeichnen. Dennoch wohnt dieser rauen Landschaft eine ganz eigene Schönheit inne: kilometerlange schwarze Strände und einsame, gefährliche Steilküsten, wie sie in Jane Campions Film »Das Piano« zu sehen sind, der zum Teil auf unserem Land gedreht wurde; dunkle Buschlandschaften auf schwarzem Schiefergestein und Sumpfgebiete, in denen die vom Aussterben bedrohten, flugunfähigen Kiwis leben. Eine atmosphärische Landschaft, in der die Zeit scheinbar stillsteht.

Die Menschen dort sprechen von der engen Verbundenheit zu ihrem Land und wie sie sich danach sehnen, wenn sie fern der Heimat sind. Aufgewachsen auf dem Anwesen meiner Eltern, liebte ich diese Landschaft, hegte gegen die Farm jedoch gleichzeitig einen gewissen Groll, denn es fiel mir schwer zu verstehen, warum mein Vater so unglaublich hart für offensichtlich sehr wenig Ertrag arbeitete. Mein Vater hatte großen Respekt für die Natur – er besaß *whenua*, der Begriff der Maori für die nabelschnurartige Verbindung zwischen Mensch und Umgebung. Er war Teil dieser Landschaft, er wusste, wie man sich von ihr ernährt, wie man wilde Tiere mit der Hand fängt, und er spürte das sensible Gleichgewicht der Natur. Er brachte mir und meinen Schwestern bei, sich nicht von der Natur einschüchtern zu lassen, sondern sie für sich zu nutzen, ohne ihr zu schaden.

Ich habe erst kürzlich unser altes Haus und die Farm besucht, wo sich nichts verändert hat, bis auf die Narben auf den Hügeln, die die ständige Bodenerosion hinterlässt. Je älter ich wurde, desto wichtiger wurden diese Landschaft und meine Kindheit dort für mich. Heute weiß ich, dass mich nichts so geprägt hat wie das, was ich auf der Farm, im Buschland und auf dem Meer gelernt habe, denn diese Erinnerungen sind mir eine stete Quelle der Inspiration.

Spargel, Buttermilch, geräuchertes Öl

FÜR 4 PERSONEN – DIESES REZEPT BENÖTIGT 1 TAG VORLAUFZEIT

Im »Attica« verwenden wir eine Buttermilch, die täglich als Nebenprodukt beim Herstellen von Rahmbutter abfällt. Sie ist mit industriell hergestellter Buttermilch nicht zu vergleichen, die aus pasteurisiertem Rahm hergestellt wird und mich immer an dünnflüssigen Joghurt erinnert.

Die Qualität des Rahms ist für die Herstellung von Butter und Buttermilch von größter Bedeutung. Wir kaufen eine außergewöhnlich hochwertige Bio-Sahne von einem kleinen Milchviehbetrieb mit Jersey-Rindern in Lakes Entrance, Victoria. Die Milch und die Sahne der Jersey-Rinder sind für mich die absolut besten. Das Jersey-Rind ist eine wundervolle Rasse und als besonders neugierig, anhänglich und friedlich bekannt. Ihre Milch wird bei uns auch »Wein des Rindes« genannt. Die Farm, von der wir unsere Milch kaufen, arbeitet unabhängig und vermarktet ihre Milch und Sahne selbst, was bei uns heute sehr selten ist.

Irgendwann in meiner Jugend verkaufte meine Familie ihre Schaf- und Rinderzucht und erwarb dafür einen kleinen Milchviehbetrieb. Als mein Vater uns zum ersten Mal Rohmilch trinken ließ, waren wir ein bisschen geschockt, da wir bis dahin nur die industriell pasteurisierte Milch kannten und der Geschmack und der Fettgehalt der Rohmilch gänzlich anders waren. In der Rohmilch schmeckt man das Futter, die jahreszeitlichen Unterschiede des Weidegrases, die Auswirkungen von Dürrezeiten und spezifische Rassemerkmale des Rindes, denn alle diese Faktoren beeinflussen das Aroma der Rohmilch. Heutzutage wird der Großteil der Milchprodukte von riesigen Genossenschaften produziert und kontrolliert, denen es hauptsächlich um Absatzmenge und Gewinnspanne geht und nicht so sehr um den Geschmack der Milch und das wirtschaftliche Überleben der Landwirte.

Mein Rezept für selbst gemachte Butter ist leicht nachzumachen: Der Joghurt sorgt dafür, dass der Rahm über Nacht angesäuert wird, wahlweise kann man den Rahm jedoch auch mit Milchsäurebakterien impfen.

SELBST GEMACHTE BUTTER UND BUTTERMILCH

- 1 l Bio-Rahm (vom Jersey-Rind, 45 % Fett i.Tr.)
- 50 g Bio-Naturjoghurt (ohne Verdickungsmittel)
- Tafelsalz nach Geschmack

Den Rahm und den Joghurt mischen und in ein zuvor sterilisiertes, 2 l fassendes Glasgefäß mit Deckel füllen und fest verschließen. Den Rahm 24 Stunden bei Raumtemperatur säuern lassen. Dank der im Joghurt enthaltenen Milchsäurebakterien wird der im Rahm enthaltene Milchzucker zu Milchsäure abgebaut.

Den entstandenen Sauerrahm 2 Stunden im Kühlschrank kalt stellen. Anschließend in einem Butterfass oder mit einem elektrischen Handrührgerät so lange kneten, bis sich Butterklümpchen und Buttermilch trennen.

Die Butterklümpchen von Hand zu einer Kugel kneten und dabei möglichst viel von der noch vorhandenen Buttermilch herausdrücken. (Nach Geschmack beim Kneten etwas Salz untermischen.) Die Butter für einen späteren Gebrauch im Kühlschrank aufbewahren und die Buttermilch durch ein Sieb in eine Schüssel gießen. Etwas Salz zugeben und bis zum weiteren Gebrauch im Kühlschrank aufbewahren.

ZUM SERVIEREN

- 12 weiße Spargelstangen, geputzt und geschält
- 8 grüne Spargelstangen, geputzt und geschält
- geräuchertes Öl (siehe Basics)
- Meersalzflocken nach Geschmack
- 8 EL Buttermilch (siehe linke Spalte)
- 1 g frischer Pollen vom wilden Fenchel
- 16 frische Fenchelspitzen
- weißer Pfeffer aus der Mühle

In einem Kochtopf mit einem Fassungsvermögen von 5 l reichlich Salzwasser aufkochen und den Spargel darin 1 Minute blanchieren. Den Spargel abtropfen lassen und mit dem geräucherten Öl und mit Salzflocken würzen.

Auf 4 Tellern je 3 weiße und 2 grüne Spargelstangen anrichten. Die Spargelstangen mit je 1 EL Buttermilch nappieren und mit den Fenchelpollen und Fenchelspitzen bestreuen. Dann großzügig mit geräuchertem Öl beträufeln. Den Spargel zum Abschluss mit etwas weißem Pfeffer und 1 Prise Salz bestreuen.

Wer in einer abgelegenen Gegend lebt, muss erfinderisch sein. Unsere nächsten Nachbarn waren mit dem Auto in 15 Minuten zu erreichen; der nächstgelegene Supermarkt in zwei Stunden. In meiner Schule gab es sieben Schüler, einschließlich meiner beiden Schwestern. Meine Mutter arbeitete dort als Lehrerin, Direktorin und Sekretärin.

Am Ende der Awakau Road

Jahrzehnte bevor der Begriff Nachhaltigkeit in Mode kam, lebten wir schon aus reiner Notwendigkeit heraus von unserem eigenen Land. Meine Mutter Kaye baute Gemüse und Obst an und konservierte einen Teil davon für den Winter, wie es schon ihre Mutter Lois getan hatte. Die oberen Regalböden waren stets mit Chutney- und Marmeladengläsern gefüllt und darunter lagerten die eingemachten Äpfel, Quitten, Gurken, Tamarillos und die schrumpeligen Bio-Birnen unseres fünfzig Jahre alten Birnbaums, die reif und duftend geerntet und am selben Tag eingekocht wurden.

Dad schlachtete unser Vieh. Ich erinnere mich noch gut, wie ich gerade im Stall stand, als er mit seinem alten .303-Gewehr einen Ochsen erschoss, das tote Tier mit dem Frontlader hochzog und es dort an Ort und Stelle ausweidete, abzog und zerlegte. Diese Erfahrungen haben mich gelehrt, woher unsere Nahrung kommt, wie ein Tier reagiert, wenn es geschlachtet wird, und wie ein Kuhmagen stinkt, wenn man ihn beim Ausweiden aus Versehen aufschlitzt. Als Chefkoch habe ich aus diesen Erfahrungen viel gelernt und hege bis heute großes Mitgefühl mit Tieren, die nur zur Fleischgewinnung gezüchtet werden. Im »Attica« kommt daher nur Fleisch von frei laufenden Tieren auf den Tisch, deren Produzenten eine verantwortungsbewusste und humane Tierhaltung betreiben. Bevor ich nach Australien kam, wusste ich überhaupt nicht, was Stallhaltung ist, da in Neuseeland all unsere Tiere ausschließlich Gras fraßen und auf Weiden lebten.

Das Leben am Ende der Awakau Road war für meine Schwestern Tess und Tamie und für mich ein einziges großes Abenteuer. Als ich acht Jahre alt war, wanderte ich mit meiner damals sechsjährigen Schwester Tess zwei Stunden lang von der Farm ins unberührte Buschland zu einer verlassenen Holzfällerhütte, die mein Vater manchmal als Zwischenstopp benutzte, wenn er im Busch wilde Ziegen jagte. Wir schlugen unser

Lager für die Nacht auf und kochten uns Nudeln in einem Teekessel. Eigentlich wollten wir im nahe gelegenen Bach einen Aal angeln, um unser Abendessen etwas aufzuwerten, aber der Aal hatte andere Pläne und biss mich in die Ferse, als wir unsere Füße in den Bach baumeln ließen. Mein Vater hatte uns beigebracht, wie man im Busch überleben konnte, wenn man sich verirrt hatte, und welche Pflanzen man essen konnte, um nicht zu verhungern. Die Suche nach Nahrung gehörte für uns zum Alltag. Daher ergänzten wir an jenem Abend unsere Nudeln durch ein flechtenartiges Gewächs, das »Großvaters Bart« genannt wird und reich an Vitamin C ist, aber fürchterlich schmeckt.

In jener Nacht schliefen wir in der baufälligen Hütte inmitten des dichten Buschlands mit seinen knorrigen, gespenstigen Bäumen, den unheimlichen Tierlauten und dem intensiven Geruch verfaulender Blätter, Pflanzen und Bäume, bevor wir am nächsten Tag wieder fröhlich nach Hause wanderten. Diese Expedition ist nur ein Beispiel für die ungeheure Freiheit, die wir als Kinder genossen. Solange wir unsere Eltern und unsere Umwelt respektierten, durften wir beinah alles tun und lassen, was wir wollten. Schon als Kind für mich selbst Verantwortung zu übernehmen, gab mir stets das Gefühl, älter zu sein, als ich in Wirklichkeit war. Bei meinen drei eigenen Kindern kann ich mir heutzutage gar nicht mehr vorstellen, dass sie die gleichen Erfahrungen sammeln könnten, die ich als Kind gesammelt habe, aber ich bemühe mich, ihnen eine ähnlich große Freiheit einzuräumen.

Im Frühjahr gehörte es zu meinen Lieblingsbeschäftigungen, Jungfische (*whitebait*) zu fangen, die vom Meer in die Flüsse aufsteigen. Die rohen Jungfische ähneln durchsichtigen kleinen Würmern; sie sind sehr hübsch, besitzen ein mildes süßliches Aroma und schmecken ungeheuer zart. Selbst Mitte der 1980er-Jahre konnten wir einen Fang dieser Jungfische – die häufig neuseeländischer Kaviar genannt werden – für die gewaltige Summe von 30 Dollar pro Kilogramm verkaufen und damit unser Taschengeld erheblich aufbessern. Professionelle Whitebait-Fischer bauten an den Flussufern Hütten und Stege bis ins Wasser, um ihre Netze auszulegen und zu warten, bis ganze Fischschwärme hineinschwammen. Allerdings gibt es strenge Gesetze, die die Netzgrößen, die Lizenzen und die Fangzeiten regulieren, damit die Fischbestände nicht gefährdet sind.

Der Mokau floss auf unserer alten Farm direkt an unserem Briefkasten vorbei, daher legten wir unsere Netze häufig dort aus. Mit etwas Glück fischten wir an manchen Tagen einen ganzen Becher voll *whitebait*. Ich war erst sechs, als mich meine Mutter bat, ein Netz zu bewachen, das sie dort an diesem Morgen erfolglos ausgelegt hatte, da sie hinauf zum Haus gehen und sich um das Mittagessen kümmern musste und es illegal war, ein Netz unbeaufsichtigt im Wasser zu lassen. Als sie kurz darauf zurückkam, war ich ganz aufgeregt, weil ein großer Schwarm Jungfische ins Netz gegangen war. Meine arme Mutter hatte den Fang ihres Lebens verpasst und ich hatte ordentlich Taschengeld verdient.

Schweinebauch, Puha, Aal und Kresseöl

FÜR 4 PERSONEN – DIESES REZEPT BENÖTIGT 1 TAG VORLAUFZEIT

Dort wo ich aufgewachsen bin, kann man alle Zutaten für dieses Rezept vor Ort finden. Als Kinder pflückten meine Schwestern Tess und Tamie und ich Puha (wilde Brunnenkresse) am Ufer des Flusses, der durch unser Grundstück floss. Wenn wir mit einem Beutel in der einen und einem Netz für die Aale in der anderen Hand von unserer alten Farm an der Awakau Road hinab zum Totara-Fluss liefen und dabei auf dem Weg im Schilf Verstecken spielten, erblickten wir manchmal Wildschweine, die ihre Rüssel aus den Büschen auf den hohen Hügeln rund um unsere Farm steckten. Dieses Gericht vereint all diese Kindheitserinnerungen in meiner Interpretation des Maori-Boil-ups – einer gehaltvollen Fleischbrühe.

GESALZENER SCHWEINEBAUCH

- 1,1 kg Schweinebauch (aus artgerechter Haltung)
- 200 g Meersalzflocken
- 50 g weicher brauner Zucker
- 10 g weiße Pfefferkörner

Eventuell noch vorhandene Knochen aus dem Schweinebauch lösen und für die Brühe (siehe rechte Seite) beiseitelegen.

Die Salzflocken, den Zucker und die Pfefferkörner in einer Schale miteinander vermischen.

Den Schweinebauch auf einen tiefen Teller legen und von beiden Seiten gleichmäßig mit der Salzmischung einreiben.

Den Schweinebauch zugedeckt 12 Stunden im Kühlschrank ziehen lassen.

Anschließend die Salzmischung abspülen und das Fleisch mit Küchenpapier trocken tupfen. Den Schweinebauch bis zum weiteren Gebrauch im Kühlschrank aufbewahren.

KRESSEÖL

- 2 Bund Puha (wilde Brunnenkresse), Blätter abgezupft (Stengel für die Brühe verwahren)
- 0,5 g natürliches Vitamin-C-Pulver*
- 100 ml Traubenkernöl

Die Brunnenkresseblätter, das Vitamin C und das Traubenkernöl im Standmixer 30 Sekunden pürieren, ohne dass die Mischung vollständig emulgiert. Die Mischung in ein 3-l-Gefäß eines Rotationsverdampfers füllen, die Wasserbadtemperatur auf 30°C, die Kühlung auf -20°C und die Rotationsgeschwindigkeit auf 45 RPM (Umdrehungen pro Minute) einstellen. Die Ölmischung unter Vakuum 1 Stunde destillieren, bis sämtliche Säfte verdampft sind und nur Öl und Feststoffe zurückbleiben.

Das Öl im Kühlschrank 3 Stunden durch ein feines, mit Gaze oder einem Passiertuch ausgelegtes Sieb tropfen lassen und anschließend luftdicht verschlossen bis zur weiteren Verwendung im Kühlschrank aufbewahren.

Wer keinen Rotationsverdampfer besitzt, kann die Ölmischung alternativ austropfen lassen und dadurch ebenfalls ein akzeptables Ergebnis erzielen.

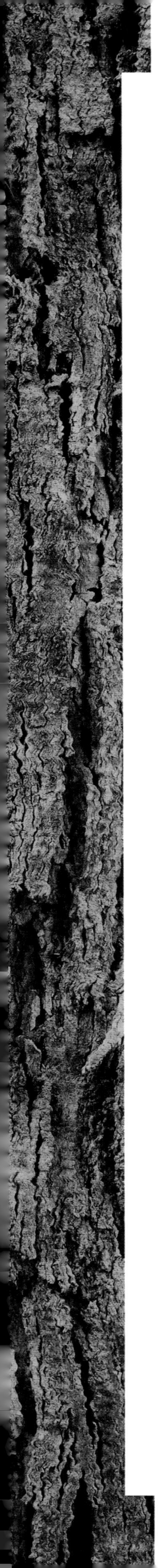

BRÜHE

900 g gesalzener Schweinebauch,
in 2 cm große Würfel geschnitten
1 kg Schweinerippen (aus artgerechter Haltung),
auseinandergebrochen
6 l Wasser
200 g Schalotten, in dünne Scheiben geschnitten
2 Bund blühende Puha (wilde Brunnenkresse),
die Blätter von den Stengeln und Blüten getrennt
1 geräucherter Aal, nur die Gräten
(die Hälfte des geräucherten Aalfleischs zum Servieren beiseitelegen, die andere Hälfte für ein anderes Gericht aufbewahren)
10 g Gerste, fein gemahlen
feines Tafelsalz nach Geschmack
weißer Pfeffer aus der Mühle nach Geschmack

Das Spülbecken gründlich säubern, um später die Knochen darin waschen zu können. Das gesalzene Fleisch, die Rippchen und eventuell Knochen aus dem Schweinebauch in einen großen Topf geben und mit 3 l Wasser bedecken. Das Wasser aufkochen und 2 Minuten köcheln lassen. Den Inhalt des Topfes in das Spülbecken gießen und die Flüssigkeit ablaufen lassen. Ein Paar dicke Gummihandschuhe überziehen und Fleisch und Knochen unter fließend heißem Wasser gründlich säubern und ausgeflockte Eiweißreste und Schaum entfernen. Den Topf gründlich ausspülen und Fleisch, Knochen, Schalotten und weitere 3 l Wasser hineingeben. Das Wasser bis zum Siedepunkt erhitzen und anschließend bei 90°C 2 ½ Stunden sanft köcheln lassen. Den Schaum regelmäßig von der Oberfläche entfernen, dabei aber so viel wie möglich von dem Fett in der Brühe belassen.

Die Kressestengel (auch die von der Zubereitung des Kresseöls) und die Aalgräten zugeben und die Brühe weitere 30 Minuten köcheln lassen. Die Brühe durch ein Sieb gießen und alle festen Bestandteile, bis auf etwa 20 g gesalzenes Schweinefleisch, das zum Servieren verwendet wird, entfernen. Die Brühe durch ein mit Gaze oder einem Passiertuch ausgelegtes Sieb gießen.

Den Topf gründlich ausspülen, die Brühe wieder hineingeben, erwärmen und mit einem Schneebesen die Gerste unterrühren, damit die Brühe ein wenig eindickt. Die Brühe aufkochen und energisch mit dem Schneebesen rühren, damit das Fett im Wasser fein emulgiert. Mit Salz und Pfeffer abschmecken.

Kurz vor dem Servieren die Brühe auf 80°C erhitzen und die Kresseblätter hineingeben (16 Blätter zum Garnieren beiseitelegen). Den Topf vom Herd nehmen und die Kresseblätter 15 Minuten in der Brühe ziehen lassen. Die Brühe erneut durch ein feines Sieb gießen und abschmecken.

ZUM SERVIEREN

1 Hälfte des geräucherten Aals, gehäutet
(aus dem Brüherezept)
20 g klein gehacktes gesalzenes Schweinefleisch
(aus dem Brüherezept)
16 Puha-Blätter (aus dem Brüherezept)
16 Puha-Blüten (aus dem Brüherezept)
12 kleine Stücke von essbarer Flechte

Die Aalfilets diagonal in 12 Streifen schneiden und diese auf 4 Schalen aufteilen. Das klein gehackte Schweinefleisch darauf verteilen und jeweils 4 Puha-Blätter in jede Schale legen. Die heiße Brühe darübergießen und mit Puha-Blüten, Flechte und Brunnenkresseöl garnieren.

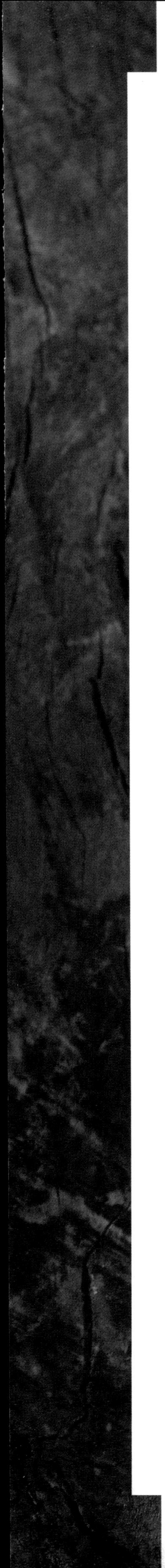

Terroir

FÜR 4 PERSONEN – DAS GERICHT BENÖTIGT 2 TAGE VORLAUFZEIT

Meine Eltern besaßen 820 Hektar hügeliges Land, wir züchteten Schafe und Rinder. Die Natur hatte unser Grundstück in zwei Hälften geteilt: in grünes Weideland, das ideal zum Züchten der Tiere war, und in eine Wildnis, die einen idealen Spielplatz für kleine Kinder darstellte. Während meiner ersten zwölf Jahre hatte ich das Gefühl, die Farm und die Wildnis stünden im ständigen Konflikt miteinander. Vor allem die Manuka-Sträucher schienen das Farmland immer wieder zurückerobern zu wollen, und mein Vater war unablässig damit beschäftigt, die Pflanzen wieder zurückzudrängen.

Manuka, auch Neuseelandmyrte genannt, gehört zur Familie der Myrtengewächse und ist vor allem für den Honig bekannt, den die Bienen aus ihrem Blütennektar erzeugen. Manuka-Honig ist wegen seiner Heilwirkung und wegen seines ausgeprägten Aromas sehr begehrt. Allerdings hatte mein Vater weder für die Bienen noch für den Honig wirklich Sinn. Vielmehr sah er in der Manuka-Pflanze eine ständige Bedrohung seines Weidelands, denn das äußerst widerstandsfähige und robuste Myrtengewächs siedelte sich häufig wieder als erste Pflanze auf frisch gerodetem Land an.

Meine ganze Kindheit über kämpfte mein Vater mit der Kettensäge gegen die Manuka-Myrte. Ihr niedriger Wuchs ist daran schuld, dass man beim Roden Rückenschmerzen bekommt, und dennoch säuberte mein Vater ohne fremde Hilfe 200 Hektar Weideland von dieser Pflanze. Bis heute habe ich niemanden härter arbeiten sehen und ich war mir sicher, dass ich niemals so schwere Arbeit verrichten würde, die zudem so wenig Gewinn abwarf, denn man konnte einzig mit dem Verkauf der Farm wirklich Geld verdienen. Deshalb wurde ich Koch.

Als das »Attica« gerade eröffnet hatte, tröstete ich mich nach einer typischen 100-plus-Stunden-Woche mit der Arbeitseinstellung meines Vaters und habe seitdem häufig Witze über die Ironie meiner Berufswahl gemacht. Das Leben auf der Farm und der positive Einfluss meiner Eltern waren mir beim Kochen oft eine Quelle der Inspiration. Das vielleicht markanteste Gericht, das ich diesen Einflüssen verdanke und seit fünf Jahren weiterentwickle, heißt daher Terroir.

Das Wort *Terroir* stammt aus dem Französischen und beschreibt die geographischen und naturgegebenen Besonderheiten eines bestimmten Weinanbaugebiets, die Einfluss auf den Geschmack des Weines haben.

Ich habe das Konzept des Begriffs *Terroir* auf mein Gericht übertragen, in dem alle Zutaten zusammenkommen müssen und zusammen gegessen werden müssen, um einen bestimmten Geschmack zu erzeugen. Mein Team weiß, wie wichtig mir dieses Gericht ist und würde mich beim Servieren nie enttäuschen, indem sie es etwa falsch würzen oder im falschen Mengenverhältnis auftun würden. Die richtige Balance ist immens wichtig und erfordert auch ein gewisses Engagement des Gastes. Wer gleich zu Beginn das ganze Quarkeis isst, kann das Gesamtkunstwerk gar nicht genießen. Es ist ein Gericht aus dem Boden meiner Heimat und strahlt dies auch optisch aus. Es erzählt von den Mühen und dem Respekt eines kleinen Jungen für seinen Vater. Es ist eine Hommage an meinen Vater und an unsere Farm.

ROTE-BETE-KUCHEN

85 g feiner Zucker
30 g frisch gemahlene Bio-Mandeln
55 g Weizenmehl Type 405, gesiebt
3,5 g Backpulver, gesiebt
1 Prise Tafelsalz
85 ml Eiweiß (von Bio-Eiern aus Freilandhaltung), auf Raumtemperatur erwärmt
50 g braune Butter (siehe Basics), auf Raumtemperatur abgekühlt
5 Rote Beten, geschält und entsaftet
¼ Rote Bete, geschält, mit einer Microplane-Reibe* fein gerieben und leicht ausgedrückt

Den Zucker, die geriebenen Mandeln, 30 g Mehl, 1,5 g Backpulver und das Salz in einer Küchenmaschine mit Schneebesenaufsatz vermischen. Das Eiweiß zugeben und weitere 30 Sekunden mischen. Die Butter zugeben und weitermischen, bis ein glatter Teig entsteht. Den Teig 8 Stunden im Kühlschrank ruhen lassen.

Den Backofen auf 130°C vorheizen und eine quadratische, 20 cm lange Kuchenbackform mit Backpapier auskleiden.

Den Rote-Bete-Saft in einem mittelgroßen Stieltopf aufkochen und bis auf 1 EL bzw. zu einem dickflüssigen Sirup reduzieren. Den Sirup auf Raumtemperatur abkühlen lassen und dann die geriebene Rote Bete zufügen.

Die Rote-Bete-Mischung, weitere 20 g Mehl und 2 g Backpulver unter den Teig mischen und erneut glatt rühren. Den Teig in die vorbereitete Backform füllen und 35–40 Minuten im Ofen backen, bis der Kuchen gut durchgebacken ist. Den Kuchen auf einem Kuchenrost auf Raumtemperatur abkühlen lassen und anschließend mit der groben Seite einer Turmreibe zerreiben. Den geriebenen Kuchen bis zur weiteren Verwendung luftdicht verschlossen aufbewahren.

SAUERAMPFERSORBET

200 ml Wasser
50 g feiner Zucker
1 Bund Sauerampfer (etwa 40 g)
1 Prise natürliches Vitamin-C-Pulver*
Zitronensaft nach Geschmack

Das Wasser und den Zucker in einem Standmixer 30 Sekunden mixen. Den Sauerampfer und das Vitamin C zugeben und 1 weitere Minute mixen. Die Flüssigkeit durch ein feines Sieb gießen und die festen Bestandteile entfernen. Ein paar Tropfen Zitronensaft hinzufügen und dabei auf die richtige Balance achten – das Sauerampferwasser sollte säuerlich und grasig schmecken. Das Sauerampferwasser in eine kleine Edelstahlschale füllen und ins Gefrierfach stellen. Sobald sich die ersten Eiskristalle gebildet haben, diese alle 30 Minuten mit einer Gabel aufkratzen, bis die Flüssigkeit durch und durch gefroren und trotzdem locker ist. Dies dauert etwa 5–6 Stunden. Das fertige Sorbet luftdicht verschlossen im Gefrierfach verwahren.

QUARKEIS

350 ml Vollmilch
150 g feiner Zucker
100 ml flüssige Glukose
500 g Quark (siehe Basics, der Quark sollte 2 Tage zuvor hergestellt werden)
Saft von 1 Zitrone

Die Milch, den Zucker und die Glukose in einem mittelgroßen Stieltopf bis zum Siedepunkt erhitzen. Den Topf vom Herd nehmen, die Mischung abkühlen lassen und danach im Kühlschrank auf 4°C abkühlen lassen.

Den Quark und den Zitronensaft in eine Schüssel geben und mit dem Schneebesen aufschlagen. Mit der gekühlten Milchmischung zu einer glatten Creme verrühren.

Die Creme im Gefrierfach bei -25°C zu Eis werden lassen und kurz vor dem Servieren im Pacojet* pacossieren. Alternativ das Eis in einem Eisbereiter nach Anweisung des Herstellers zubereiten.

AVOCADOGELEE

5 g weiße Blattgelatine
30 g Isomalt*
20 g feiner Zucker
8 ml flüssige Glukose
35 ml Wasser
1 Prise feines Tafelsalz
70 ml kalt gepresstes Avocadoöl
(vorzugsweise aus Neuseeland)
½ Heilala-Vanilleschote*, halbiert und
das Mark herausgekratzt

Die Gelatine 4 Minuten in kaltem Wasser einweichen, danach abtropfen lassen und ausdrücken.

In einem kleinen Stieltopf das Isomalt, den Zucker, die Glukose, das Wasser und das Salz mischen und auf kleiner Flamme so lange erwärmen, bis das Isomalt aufgelöst ist. Diesen Sirup in einen Edelstahlbecher umfüllen und über einem warmen Wasserbad ganz leicht erwärmen. Bei laufendem Stabmixer nach und nach das Avocadoöl zugießen (wie beim Herstellen einer Mayonnaise), bis das Öl vollständig im Sirup emulgiert ist. Mit einem kleinen Schneebesen vorsichtig das Vanillemark und die Gelatine untermischen.

Diese Geleemischung durch ein feines Sieb in eine kleine, mit Klarsichtfolie ausgelegte Schale oder in eine quadratische Form (11 cm Kantenlänge) gießen und so lange in den Kühlschrank stellen, bis das Gelee fest wird. Das Gelee in 1 cm große Würfel schneiden und bei Raumtemperatur servieren.

TERROIR-BASIS

1 Tasse dehydrierte geriebene Rote Bete (siehe Anmerkung)
¼ Tasse gefriergetrocknete Himbeeren*, zerkrümelt
¼ Tasse gefriergetrocknete Brombeeren*, zerkrümelt
¼ Tasse getrocknete Cranberrys, fein gehackt
¼ Tasse getrocknete Himbeeren (siehe Anmerkung),
fein gehackt
½ TL geröstete Gerste, im Mörser fein gemahlen
¼ TL Quatre Épices
1 Prise Murray-River-Salzflocken nach Geschmack

Den geriebenen Rote-Bete-Kuchen in eine Schüssel geben und die anderen Zutaten einzeln nach Geschmack zugeben und zwischendurch immer wieder abschmecken, bis die Mischung die richtige Balance hat.

ANMERKUNG: Für die dehydrierten, geriebenen Roten Beten, 2 Rote Beten reiben und ihnen in einem Dörrgerät* oder im Backofen bei 50°C 24 Stunden das Wasser entziehen.

Für die getrockneten Himbeeren und Brombeeren, diese 2–3 Stunden bei 68°C in ein Dörrgerät geben. Danach sind sie nicht völlig dehydriert, sondern ähnlich zäh wie getrocknete Aprikosen.

ZUM SERVIEREN

1 gelbe Kiwi, in 1 cm große Würfel geschnitten
und mit etwas Limettensaft beträufelt
20 Zitronenverbeneblüten
32 Pimpernelleblätter

Jeweils 1 TL von der Terroir-Mischung in jede Schale geben und darauf 3 Kiwiwürfel und etwas Avocadogelee verteilen. Jeweils eine mittelgroße Nocken Quarkeis obenauf geben und die restliche Terroir-Mischung darüberstreuen. Mit Blüten und Blättern und 1 EL Sauerampfersorbet garnieren und servieren.

Lamm, über Holzfeuer gegrillte Pilze, Wiesenkräutersauce

FÜR 4 PERSONEN

Schafe fressen die verschiedensten Grassorten, Klee, Sauerklee und besonders gern blühende Wiesenkräuter. Sie sind dabei wesentlich wählerischer als Rinder. Fragt man meinen Vater Rob, der über dreißig Jahre lang Rinder und Schafe gezüchtet hat, wird er bestätigen, dass Schafe einfach einen verwöhnteren Gaumen besitzen. Das folgende Zitat beweist, für wie schlau er Schafe hält:

»Wenn man den Leuten erzählt, dass man Schafe züchtet, denken viele an eine ländliche Idylle oder das einfache Glück eines Hirtendaseins, aber diese Ansicht teile ich überhaupt nicht. Es ist harte körperliche Arbeit und ein ständiger Kampf mit der sturen Gesinnung der Tiere. Eine Schafherde über hügeliges Gelände zu führen, erfordert gute Hütehunde, viel Erfahrung – und Geduld. Beim Auftrieb der Schafe musste ich stets jede mögliche Eventualität einplanen.

Selbst mit einem Haufen guter Hunde und jeder Menge Geduld sind einige Rassen schwerer zu dirigieren als andere. In meiner Kindheit züchteten meine Eltern die eigentlich gutmütigen Romney-Schafe, die sich jedoch in Herden von über 100 Tieren nur äußerst schwer führen ließen. Später tauschten wir sie gegen Perendales aus, die besser für das steile Gelände geeignet waren. Zwar lieferten die Romney-Schafe mehr Wolle, aber die Perendales erwiesen sich als mobiler, gebärfreudiger und waren bessere Muttertiere, was bedeutete, dass die Zeit des Lammens nicht ganz so arbeitsintensiv war und weniger menschlicher Unterstützung bedurfte. Das Umtreiben der Schafe verlief manchmal wunderbar, manchmal aber auch fürchterlich, was von vielen Faktoren abhing: der Tageszeit und der Temperatur, dem Wetter, dem Gehorsam der Hunde und von Unvorhersehbarem wie einer plötzlich auftauchenden Wildschweinrotte, einer ungebärdigen Rinderherde oder einem aufgeschreckten Vogelschwarm.

Meine erfahrenen Hunde arbeiteten intuitiv und brauchten meist wenig Anleitung, um im richtigen Moment zu treiben oder abzuwarten. Übereifrige Junghunde brachten jedoch immer wieder Unruhe in die Herde. In diesem Fall brachen die älteren Mutterschafe aus und wagten sich, einen Teil der Herde mit sich führend, bis ins Buschland oder bis dicht an die Klippen heran, womit wiederum die unerfahrenen Hunde nicht umgehen konnten. In solchen Momenten wurde meine Geduld bis aufs Äußerste strapaziert.

Die Perendales-Mutterschafe und später die Dorsetkreuzungen waren wachsam und gerissen. Sie wussten genau, wie gut an welchem Tag meine Chancen standen, sie von einer Weide auf die nächste umzutreiben, daher musste ich sie überlisten.

Wenn die Herde zusammengetrieben worden war und die älteren Muttertiere bereits wussten, worum es ging, wurde der Druck groß. Die Hunde waren dann oft schon müde, die Temperatur unerträglich hoch oder der Berghang bis zum Zielpunkt extrem steil. Schafe laufen nur ungern bergab, denn ihr Instinkt schickt sie stets die Berge hinauf.

Mutterschafe und Lämmer lassen sich als Herde gut zusammentreiben, bis einige Lämmer ihre Mütter aus den Augen verlieren, was immer wieder passiert. In diesen Fällen nehmen sie weder Menschen noch Hunde wahr und versuchen nur noch kopflos einander wiederzufinden. Bauen dann die Hunde einen gewissen Druck auf, um sie die letzten Meter in die richtige Richtung zu treiben, bringt das das Fass zum Überlaufen. Die Lämmer geraten in Panik, brechen aus und rennen dabei einfach alles über den Haufen, dicht gefolgt von den Muttertieren, die dann schwerer zu stoppen sind als ein Tsunami. In diesen Fällen bleiben dem unglücklichen Hirten nur drei Möglichkeiten. Instinktiv bleibt man zunächst zurück, lässt den Schafen Freiraum und organisiert seine Hunde neu, die inzwischen ihre eigenen Pläne haben, um die Lämmer, die sich mit den Muttertieren an den höchsten Punkt geflüchtet haben, neu zusammenzutreiben.

Die zweite Möglichkeit besteht darin, völlig auszuflippen und einen Tobsuchtsanfall zu kriegen, was die Mutterschafe mit begeistertem Gerenne und die mittlerweile völlig erschöpften Hunde mit Unverständnis quittieren.

Die dritte Möglichkeit ist die von mir favorisierte: Nach Hause zu gehen und eine Tasse Tee zu trinken, damit sich alle beruhigen können und die Hunde wieder neue Kräfte sammeln.

Ich muss zugeben, dass mich die Schafe ungeheuer fit gehalten haben. Während einer besonders langen Auseinandersetzung mit meinen Schafen bin ich einmal den 300 m hohen und sich über 50 Hektar ziehenden Big Face in einer halben Stunde dreimal hoch- und runtergelaufen – mit Sicherheit nichts für alte Männer.«

FRISCHKÄSE AUS SCHAFMILCH

50 g probiotischer Schafmilchjoghurt (»Meredith Dairy«)
50 g Shanklish (siehe Anmerkung), mit einem Spachtel oder Teigschaber durch ein feines Sieb passiert
feines Tafelsalz nach Geschmack
25 g frittierte Quinoa (siehe unten)

Den Joghurt in ein mit Gaze oder einem Passiertuch ausgelegtes Sieb füllen und dieses etwa 12 Stunden über eine Schüssel hängen und in den Kühlschrank stellen, damit die Molke abfließen kann. Den Joghurt anschließend in eine Schüssel geben und die Molke weggießen. Den Shanklish mit einem Spachtel unterheben, bis eine glatte Masse entsteht. Abschmecken, eventuell etwas würzen und zu 8 kleinen Kugeln rollen.

Die Kugeln kurz vor dem Servieren in frittierter Quinoa wälzen.

ANMERKUNG: Shanklish ist eine meist aus Schafmilch hergestellte syrisch-libanesische Käsespezialität, die in orientalischen Lebensmittelhandlungen erhältlich ist.

FRITTIERTE QUINOA

100 g rote Bio-Quinoa
250 ml Traubenkernöl zum Frittieren
feines Tafelsalz nach Geschmack

In einem mittelgroßen Stieltopf Wasser aufkochen, die Quinoa hineingeben und 15 Minuten weich garen. Die Quinoa gut abtropfen lassen und als dünne Lage auf ein Backblech gestrichen abkühlen lassen. Das Traubenkernöl in einem tiefen Topf auf 150°C erhitzen und die Quinoa darin knusprig frittieren. Anschließend die frittierte Quinoa in einem Metallsieb über einer Schüssel abtropfen lassen und danach auf Küchenpapier verteilen, damit überschüssiges Öl aufgesaugt werden kann. Die frittierte Quinoa bis zur weiteren Verwendung luftdicht verschließen.

WIESENKRÄUTERSAUCE

35 g Macadamianusskerne (»Brookfarm«), geröstet und noch warm
35 g Avocadofruchtfleisch
250 g Wiesenkräuter (Klee, Oxalis, Wiesenthymian, Labkraut usw.)
1 g natürliches Vitamin-C-Pulver*
5 ml Traubenkernöl
feines Meersalz und feiner Zucker nach Geschmack

Den Backofen auf 100°C vorheizen und darin einen Mörser 10 Minuten aufwärmen, damit sich die Macadamianüsse leichter zerstoßen lassen. Den Mörser auf ein mit einem feuchten Handtuch belegtes Brett stellen, damit er nicht wegrutscht, und die Nüsse sorgfältig zu einer erdnussbutterartigen Paste zerreiben. Die Nusspaste anschließend auf Raumtemperatur abkühlen lassen.

Das Avocadofruchtfleisch unter die Paste mischen.

Die Wiesenkräuter in einem »Angel Juicer« (Entsafter mit Zwillingspresskolben) entsaften. Vorher das Vitamin C in die Auffangschale geben, damit der Saft nicht braun wird. Für das weitere Rezept werden 75 ml Saft benötigt.

Zunächst das Traubenkernöl und dann nach und nach den Kräutersaft unter die Nusspaste mischen. Mit Salz und Zucker abschmecken, durch ein feines Sieb passieren und beiseitestellen.

PINIENKERNPASTE

100 g Pinienkerne
150 ml Pinienkernöl
feines Tafelsalz nach Geschmack

Den Backofen auf 150°C vorheizen. Die Pinienkerne auf einem Backblech verteilen und goldbraun rösten. Die Pinienkerne abkühlen lassen und in einem Mörser zu einer groben Paste zerstoßen. Das Pinienkernöl untermischen, die Paste mit Salz abschmecken und bis zum weiteren Gebrauch im Kühlschrank aufbewahren.

LAMM

1 Lammkarree (vom Wiltshire-Horn-Schaf, etwa 700 g)
feines Tafelsalz nach Geschmack
30 ml Bio-Canolaöl*

Es ist nicht notwendig, den Kamm vorher an den Knochen einzuschneiden, da das Fleisch vor dem Servieren vollständig ausgelöst wird. Die oberste Fettschicht lösen und entfernen, dabei aber darauf achten, dass etwas Fett zurückbleibt, damit das Fleisch saftiger und aromatischer schmeckt. Das Lammkarree auf einem Rost an einem warmen Ort 30 Minuten ruhen lassen, um die Kerntemperatur des Fleisches etwas zu erhöhen, damit das Fleisch anschließend gleichmäßig gart und im Ergebnis saftiger schmeckt.

Den Backofen auf 100°C vorheizen.

Eine gusseiserne Pfanne stark erhitzen, das Fleisch von allen Seiten salzen und in etwas Canolaöl goldbraun sautieren. Dies sollte nicht länger als 1 Minute dauern, damit sich außen um das Fleisch kein unerwünschter grauer Ring bildet.

Das Lammkarree auf einem Rost über einem tiefen Backblech 15–20 Minuten im Ofen garen. Dabei mit einem Küchenthermometer die Kerntemperatur des Fleisches messen und das Fleisch aus dem Ofen nehmen, sobald 55°C erreicht sind. Das Fleisch an einem warmen Ort 10 Minuten ruhen lassen.

Zum Servieren das Fleisch von den Knochen lösen und in 4 Stücke teilen.

PILZE

12 Edelreizker
4 kleine Butterröhrlinge
100 ml Traubenkernöl
feines Tafelsalz nach Geschmack
Kohle* zum Grillen
1 kg Hickory-Holzchips* (Räucherspäne), 30 Minuten in kaltes Wasser eingelegt, zum Grillen
15 ml Zitronensaft

Die Pilze sollten unmittelbar vor dem Servieren zubereitet werden. Ich verwende einen eigens für mich angefertigten geschlossenen Grill, auf dem die Pilze gleichzeitig gegrillt und geräuchert werden, was ihr natürliches Aroma deutlich intensiviert. Man kann sie aber auch auf einem Kugelgrill zubereiten, solange man Kohle und eingeweichtes Räucherholz verwendet.

Die Pilze in eine große Edelstahlschüssel geben und mit dem Traubenkernöl und dem Salz mischen. Die Kohle in einem Kugel- oder Räuchergrill entzünden und das Räucherholz erst zugeben, wenn sich eine gleichmäßige Glut gebildet hat. Die Pilze in den geschlossenen Grill geben und etwa 15 Minuten räuchern, bis sie dunkelbraun sind. Die Pilze vorsichtig mit 1 gehäuften EL Pinienkernpaste und dem Zitronensaft mischen und abschmecken.

ZUM SERVIEREN

12 Blätter von wildem Kohl
8 Blüten von wildem Kohl
150 ml Lammglace (siehe Basics)

Auf jedem Teller einen schmalen Faden Wiesenkräutersauce ziehen und darauf die Pilze mit je 2 Frischkäsekugeln anrichten und die Pilze mit den Kohlblättern und Blüten bestreuen. Auf der Tellermitte das Lammfleisch auf einen Spiegel von Lammglace setzen.

Mit fünf Jahren beschloss ich, später Koch zu werden. Mit zehn bewarb ich mich bei vier Restaurants um ein Praktikum, aber nur eines antwortete mir: »The Mill« in New Plymouth. Vier Wochenenden habe ich dort Gemüse geschält und immerzu gegessen. Zurückblickend waren die Speisen nicht überwältigend – Krabbencocktails, Fischplatten, Steak und Salat –, eben typische Gerichte für eine neuseeländische Kleinstadt zu dieser Zeit, aber damals kamen sie mir geradezu extravagant vor.

»The Mill«

Am meisten beeindruckt war ich von dem Küchenteam – lauter Individualisten, die auf ein gemeinsames Ziel hinarbeiteten: Das Essen rauszuhauen! »20-mal Krabbencocktail, 30-mal Fischplatte, 25-mal Braten, raus damit, Jungs! Und Mike, füll' die Salatbar nach.« Es waren meine ersten Erfahrungen in der Küche eines Gastronomiebetriebs, und ich war völlig fasziniert. Ich sah das Küchenteam als Piratenbesatzung – ausstaffiert mit Mützen oder Bandanas, mit schwarzen oder weißen Jacken. Und der Küchengehilfe sogar mit einem dreckigen Geschirrtuch um den Hals, um den Schweiß aufzusaugen – sie alle machten ihr eigenes Ding und gehorchten dabei einzig und allein dem Chefkoch.

Wenn sie für mich gerade nichts zu tun hatten oder der Service so brummte, dass sie mich nicht um sich haben konnten, setzten sie mich in den Speiseaufzug und schickten mich mit den fertigen Speisen nach unten ins Restaurant, um die Kellner zu erschrecken, die die Aufzugstüren öffneten. Für einen Jungen vom Land war das eine ungeheure Erfahrung, und ich bin ihnen bis heute dankbar, dass sie mich damals genommen haben. Die meisten Restaurants hätten meine Bewerbung einfach weggeschmissen, so wie es die drei anderen Häuser getan hatten, bei denen ich mich auch beworben hatte. Ich werde immer für die Großherzigkeit des »The Mill« dankbar sein und nie diesen positiven Geist vergessen, der dort in der Küche geherrscht hat.

In Meerwasser gekochte Petersilie

FÜR 4 PERSONEN

Wenn Seeleute früher raus aufs Meer fuhren und kein frisches Wasser (oder Bier oder Wein) mehr hatten, bedeutete das den sicheren Tod. Da es Monate dauern konnte, bevor die Mannschaft wieder frisches Wasser fand, kochten sie Maismehl oder getrocknetes Getreide mit Meerwasser. Dank dieses Einfallsreichtums mussten sie zwar nicht ausschließlich Zwieback essen, doch ich stelle mir vor, dass es auch ganz schön riskant war, auf einem Holzschiff ein Feuer zu entfachen. Auf jeden Fall hat mich der Ideenreichtum der alten Seeleute zu diesem Gericht inspiriert. Petersilie ist ein wunderbares Gemüse, das wir im »Attica« als normales grünes Gemüse behandeln – also nichts verschwenden, sondern Blätter und Stengel ein paar Minuten zusammen kochen. Dank des Meerwassers gewinnt die Petersilie ungeheuer an Aroma, was sich leider nicht mit Leitungswasser und Salz erreichen lässt.

MUSCHELWATTE

15 Sea Bounty Mussels
(australische Miesmuscheln aus Victoria)
50 ml Fischsauce
1 l Bio-Canolaöl* zum Frittieren

Die Muscheln leicht dämpfen, bis sie sich öffnen, die Bärte abziehen und das Muschelfleisch zugedeckt 1 Stunde in der Fischsauce im Kühlschrank marinieren lassen.

Die Fischsauce weggießen, die Muscheln abtropfen lassen und mit Küchenkrepp trocken tupfen. Das Canolaöl in einem mittelgroßen tiefen Topf auf 160 °C erhitzen. Die Muscheln darin etwa 6 Minuten frittieren, bis sie trocken und dunkelbraun sind. Die Muscheln auf Küchenkrepp trocknen und abkühlen lassen und dabei so viel Öl wie möglich auffangen.

Die Muscheln in 1 cm große Stücke schneiden und diese nach und nach in einer elektrischen Gewürzmühle jeweils 2 Sekunden zerkleinern, bis sie flockig werden. Die fertige Muschelwatte bis zum weiteren Gebrauch luftdicht verpacken.

VERJUS-DESTILLATION

200 ml Verjus (aus Pinot-Noir-Trauben)

Den Verjus in ein 3-l-Gefäß eines Rotationsverdampfers füllen, die Wasserbadtemperatur auf 40 °C, die Kühlung auf -20 °C und die Rotationsgeschwindigkeit auf 40 RPM (Umdrehungen pro Minute) einstellen. Den Wein 1 Stunde unter Vakuum destillieren, bis ein zähflüssiger Sirup entstanden ist. Alternativ, auch wenn das Ergebnis nicht ganz das Gleiche ist, den Verjus in einem kleinen Stieltopf zu zähflüssigem Sirup reduzieren. Den Sirup in eine Squeeze-Flasche füllen.

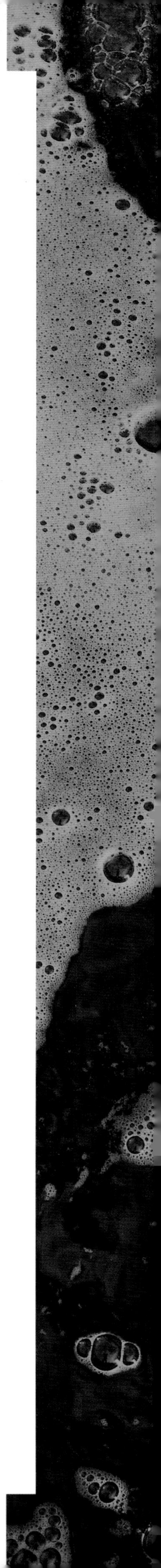

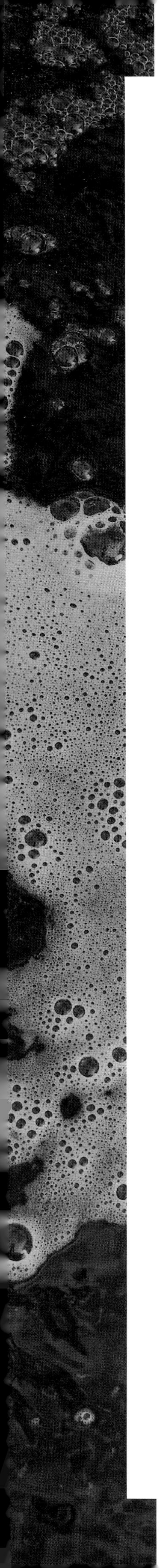

QUELLERDRESSING

100 ml frisch ausgepresster und passierter Quellersaft (siehe Anmerkung)
20 ml Traubenkernöl
10 ml Weißweinessig
5 ml Zitronensaft

Sämtliche Zutaten mit dem Schneebesen gut verrühren und abschmecken – da Queller bereits sehr salzig ist, muss dieses Dressing vermutlich nicht gesalzen werden.

ANMERKUNG: Queller bzw. Glasschmalz (*Salicornia*) ist eine Salzwiesenpflanze.

IN MEERWASSER GEKOCHTE PETERSILIE

2 l frisches Meerwasser, durch Gaze oder ein Passiertuch abgegossen
120 g glatte Petersilie, gewaschen und 1 mm der Stielenden abgeschnitten

Das Meerwasser aufkochen und die Petersilie 3 Minuten darin kochen. Die Petersilie herausheben, abtropfen lassen und mit 1 EL Quellerdressing anmachen.

MUSCHELN

12 Sea Bounty Mussels (australische Miesmuscheln aus Victoria)
5 ml Traubenkernöl
2 ml Limettensaft
feines Tafelsalz nach Geschmack
etwas frisch gemahlenen weißen Pfeffer

Die Muscheln leicht dämpfen, bis sie sich öffnen, die Bärte abziehen und das Muschelfleisch mit Traubenkernöl und Limettensaft beträufeln. Mit ganz wenig Salz und etwas frischem Pfeffer aus der Mühle würzen.

ZUM SERVIEREN

12 kleine Stücke einer essbaren Rotalge (z.B. Dulse)
12 Stücke Ao-Nori-Alge (Meereshaar)
12 Stücke Meersalat (Grünalge)
4 Stücke Kombu-Alge (Seekohl)
1 australische Fingerlimette (Microcitrus), halbiert und die kugelige Pulpe (Perlen) herausgelöst

Jeweils 2 in Meerwasser gekochte Petersilienstengel in jede Suppenschale geben und darauf die Muscheln verteilen. Mit der restlichen Petersilie abdecken und mit den verschiedenen Algenarten garnieren. Ein paar Fingerlimettenperlen und etwas Muschelwatte darüberstreuen und mit ein paar Tropfen Verjus-Destillation beträufeln. Zum Abschluss jeweils 1 EL Quellerdressing dazugeben.

Bouillon von Osmanthus und Chrysanthemenblüte

FÜR 4 PERSONEN – DIESES REZEPT BENÖTIGT 1 TAG VORLAUFZEIT

Mein Freund und Mentor David Thompson und sein Buch »Thai Food« inspirierten mich zu diesem Rezept. Die Küche Thailands birgt die komplexesten und interessantesten Gerichte der Welt, doch leider wird sie häufig falsch verstanden und schlecht repräsentiert. In Davids Augen ist die thailändische Küche ein Paradoxon, denn in ihr werden extrem ausgeprägte individuelle Aromen abgemildert und zu einem Ganzen verbunden, in dem nicht ein einzelnes Aroma dominiert. Thailänder kochen deshalb so einzigartig, weil sie ein ungeheures Gespür für Balance besitzen. Ich kenne nichts Vergleichbares.

CHICKEN WINGS

20 g Sternanis, grob zerstoßen
20 g Fenchelsamen, zerstoßen
100 g feines Tafelsalz
4 Bio-Hähnchenflügel (nur die Mittelstücke)
500 ml Traubenkernöl

Die Gewürze und das Salz mischen, die Hähnchenflügel in einen tiefen Teller legen und großzügig mit der Gewürzmischung bestreuen. Anschließend die Hähnchenflügel zugedeckt 12 Stunden im Kühlschrank marinieren lassen.

Die Hähnchenflügel abspülen, um Salz und Gewürze zu entfernen, und mit Küchenkrepp trocken tupfen. Die Hähnchenflügel in einen kleinen Stieltopf geben, mit dem Traubenkernöl bedecken und dieses auf 80°C erhitzen. Das Fleisch auf diese Weise 45 Minuten pochieren, bis es zart ist. Anschließend etwas abkühlen lassen. Mit einem großen, scharfen Küchenmesser jeweils die Gelenke von beiden Knochenenden abtrennen. Jeweils einen Flügel so in die Hand nehmen, dass das dickere Ende in der Handfläche ruht. Mit dem Daumen der anderen Hand die Knochen nacheinander vorsichtig hochschieben, ohne das Fleisch zu beschädigen, bis sie am oberen Ende herauskommen. Das Fleisch auf ein Backblech legen, mit einem weiteren Backblech beschweren, um sie platt zu drücken, und 2 Stunden in den Kühlschrank stellen.

Von den kalten Flügeln jeweils die Enden abschneiden, in 4 Streifen schneiden und bis zum Servieren kalt stellen.

AROMATISCHE HÜHNERBRÜHE

4 Hühnerkarkassen (von Tieren aus Freilandhaltung)
2 l Wasser
2 Frühlingszwiebeln, in 4 Stücke geschnitten
15 cm Pandanusblatt
1 Schalotte, in dünne Scheiben geschnitten
5 dünne Scheiben Galgant (Thai-Ingwer)
5 Korianderwurzeln
5 weiße Pfefferkörner

Das Spülbecken gründlich reinigen, um später darin die Knochen waschen zu können.

Die Karkassen in einen mittelgroßen Topf geben, mit kaltem Wasser bedecken und das Wasser kurz aufkochen. Den Topf vom Herd nehmen, die Flüssigkeit abgießen und die Karkassen abspülen. (Diese Methode nennt sich Kalt-Wasser-Blanchieren und ich verwende sie für viele Brühen.) Den Topf gut ausspülen und die Hühnerkarkassen gründlich unter fließendem Wasser säubern, abbürsten und sämtliche Unreinheiten entfernen.

Die Knochen zurück in den sauberen Topf geben, 2 l Wasser zugießen, die restlichen Zutaten zugeben, alles bis zum Siedepunkt erhitzen, 2 Stunden bei 90°C köcheln lassen und dabei alle 10 Minuten den Schaum von der Oberfläche entfernen.

Die fertige Brühe zunächst durch ein feines Sieb gießen und anschließend 2-mal durch ein mit Gaze oder einem Passiertuch ausgelegtes Sieb abseihen. Die Brühe bis zur weiteren Verwendung beiseitestellen.

BOUILLON

1 l aromatische Hühnerbrühe (siehe linke Seite)
10 g frische Shiitake-Pilzstiele (Pilzhüte werden zum Fertigstellen des Gerichts benötigt, siehe rechte Spalte)
2 g gemahlener Palmzucker
300 ml frisches Kokosnusswasser
1 Prise frisch gemahlener weißer Pfeffer
1 Prise feines Tafelsalz
50 ml helle thailändische Sojasauce (vorzugsweise »Healthy Boy Brand«)

Kurz vor dem Servieren die Hühnerbrühe mit den Shiitakestielen, dem Palmzucker und dem Kokusnusswasser bis knapp vor den Siedepunkt erhitzen, aber nicht kochen. Pfeffer und Salz zugeben und nach Geschmack mit Sojasauce würzen (die Menge hängt davon ab, wie süß das Kokosnusswasser ist). Die Bouillon anschließend durch ein mit Gaze oder einem Passiertuch ausgelegtes feines Sieb gießen.

ZUM SERVIEREN

500 ml Bio-Canolaöl* zum Frittieren
2 Shiitake-Pilze, Stiele abgeschnitten (für die Bouillon) und Kappen in dünne Scheiben geschnitten
25 g Abaloneschnecke (Seeohren), in hauchdünne Scheiben geschnitten
50 g Sepia, in hauchdünne Scheiben geschnitten
16 Pilzkrautblätter
1 große Prise getrocknete Osmanthus-Blüten
1 große Prise getrocknete Chrysanthemen-Blütenblätter

Das Canolaöl in einem kleinen, tiefen Stieltopf auf 180°C erhitzen. Die Chicken Wings darin nacheinander je etwa 2 Minuten goldbraun und kross frittieren. Die fertigen Chicken Wings auf Küchenkrepp abtropfen lassen.

In jede Suppenschale 3 Shiitake-Scheiben geben und darauf die Scheiben von der Abalone und der Sepia verteilen. Jeweils 4 Fleischstücke daraufgeben und mit den Pilzkrautblättern bestreuen. Die Blütenblätter vom Osmanthus und den Chrysanthemen gleichmäßig auf die Schalen verteilen, mit der heißen Bouillon aufgießen und sofort servieren.

Kartoffeln, gegart in der Erde, in der sie wuchsen

FÜR 4 PERSONEN – DAS REZEPT BENÖTIGT 4 TAGE VORLAUFZEIT

In Neuseeland lebten wir in der Nähe eines Marae (einer Zeremonienstätte der Maori), und es gab auch zahlreiche Pās (Verteidigungsanlagen), die in den Kriegen zwischen Maori und Siedlern 1845–1872 eine Rolle spielten. Diese Orte sensibilisierten mich für die Kultur der Ureinwohner Neuseelands und meine Mutter Kaye betonte stets, wir müssten die Geschichte unseres Landes kennen.

Schon immer interessierte ich mich für den Hängi – eine Gartechnik der Maori, bei der ein Loch in die Erde gegraben wird, in das heiße Steine gegeben werden. Der Hängi spielte schon während meiner Schulzeit immer wieder eine Rolle, weil man mit dem Verkauf von Hängi-Gerichten z.B. Spenden sammeln konnte und ein Hängi auch immer als gesellschaftliches Event gefeiert wurde, egal, wie schlecht das Essen schmeckte.

Eine besonders grausame Erinnerung im Zusammenhang mit einem Hängi hat sich mir so ins Gedächtnis gebrannt, dass es bis heute meine Sicht auf tierische Nahrung verändert hat: Mein Onkel Kerry organisierte von 1975 bis 2005 das größte Folk-Festival Neuseelands, das alljährlich auf seiner Rinder- und Schaffarm in Tahora eine Woche nach Weihnachten stattfand. Bis zur Farm musste man gut zwei Stunden über holprige Landstraßen durch das Hinterland von Taranaki fahren, und als Kind der 1980er-Jahre besuchte ich das Festival natürlich jedes Jahr, hing dort mit meinem viel älteren Cousin Jason ab, schlief in einem Zelt und genoss das allgemeine Hippiegefühl. Jeden Abend versammelten sich dutzende Musiker zu einer riesigen Jam-Session, was für einen Jungen vom Land sehr beeindruckend war. Neben der Musik war auch das gemeinsame Essen ein wichtiger Teil des Festivals. Abseits der Zivilisation und ohne jegliche Hilfsmittel (es gab nur zwei Plumpsklos) bis zu 1500 Leute zu ernähren, war natürlich eine Herausforderung, und so baute mein Onkel alljährlich mindestens einen Hängi, um die Horden satt zu kriegen.

Als ich etwa acht war, bat mein Onkel während eines Festivals ein paar Männer, für den Hängi am Abend ein paar Gänse zu töten. Ein Schwarm Wildgänse hatte sich auf der Farm niedergelassen, und so versammelten sich etwa 30 Männer und Jugendliche mit abenteuerlichen Waffen wie Baseballschlägern und Zaunpfählen, um sie zu jagen. Ein junger Mann hatte sogar eine Axt. Mein Cousin Jason und ich als Jüngster folgten ihnen.

Ich erinnere mich daran, wie zu Beginn eine fröhliche, aufgeregte Stimmung herrschte. Nach einem zweistündigen Fußmarsch fanden wir die Gänse in einer engen Schlucht. Was dann folgte, sehe ich noch heute ganz deutlich vor mir. Voll Jagdeifer und Blutgier attackierten die Männer, die überwiegend aus der Stadt kamen und wenig Sinn für Natur hatten, die Gänse. Mir wurde übel, und nachdem der Staub und die Federn sich gelegt hatten, wurde deutlich, dass der ganze Schwarm von etwa 40 Gänsen abgeschlachtet worden war. Am liebsten hätte ich losgeheult, denn meine liebevollen Eltern hatten uns beigebracht, alle Tiere zu respektieren, lange bevor nachhaltige Tierzucht überhaupt in Mode kam. Mein Vater duldete keine Entenjäger auf der Farm und wurde richtig wütend, wenn er Unbefugte auf seinem Land erwischte.

Wir gingen mit nur fünf von vierzig toten Gänsen ins Zeltlager zurück, denn die Männer waren zu faul, die übrigen Gänse zu rupfen, und wollten sie einfach verrotten lassen. Jason und ich erzählten meinem Onkel, was passiert war. Ich kann mich noch gut daran erinnern, wie wütend mein Onkel dreinschaute. Er rief die Schuldigen zusammen und schrie sie an, wie er normalerweise nur Hütehunde anschrie, die ein Schaf angegriffen hatten. Er schickte die Männer zur Strafe zurück in die enge Schlucht und befahl ihnen, jede einzelne tote Gans zu rupfen, was Stunden dauerte.

Im Alter von etwa zehn Jahren baute ich meinen ersten eigenen Hängi, garte darin nur Kartoffeln und war zu ungeduldig, die entsprechende Zeit abzuwarten. Als ich sie nach nur zwei Stunden wieder ausgrub, waren sie noch halb roh, aber ich fand sie köstlich.

Als ich 2009 nach neuen Ideen für die Speisekarte suchte, fielen mir meine Kindheitserlebnisse mit dem Hängi wieder ein. Ich erinnerte mich, wie ich das Loch gegraben, ein Feuer entfacht, das Vulkangestein aufgeschichtet und darauf gewartet hatte, dass die Steine im Loch zusammenfielen, um die Zutaten daraufzulegen und diese mit Erde zu bedecken. Vier Monate experimentierte ich herum, probierte verschiedenste Methoden aus, wählte unterschiedliche Temperaturen, Garzeiten und Erden aus und testete über dreißig Kartoffelsorten, bis endlich alles stimmte.

KOKOSNUSSSCHALENASCHE

1 junge Kokosnuss, die äußere grüne Schale entfernt

Den Deckel der Kokosnuss mit einem Küchenbeil so einschlagen, dass das Kokosnusswasser ablaufen kann. (Das Wasser auffangen und für ein anderes Gericht aufbewahren.) Die Kokosnuss mit dem Beil öffnen und das Fruchtfleisch herauslösen und ebenfalls für eine andere Gelegenheit verwahren. Die Kokosnussschale an einem warmen Ort 4 Tage trocknen lassen.

Einen Grill vorheizen, die Kokosnussschale auf eine Grillpfanne legen und diese auf den Grill stellen. Die Kokosnussschale mit einem Küchengasbrenner anzünden. Dabei aufpassen, denn die Schale brennt sehr leicht. Die Schalen niederbrennen lassen, den Grill ausschalten und die Aschestücke abkühlen lassen. Die Asche im Mörser fein zerreiben.

KARTOFFELN

4 Kartoffeln (Virginia Rose), geschält
20 ml Traubenkernöl
Murray-River-Salzflocken nach Geschmack
3 kg von der Erde, aus der die Kartoffeln stammen
2 Geschirrtücher, mit Wasser getränkt
2 kleine Stücke Gaze oder Sackleinen, mit Wasser getränkt

Den Backofen auf 180°C vorheizen. In einer Schüssel die Kartoffeln in dem Canolaöl wälzen und mit den Salzflocken würzen. Die Hälfte der Erde auf einem tiefen Backblech (35 cm × 25 cm) verteilen und mit einem feuchten Geschirrtuch abdecken. Ein Stück Sackleinen darauf ausbreiten, die Kartoffeln darauf verteilen und mit einem weiteren Stück Sackleinen abdecken. Ein weiteres Geschirrtuch als Trennschicht darauflegen, mit der restlichen Erde bedecken und mit Alufolie gut abdecken. Die Kartoffeln auf diese Weise 3 Stunden im Ofen backen, danach die Temperatur auf 100°C reduzieren und die Kartoffeln weitere 4–5 Stunden backen. Die Konsistenz der gegarten Kartoffeln sollte weich und cremig sein.

HÜHNERFLOCKEN

100 g Brustfilet vom Bio-Huhn
100 ml helle Sojasauce (»Healthy Boy Brand«)
Bio-Canolaöl* zum Frittieren

Das Fleisch 1 Stunde im Kühlschrank in der Sojasauce marinieren und anschließend abtropfen lassen. Ein gutes Drittel eines tiefen, kleinen Stieltopfes mit dem Canolaöl füllen, dieses auf 165°C erhitzen und das Hühnerfleisch darin 10 Minuten frittieren. Das Fleisch mit einem Schaumlöffel herausheben und auf Küchenkrepp abkühlen lassen. Das Fleisch in 2 cm große Stücke zerteilen und in einem Standmixer weiter zerkleinern, bis es flockig wird (alternativ in einem Mörser zerreiben).

KALT GERÄUCHERTE MOLKE

200 g Frischkäse aus Ziegenmilch
200 g Quark (siehe Basics, Quark muss 2 Tage vorher hergestellt werden)
lebensmittelechtes Sägemehl zum Räuchern*
feines Tafelsalz nach Geschmack

Den Frischkäse und den Quark in 2 separate Edelstahlschüsseln füllen. In einem Smoker, der sich zum Kalträuchern eignet, die Räucherspäne entfachen und den Rauch in die Räucherkammer leiten. Die beiden Edelstahlschüsseln hineinstellen und 20 Minuten bei 2°C räuchern. Den geräucherten Frischkäse und den Quark mischen, mit etwas Salz würzen und mit dem Schneebesen aufschlagen. Eventuell mit etwas Milch verdünnen, sollte der Molkenkäse zu fest sein, und danach im Kühlschrank aufbewahren.

FRITTIERTE MELDENBLÄTTER

Bio-Canolaöl* zum Frittieren
1 Zweig Melde, Blätter abgezupft

Ein gutes Drittel eines tiefen, kleinen Stieltopfes mit dem Canolaöl füllen, dieses auf 160°C erhitzen und die Meldenblätter darin etwa 35 Sekunden frittieren, bis sie kross sind. Die Blätter mit einem Schaumlöffel herausheben und auf Küchenkrepp abtropfen lassen.

ZUM SERVIEREN

10 g Kokosnussschalenasche
5 g frisch gemahlener Kaffee (Fair-Trade-Produkt, mittlere Mahlstufe)
20 g Hühnerflocken
8 Puha-Zweige (wilde Brunnenkresse), gewaschen und Blätter abgezupft

Jeweils einen knappen Löffel geräucherte Molke in die Mitte eines jeden Tellers geben und mit der Asche, den Hühnerflocken und dem Kaffee bestreuen. Danach ein paar Puha-Blätter in die Mitte geben und darauf je eine Kartoffel setzen. Mit den Meldenblättern garnieren.

Der Geschmack des Meeres

FÜR 4 PERSONEN – DIESES REZEPT BENÖTIGT 1 TAG VORLAUFZEIT

Die Geschichte, die mich zu diesem Rezept inspiriert hat, ist sehr persönlich. Es war mein erster Versuch, ein Gericht aus meinen Kindheitserinnerungen zu generieren, und anfangs reagierte ich sehr emotional. Daher zog ich es vor, darüber zu schreiben. 2006 beschloss ich, im »Attica« ein Gericht mit dem Geschmack des Meeres zu kreieren. Es gab bereits einige Restaurants, die tolle Gerichte mit ähnlichen Namen anboten, doch ich hatte stets das Gefühl, dass sie den versprochenen »Geschmack des Meeres« nie wirklich einfangen konnten. Ich spürte, dass man sich noch mehr Gedanken machen musste.

In meiner Kindheit war das Meer als Nahrungsquelle Teil des Familienalltags. Wir lebten an der Westküste der nördlichen Insel Neuseelands. Mit dem Auto waren wir in 15 Minuten an einem verlassenen Küstenstreifen, an dem die einzigen Zeichen menschlichen Lebens angeschwemmtes Treibholz und Bojen von japanischen Fischerbooten waren.

Als Junge machte ich mit meinem Vater regelmäßige Ausflüge an den Strand, um Abaloneschnecken (Meerohren), Miesmuscheln, Pipi-Muscheln und Seeigel bzw. Kina, wie wir sie in Neuseeland nennen, zu sammeln. Mit zehn Jahren wäre ich beinah an einer unserer Lieblingssammelstellen, Whareorino, ertrunken. Während ich auf dem Riffdach mit dem Rücken zum Meer Muscheln sammelte, traf mich eine riesige Welle von hinten und schleifte mich so über das Riff, dass ich mir den Rücken aufschrammte und quetschte. Als ich versuchte, wieder an die Oberfläche zu kommen, traf mich eine weitere Welle und warf mich so hart gegen das Riff, dass ich mir Hände und Füße aufschnitt. Verzweifelt und ganz allein dachte ich, dass ich ertrinken würde, bis mein Vater mich plötzlich packte und mit mir ans Ufer schwamm. Er fuhr mich nach Hause, duschte mich kalt ab und säuberte meinen Rücken vom Sand und kleinen Steinchen. Als ich nach unten schaute, war das Duschwasser rot. Dank dieses traumatischen Erlebnisses habe ich großen Respekt vor dem Meer und all seinen Bewohnern, und aus diesem Respekt heraus habe ich das folgende Gericht kreiert.

Ich wollte, dass das Gericht nicht nur nach Meer schmeckt, sondern auch wie Meer aussieht. Die Basis ist ein kleiner Berg aus noch fast rohen Venusmuscheln und einer Sojamilchcreme, die ein wenig nach Meer schmeckt. Milchprodukte würden meiner Meinung nach nicht zu Meeresfrüchten passen. Ich dämpfe die Muscheln kurz, damit sie sich öffnen, und nutze ihren Saft als Grundlage für die Sojamilchcreme, über die gedämpfte und in Scheiben geschnittene Garnelen und klein gehackte Venusmuscheln gestreut werden. Aus den Körpern der Garnelen bereite ich ein durchsichtiges Gelee zu, das ich, sobald es fest geworden ist, in kleine Stücke schneide, um damit die Lücken zwischen den Meeresfrüchten zu füllen.

Der wesentliche Teil des Gerichts ist die Meeresflora. Ich wollte frische wilde Pflanzen aus dem Meer und ich wollte sie selbst sammeln. Wir Spitzenköche sollten unsere Produkte manchmal nicht nur bei Händlern suchen: Es gibt eine Menge Produkte direkt vor unserer Nase – wir müssen nur richtig hinschauen. Im Laufe der Jahreszeiten sammeln meine Köche und ich über 100 verschiedene wilde Pflanzen und Gemüse. Sie sind nicht nur frischer als alles, was man kaufen kann, sondern sie sind auch aromatischer, da sie ohne menschliches Zutun gewachsen sind.

Nachdem ich ein bisschen geforscht hatte und mehrfach den Strand der Melbourne Bay abgelaufen war, fand ich die drei Elemente, nach denen ich gesucht hatte. Erstens eine essbare Alge, die Meersalat (*Ulva lactura*) genannt wird und deren Konsistenz, Farbe und Aroma Schlüsselelemente meines Konzepts sind. Diese Alge bildet den wichtigsten Teil der Meeresflora. Zweitens eine graue Melde (*Atriplex cinerea*), die an der Küste wächst und in Australien seit Urzeiten als Buschnahrung dient. Sie wird hier mit ihrem zarten Aroma als Gewürzkraut verwendet, wobei ihre ledrige Textur einen wunderbaren Kontrast zu der samtigen Creme darstellt. Und drittens Queller – eine Salzwiesenpflanze, auf die mich eine ältere Frau bei einer meiner Wanderungen hinwies. Queller ähnelt Meerfenchel (*Crithmum maritinum*), schmeckt aber zarter und saftiger. Wie alle Gerichte im »Attica« muss auch dieses Meeresgericht immer ganz frisch zubereitet werden – eine der Grundlagen meiner Küche. Ich sammele die Meeresflora jeden Nachmittag, bevor ich dieses Gericht serviere, damit es absolut frisch und unverfälscht schmeckt. Diese kurze Flucht zu einem der ruhigsten und schönsten Plätze Melbournes ist der schönste Teil meiner Arbeitszeit.

VENUSMUSCHELCREME

250 g lebende Venusmuscheln
18 l frisches Meerwasser
150 ml Wasser
50 ml trockener Weißwein
125 ml Bio-Sojamilch
1 Bio-Ei (aus Freilandhaltung)
feines Tafelsalz nach Geschmack
frisch gemahlener weißer Pfeffer nach Geschmack
Traubenkernöl zum Einfetten

Venusmuscheln graben sich im Sand ein, daher sammelt sich auch in ihren Schalen viel Sand, der vor dem Kochen mit frischem Meerwasser ausgespült werden muss. Es ist ein häufig gemachter Fehler, Muscheln mit Leitungswasser zu säubern, da es die Tiere tötet und uns um ihr wahres Aroma bringt. Man sollte die Venusmuscheln mindestens 12 Stunden in einem 20 l fassenden Eimer in Meerwasser einlegen. Die Wassermenge muss so groß sein, damit die Muscheln genug Sauerstoff bekommen.

Einen mittelgroßen Stieltopf stark erhitzen und die abgetropften Muscheln, das Wasser und den Wein hineingeben. Die Muscheln kurz garen, bis sie sich öffnen, und anschließend in ein Sieb geben. Die Kochflüssigkeit auffangen und durch ein mit Gaze oder einem Passiertuch ausgelegtes Sieb gießen. Das Muschelfleisch aus den Schalen lösen und in dünne Scheiben schneiden. Das Muschelfleisch bis zur weiteren Verwendung zugedeckt im Kühlschrank aufbewahren.

Einen Dampfgarer etwas vorwärmen. 125 ml der Muschelkochflüssigkeit in eine Schüssel geben und den Rest weggießen. Die Sojamilch und das Ei zugeben und mit einem Schneebesen aufschlagen. Mit Salz und Pfeffer würzen und durch ein feines Sieb passieren. 4 je 200 ml fassende Schalen mit etwas Traubenkernöl auspinseln und die Creme gleichmäßig auf die Schalen verteilen.

Die mit der Venusmuschelcreme gefüllten Schalen in den Dampfgarer stellen und 5–10 Minuten dämpfen, bis die Creme ein wenig fest geworden ist. Die Creme auf Raumtemperatur abkühlen lassen und mit Küchenkrepp die überschüssige Flüssigkeit, die sich auf der Creme gebildet hat, abtupfen. Die Creme bis zum Servieren zugedeckt bei Raumtemperatur ruhen lassen.

ALGENPULVER

2,5 g getrockneter Meersalat (siehe Anmerkung)
5 g feiner Zucker
1 g feines Tafelsalz

Den getrockneten Meersalat im Mörser zu einem feinen Pulver zerreiben. Den Zucker zufügen und ebenfalls fein zerreiben. Mit Salz abschmecken – das Pulver sollte salzig schmecken, aber eine gewisse Süße beibehalten. Eventuell nachwürzen.

ANMERKUNG: Frischen Meersalat 3 Stunden im Dörrgerät bei 35°C trocknen.

GARNELENGELEE

12 rohe (grüne) Crystal-Bay-Garnelen
15 ml Traubenkernöl
½ Schalotte, in hauchdünne Scheiben geschnitten
½ Staudensellerie, fein gehackt
60 ml trockener Weißwein
1 Stengel Petersilie
15 ml Fischsauce
6,25 g weiße Blattgelatine

Die Garnelen schälen und die Därme entfernen. Die Garnelenköpfe beiseitestellen. Die Garnelen kurz dämpfen, bis sie gerade gar sind, und anschließend abkühlen lassen. Die Garnelen in dünne Scheiben schneiden und bis zur weiteren Verwendung zugedeckt im Kühlschrank aufbewahren.

In einem mittelgroßen Stieltopf das Traubenkernöl auf kleiner Flamme erhitzen und Schalotten und Sellerie 4 Minuten anschwitzen, ohne dass sie Farbe annehmen. Die Garnelenköpfe zufügen und weitere 5 Minuten anschwitzen. Den Wein zugießen und reduzieren. Petersilienstengel und Wasser hinzufügen, kurz aufkochen und 20 Minuten sanft köcheln lassen. Den Garnelenfond durch ein mit Gaze oder mit einem Passiertuch ausgelegtes Sieb abseihen und mit der Fischsauce würzen. Die Blattgelatine 4 Minuten in kaltem Wasser einweichen, danach sanft ausdrücken.

150 ml Garnelenfond abmessen und auf 75°C erhitzen. Den Topf vom Herd nehmen und die Gelatine mit dem Schneebesen unterrühren. Das Gelee in eine kleine Schale füllen und im Kühlschrank mindestens 2 Stunden fest werden lassen.

GURKE

1 kleine Salatgurke, ungeschält
30 ml Fischsauce
5 g feiner Zucker

Mit einem Kugelausstecher (8 mm Durchmesser) 28 kleine Gurkenkugeln ausstechen und diese in einer Schüssel mit der Fischsauce und dem Zucker mischen. Die Gurken in einen Beutel eines Kammer-Vakuumiergeräts* füllen und 30 Sekunden 100 Prozent vakuumieren. Die Gurkenkugeln 1 Stunde lang marinieren lassen.

SEEIGELSCHAUM

25 g frisch geschältes Seeigelfleisch (von 2 Seeigeln)
125 ml leichte weiße Hühnerbrühe (siehe Basics)
25 ml frisch gepresster und passierter Tomatensaft
50 ml Wasser
75 ml Bio-Sojamilch
Fischsauce nach Geschmack

Alle Zutaten bis auf die Fischsauce in einen kleinen, hohen Stieltopf geben, sanft erhitzen und 15 Minuten köcheln lassen, bis der »rohe« Geschmack des Seeigels verflogen ist. Den Topf vom Herd nehmen und die Flüssigkeit mit der Fischsauce abschmecken. Mit einem Stabmixer aufmontieren und durch ein feines Sieb passieren. Unmittelbar vor dem Servieren mit dem Stabmixer erneut aufschäumen.

ZUM SERVIEREN

feines Tafelsalz nach Geschmack
2 ml Zitronensaft
1 ml Traubenkernöl
½ brauner Kräuterseitling, hauchfein gehobelt
5 g Garnelenwatte (siehe Basics)
wilde Meeresflora* (Meersalat, Queller, Meerfenchel und Salzbeeren [Carpobrotus carpolatus])

Die Venusmuschelcreme vorsichtig in die Mitte jedes Tellers stürzen. Die in Scheiben geschnittenen Garnelen und Muscheln in einer kleinen Schüssel behutsam vermischen, mit 1 Prise Salz, dem Zitronensaft und dem Traubenkernöl würzen und auf der Creme verteilen.

Mit einem kleinen Löffel einzelne Geleestückchen in die Lücken der Garnelenmuschelmischung füllen und jeden Teller mit 4 Pilzhobeln und 7 Gurkenkugeln garnieren. 1 Prise Garnelenwatte und kleine Stücke der Meeresflora über jeden Teller streuen. Mit Algenpulver bestäuben und mit einem Löffel etwas Seeigelschaum auf die Teller verteilen.

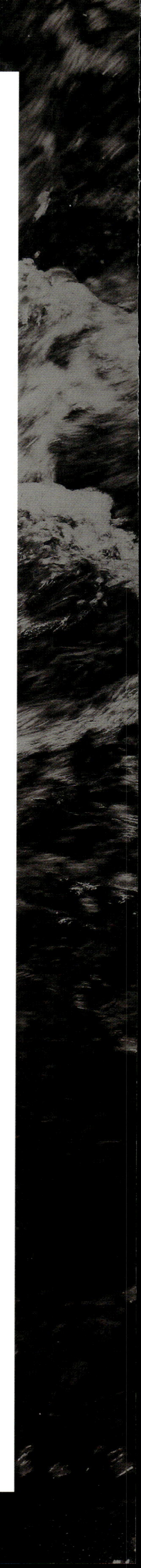

Während meiner Highschoolzeit arbeitete ich an den Wochenenden in einer Großbäckerei. Es war interessant, das Arbeitsleben in einer großen Firma und die Massenproduktion von Lebensmitteln kennenzulernen, aber gleichzeitig war es auch ein furchtbarer Job. Der Bäckermeister war der grantigste Mensch, den ich je kennengelernt habe, und er ließ ganz offensichtlich seine schlechte Laune über den nächtlichen Arbeitsbeginn an mir aus. Mein Arbeitsablauf sah so aus:

Fließbandarbeit

1:00 Uhr Schichtbeginn. Ankunft vor dem Supermarkt, mit dem Autoschlüssel gegen die Glastüren schlagen, bis mich jemand reinlässt, was manchmal 20 Minuten dauern kann. Bei dem Geräusch von Metall auf Glas läuft es mir immer noch kalt den Rücken runter.

1:30 Uhr Beginn des Brotbackens. Fünf 20-kg-Säcke Brotbackmischung in die riesige 140-Liter-Hobart-Knetmaschine füllen. Die Maschine einschalten, die die exakte Menge genau richtig temperiertes Wasser dazugibt. Die Knetmaschine einschalten. Nach Ablauf der eingestellten Knetzeit den Teig aus der Knetschüssel holen (Arbeit für 2 Personen).

2:30 Uhr Beginn der Brötchenherstellung. Teig schneiden – wiegen, Teig schneiden – wiegen, Teig schneiden – wiegen. »Beeil dich! Du wiegst den Teig nicht schnell genug.« Den Teig schneller schneiden – wiegen, den Teig schneller schneiden – wiegen. Teig in die Mulden runder Bleche drücken und diese in die Maschine schieben, die die Brötchen rollt.

3:30 Uhr Die »gerollten« Brötchen zum Reifen in den Vorgärschrank schieben. Beginn der Baguetteherstellung. Teig schneiden – wiegen, Teig schneiden – wiegen, Teig schneiden – wiegen. »Verdammt noch mal, Ben! Du wiegst die Baguettes nicht schnell genug ab.« Teig schneller schneiden – wiegen. Die Baguettes in die Maschine schieben, die sie rollt. Die Baguette-Backformen vorbereiten und dafür mit einem breiten Pinsel einfetten, wobei das Fett eher an Holzleim erinnert.

4:15 Uhr Brot backen.

5:00 Uhr Muffins herstellen. Wasser in die Muffinbackmischung geben und den Teig von Hand verkneten. Muffinformen mit dem kulinarischen Holzleim einfetten. Die Teigmischung einfüllen. Eine Tube verdächtig glänzendes Fruchtmark öffnen und die Muffins damit betupfen. Ich höre im Geiste Led Zeppelins »Whole Lotta Love«.

5:30 Uhr Muffins backen.

5:45 Uhr Brote in Tüten verpacken.

6:00 Uhr Kreativste Tätigkeit des Tages: Muffins mit Puderzucker bestäuben.

6:30 Uhr Die Regale füllen. »Vergiss nicht, den leeren Brötchenbehälter zu füllen.«

7:00 Uhr Die ersten Kunden treffen ein (arme Seelen).

7:05 Uhr Den ganzen Prozess erneut in Gang setzen.

7:15 Uhr Den leeren Brötchenbehälter erneut füllen.

7:30 Uhr Den leeren Brötchenbehälter erneut füllen.

7:45 Uhr Den leeren Brötchenbehälter erneut füllen.

8:00 Uhr Kunden beschweren sich, dass der Brötchenbehälter leer ist. Den Brötchenbehälter wieder auffüllen. (Kauft tatsächlich jemand dieses Brot?)

12:30 Uhr Die Backstube putzen. Unmöglich, sämtliche Geräte vom Mehlstaub zu säubern. Das Mehl liegt in der Luft, brennt in meinen Augen, ist in meinen Ohren, einfach überall.

13:00 Uhr Schichtende. Schwur, niemals dorthin zurückzukehren.

Ich kehre zurück, bis ich nach nur drei Monaten rausgeschmissen werde. Wir sollten 2000 Brötchen pro Stunde herstellen, und ich war einfach nicht schnell genug.

Diese paar Monate haben dafür gesorgt, dass ich mein ganzes bisheriges Leben lang ein lausiger Brotbäcker war. Erst vor einem Jahr habe ich nach einer Reise durch Frankreich endlich meine inneren Dämonen besiegt und ein Brot gebacken, auf das ich stolz war.

Marron, luftgetrockneter Schinken, wilde Meeresflora

FÜR 4 PERSONEN

Der australische Marron ist einer der größten Flusskrebse der Welt. Der Handel mit lebendem, in Westaustralien als Speisekrebs gezüchtetem Marron ist jedoch streng geregelt, damit er sich nicht unbeabsichtigt in fremden Lebensräumen ansiedelt und andere Krebsarten verdrängt.

AUSTERNSAUCE

150 g frisch ausgelöstes Austernfleisch (und 125 ml beim Auslösen aufgefangener Austernsaft)
385 ml Wasser
1 Knoblauchzehe, zerdrückt
½ Frühlingszwiebel
5 g Ingwer, zerdrückt
2,5 g Kristallzucker
35 ml helle Sojasauce (»Healthy Boy Brand«)
2,5 g Maisstärke

In einem kleinen Stieltopf 375 ml Wasser, das Austernfleisch und den -saft, den Knoblauch, die Frühlingszwiebel und den Ingwer aufkochen und 20 Minuten köcheln lassen, dabei den Topf halb bedecken. Den Zucker und die Sojasauce zufügen.

Die Maisstärke in 10 ml Wasser anrühren und diese Mischung mit dem Schneebesen unter die Sauce rühren. Die Sauce weitere 10 Minuten köcheln, bis sie ein wenig eindickt. Die Sauce durch ein feines Sieb passieren und feste Bestandteile entfernen. Die Sauce abkühlen lassen und bis zur weiteren Verwendung im Kühlschrank aufbewahren.

ALGENBRÜHE

500 ml leichte Schweinebrühe (siehe Basics)
4 g getrocknete Kombu-Algenflocken
1 g Bonitoflocken (Katsuobushi)
15 ml trockener Sherry
70 ml helle Sojasauce (»Healthy Boy Brand«)
feines Tafelsalz nach Geschmack

Die Schweinebrühe auf 80°C erhitzen und die Algenflocken 10 Minuten darin ziehen lassen. Den Topf vom Herd nehmen, die Bonitoflocken in die Brühe geben und 5 Minuten darin ziehen lassen. Die Brühe durch ein mit Gaze oder mit einem Passiertuch ausgelegtes Sieb gießen und mit Sherry, Sojasauce und Salz würzen.

MARRON

2 lebende Marrone (à 250 g), gekühlt (siehe Krebstiere*)
2 ml Traubenkernöl
feines Tafelsalz nach Geschmack
2 ml Zitronensaft

Reichlich Wasser in einem großen Topf aufkochen. Die lebenden Marrone kopfüber in das kochende Wasser tauchen, mit einem Holzkochlöffel unter die Wasseroberfläche drücken und 2 Minuten kochen lassen. Dann jeweils den Schwanz vom Kopf abdrehen. Die Marrone mit einer Tranchierschere vorsichtig entlang der beiden Seiten des Schwanzes aufschneiden, um das Fleisch aus der Schale zu lösen. Das Fleisch in einen Beutel eines Kammer-Vakuumiergeräts* füllen und 30 Sekunden 100 Prozent vakuumieren. Anschließend den Beutel 6 Minuten in ein 60°C heißes zirkulierendes Wasserbad oder in einen mit Wasser gefüllten Topf legen. Die gegarten Krebsschwänze längs halbieren und mit Zitronensaft und Salz würzen.

ZUM SERVIEREN

1–2 g rotes Rosenpulver (siehe Anmerkung)
4 Scheiben luftgetrockneter Rinderschinken (Bresaola)
4 Stücke Meersalat, in kleine Stückchen gezupft
12 Stücke wilder Queller
feines Tafelsalz nach Geschmack

Etwas Rosenpulver an den Rand der vorgewärmten Teller streuen. Daneben einen Spiegel aus 1 TL Austernsauce anrichten. Je eine Marronhälfte daraufsetzen. Je eine Scheibe luftgetrockneten Schinken danebenlegen und mit Meersalat und Queller garnieren. Die Brühe erhitzen und in vier kleine Kännchen füllen, bei Tisch auf das Rosenpulver gießen.

ANMERKUNG: Für das Rosenpulver ungespritzte rote Rosenblätter 2 Stunden in ein auf 50°C erwärmtes Dörrgerät geben, anschließend im Mörser fein zerreiben.

Austern und Sukkulenten

FÜR 4 PERSONEN

In Lebenskrisen oder in Momenten, wenn unsere Emotionen die Realität verzerren, kann das Meer ein großer Trost sein. Seit meiner Kindheit habe ich immer wieder im Meer Trost gefunden – vor allem als Surfer. Wenn mich Sorgen quälten, habe ich mich häufig in die Wellen gestürzt und fühlte mich nach meiner Rückkehr an den Strand besser, geradezu erleuchtet. Echte Surfer leben für den Einklang mit der Natur. Es gibt kaum etwas Schöneres in meinem Leben, als in die Wellen zu paddeln und auf ihnen zurück zum Strand zu reiten. (Allerdings kenne ich auch das einzigartige Gefühl, von meinem langen, schweren Surfbrett einen Schlag ins Gesicht zu bekommen. Glücklicherweise habe ich tolle Freunde, die mich halb bewusstlos aus dem Wasser ziehen und den Krankenwagen rufen. Ich trage Narben, die das beweisen.) Einige behaupten, dieses Gericht erinnere sie an das Gefühl, von einer Welle unter Wasser gespült zu werden – und mir gefällt diese Assoziation.

GEBEIZTE ZITRONENSCHALE

- 1 Bio-Zitrone
- 12 g feines Tafelsalz
- 20 g feiner Zucker

Mit einem sehr scharfen Messer oder Zestenreißer die Schale möglichst dünn, ohne die weißen Bestandteile (Mesokarp) von der Zitrone schälen (die Zitrone für ein anderes Gericht verwahren) und in feine Streifen schneiden. Die Streifen in einer Edelstahlschale verteilen und mit dem Salz und danach mit dem Zucker bestreuen. Die Streifen 30 Minuten ziehen lassen, danach mit kaltem Wasser abspülen und mit Küchenkrepp trocken tupfen.

SUKKULENTENSAFT

- 150 g wilder Queller, gewaschen und zerpflückt
- 5 ml Zitronensaft
- 1 Prise feiner Zucker

Der Saft sollte unmittelbar vor dem Servieren zubereitet werden. Den Queller in einem »Angel Juicer« mit Zwillingspresskolben entsaften und den Saft durch ein mit Gaze oder mit einem Passiertuch ausgelegtes Sieb abseihen. Mit Zitronensaft und Zucker würzen.

ZUM SERVIEREN

- 8 lebende Austern in der Schale
- 8 wilde Meeressukkulenten-Blüten (siehe Anmerkung)
- 8 Stücke wilde Cladophora-Alge
- 8 wilde Kokihi-Blätter (neuseeländischer Strandspinat)
- 8 Stücke wilde Ao-Nori-Alge (Meereshaar)
- 8 kleine Stücke Wakame (Braunalge)

Die Austern öffnen und den Schließmuskel durchtrennen. Jede Auster mit einem Stück gebeizter Zitronenschale, einer Sukkulentenblüte und den Algen garnieren und etwas Sukkulentensaft darüberträufeln.

ANMERKUNG: Bei den Sukkulenten und Algen sollte es sich um ganz frisch geerntete, wild wachsende Pflanzen handeln, da sie viel aromatischer schmecken und mehr Biss haben als gezüchtete Formen.

Schneekrabbe

FÜR 4 PERSONEN

An der Westküste der nördlichen Insel Neuseelands, wo ich aufgewachsen bin, kann man sich dem majestätischen Anblick des 2518 Meter hohen Vulkans Taranaki kaum entziehen, denn der Schatten dieser Naturgewalt ist allgegenwärtig.

In der Mythologie der Maori lebte der Taranaki einst zusammen mit anderen Vulkanen auf einer Ebene in der Mitte der nördlichen Insel und hatte sich in den wunderschönen Berg Pihanga verliebt. Doch Pihanga wurde auch von anderen Vulkanen begehrt, und so entbrannte ein gewaltiger Kampf. Der Taranaki-Berg erlitt zahlreiche Blessuren und verlor am Ende Pihanga an den aggressiven Berg Tongariro. Mit gebrochenem Herzen floh Taranaki nach Westen und schuf auf seiner Flucht den Fluss Whanganui.

Ist der Taranaki-Berg wolkenverhangen, so wird behauptet, dass er weint. Leuchtet er im Licht eines schönen Sonnenuntergangs, so macht er sich angeblich für Pihanga hübsch. Spuckt der feindselige und unruhige Tongariro Rauch und Dampf, dann schickt er angeblich eine Warnung an Taranaki, dass dieser sich auf jeden Fall von Pihanga fernhalten solle.

1995 bin ich mit einem Freund auf dem Ruapehu, dem höchsten aktiven Vulkan Neuseelands, Snowboard gefahren, und bei unserer letzten Abfahrt hielt mein Freund plötzlich an und drehte sich um. Als ich mich ebenfalls umdrehte, sah ich, dass aus dem Krater schwarzer Rauch aufstieg. Plötzlich brach der Vulkan mit unvorstellbarem Getöse aus und katapultierte Felsbrocken von der Größe eines Autos und Gaswolken aus seinem Krater. Wir rasten auf unseren Boards gen Tal – die schnellste Abfahrt meines Lebens. Auf dem Parkplatz war inzwischen Panik ausgebrochen, und beim Versuch zu fliehen, fielen die Leute übereinander. Als wir uns ängstlich umdrehten, sahen wir, dass heiße Lava den Berg hinabfloss. In der Talstation hörten wir in den Nachrichten, dass die Aschewolke sechsmal so hoch war wie der Berg selbst. Ich habe noch nie so viele Emotionen gleichzeitig gespürt: lebendig, vor Schrecken wie erstarrt, übererregt. Am nächsten Tag fuhren mein Freund und ich wieder den Ruapehu hoch und waren mehr oder weniger die einzigen Menschen an der Bergstation. Der Vulkan spuckte immer noch Asche und Gaswolken, daher wurde er am Tag darauf für das restliche Jahr gesperrt.

Diese Erfahrung hat mich für immer verändert, denn seitdem sehe ich die Natur mit anderen Augen. Ich habe große Ehrfurcht vor einer Naturgewalt, die uns Menschen viel kleiner und unbedeutender erscheinen lässt, als wir es selbst wahrhaben wollen. Diese Erfahrung und die kulturelle Bedeutung des Taranaki haben mich zu dem Gericht »Schneekrabbe« inspiriert.

MEERRETTICHÖL

200 g frischer Meerrettich
200 ml Traubenkernöl
22 g Maltosec* (Maltodextrin aus Tapioka)
1 Prise feines Tafelsalz

Den Meerrettich schälen, grob zerhacken und mit dem Traubenkernöl im Standmixer zu einer glatten Paste pürieren. Diese Paste in ein mit Gaze ausgelegtes Sieb füllen und über einer Schüssel 5 Stunden austropfen lassen.

Das Meerrettichöl von Saftrückständen befreien, 50 ml abmessen und in einer Schüssel mit dem Maltosec zu einem Pulver verrühren. Dieses Pulver mit Salz würzen, durch ein feines konisches Sieb passieren und bis zur weiteren Verwendung luftdicht verschlossen verwahren. Das restliche Meerrettichöl luftdicht verschlossen in den Kühlschrank stellen.

VERJUS-SORBET

250 ml rosa Verjus (aus Pinot-Noir-Trauben)

Den Verjus in eine kleine Edelstahlform gießen und ins Gefrierfach stellen. Alle 30 Minuten mit einer Gabel aufkratzen, damit die Eiskristalle aufbrechen, bis sich ein lockeres Sorbet gebildet hat. Bis zum Servieren luftdicht verschlossen im Gefrierfach aufbewahren.

PUFFREIS

40 g Jasmin-Reis
300 ml Bio-Canolaöl*

In einem großen Stieltopf Wasser aufkochen, den Reis hineingeben und so lange kochen, bis er etwas zu gar ist, aber noch nicht zerfällt. Den Reis abtropfen lassen und auf einem Rost eines Dörrgeräts verteilen. Den Reis bei 50°C 3–4 Stunden dehydrieren.

Das Canolaöl in einem kleinen, tiefen Stieltopf auf 175°C erhitzen. In einen weiteren Stieltopf ein Sieb hängen. Jeweils 1 EL getrockneten Reis in das Öl geben. (Der Reis pufft sehr schnell.) Den Puffreis mit einem Sieblöffel herausheben, bevor er Farbe annimmt, und im Sieb über dem zweiten Topf abtropfen lassen. Den Puffreis danach auf Küchenkrepp trocknen, abkühlen lassen und luftdicht verschlossen aufbewahren.

SCHNEEKRABBE

5 l Wasser
Meersalzflocken nach Geschmack
1 lebende Schneekrabbe (1 kg) aus Westaustralien, gekühlt (siehe Krebstiere*)
2 ml weißer Aceto balsamico
2 ml Traubenkernöl
2 ml Zitronensaft

5 l Wasser mit etwas Salz in einem großen Topf aufkochen. Die lebende Schneekrabbe kopfüber in das kochende Wasser tauchen, mit einem Holzkochlöffel unter die Wasseroberfläche drücken und 2 Minuten kochen. Die Krabbe 12–14 Minuten im kochenden Salzwasser garen, anschließend in Eiswasser abschrecken und 8 Minuten abkühlen lassen. Das Krabbenfleisch aus dem Panzer lösen und im Kühlschrank aufbewahren.

Unmittelbar vor dem Servieren das Krabbenfleisch in eine Schüssel geben und mit dem Essig, dem Traubenkernöl, dem Zitronensaft und etwas Salz marinieren.

EIWEISS

2 Bio-Eier (aus Freilandhaltung)

Die Eier 10 Minuten kochen und anschließend in Eiswasser abschrecken. Die Eier pellen und danach Eiweiß und Eigelb trennen. Das Eiweiß fein hacken und bis zum Servieren im Kühlschrank aufbewahren. (Die Eigelbe für ein anderes Gericht verwahren.)

ZUM SERVIEREN

5 g getrocknete Berberis-Beeren, in warmem Wasser eingeweicht und abgetropft
8 g Yarra-Valley-Lachsrogen
4 g gefriergetrocknete Kokosnussraspel*
40 wilde Kokihi-Blätter (neuseeländischer Strandspinat)

Auf jede Tellermitte einen flachen Löffel fein gehacktes Eiweiß geben und darauf das Krabbenfleisch häufeln. Mit Berberis-Beeren, Lachsrogen, Kokosnussraspel, Puffreis und Kokihi-Blättern bestreuen. Etwas Verjus-Sorbet obenauf geben und mit pulverisiertem Meerrettichöl garnieren.

Pochierte Quitten

FÜR 4 PERSONEN

Hinter unserem Farmhaus stand ein einzelner knorriger Quittenbaum, dessen Stamm von Moos und Flechten überzogen war. Fast das ganze Jahr über ähnelte er einem einsamen, knurrigen alten Mann, doch im Frühjahr blühte er wortwörtlich auf, und aus seinen wunderschönen zarten rosa-weißen Blüten reiften bis zum Herbst köstliche Früchte heran.

Für ein neugieriges Kind wie mich waren Quitten etwas Schreckliches. Wie konnten Früchte mit einer so schönen Form und einem so betörenden Duft in rohem Zustand absolut ungenießbar sein? Jedes Jahr im April betrachtete ich den Baum sehnsüchtig und mit der Absicht, jede einzelne Frucht zu essen, denn als kleiner Junge betrachtete ich Essen als Belohnung. Doch der knorrige Baum versagte mir diesen Genuss, und ich musste mich gedulden, bis meine Mutter die gelbschaligen Biester in ihrem alten Schmortopf von »Le Creuset« in wunderbare, rubinrote Köstlichkeiten verwandelte. So war eines der ersten Desserts im »Attica« inspiriert von den Erinnerungen an die Kochkunst meiner Mutter.

Quitten verwandelten sich in ihrem Schmortopf in Marmelade, Gelee und Kompott. Irgendwann verbrannte meine Mutter den alten »Le Creuset« so, dass er unbenutzbar wurde. Er diente nur noch den Schafen als Tränkeimer, doch stach mir seine leuchtend orangerote Farbe inmitten des grünen Grases jedes Mal in die Augen.

Viele Jahre später, als ich als Sous-Chef im »Governor-General« arbeitete, fand ich in einer staubigen Ecke des Lagerraums einen riesigen gusseisernen Schmortopf in der gleichen Farbe. Es war der größte »Le-Creuset«-Topf, den ich je gesehen habe. Ich bin sicher, dass er Teil einer Werbekampagne war, die die Firma in den 1950er-Jahren veranstaltet hatte. Als er weggeworfen werden sollte, nahm ich ihn an mich. Viele glückliche Jahre fuhr der Topf im Kofferraum meines Kombis mit mir durch Neuseeland, um mir etwa am Strand für eine improvisierte Mahlzeit nach einem Surfausflug zu dienen. Inzwischen hat er längst einen würdigen Platz in unserer bescheidenen Küche eingenommen.

POCHIERTE QUITTEN

- 1,8 kg feiner Zucker
- 1,95 l Wasser
- 450 ml trockener Rotwein
- 6 Zimtstangen
- 6 Sternanis
- 3 Gewürznelken
- 60 schwarze Pfefferkörner
- 3 frische Lorbeerblätter
- 15 g Bio-Orangenschale
- 6 Quitten (siehe Anmerkung)
- Saft von 6–12 Zitronen

Sämtliche Zutaten bis auf die Quitten und den Zitronensaft in einen gusseisernen Schmortopf geben, aufkochen und 10 Minuten köcheln lassen.

Die Quitten schälen, halbieren und Kerngehäuse und Stiel entfernen. Die Quittenhälften auf gleiche Größe zuschneiden. Die Quittenschalen, die Kerngehäuse und die Abschnitte in ein Gazetuch wickeln, mit Küchengarn zubinden und in den Sirup hängen. Die Quittenhälften zugeben und den Topf mit passend geschnittenem Backpapier und dem Deckel abdecken. Die Hitze auf die kleinste Stufe reduzieren und die Quitten 12 Stunden ganz sanft pochieren, sodass sich höchstens mal ein Bläschen an der Oberfläche bildet.

Je nach Quittensorte sollten die Quitten und der Sirup nach dem Pochieren dunkelrot sein, in manchen Fällen sogar fast schwarz. Die Quitten im Topf auf Raumtemperatur abkühlen lassen und mit einem Schaumlöffel vorsichtig herausheben. Den Sirup durch ein Sieb gießen. Die Gewürze und die Orangenschale entfernen. Den Sirup mit etwas Zitronensaft abschmecken (die Menge variiert nach Aroma und Säuregehalt der Quitten erheblich, doch der Sirup braucht eine ganze Menge Säure, da er sonst zu süß schmeckt).

Die Quitten zurück in den Sirup geben und bis zum Servieren beiseitestellen. Sie halten sich im Kühlschrank bis zu 2 Wochen und können in korrekt sterilisierten Weckgläsern sogar monatelang aufbewahrt werden.

ANMERKUNG: Am besten schmecken die kleinen birnenförmigen Smyrna-Quitten, die nach einer alten Stadt in der Türkei benannt wurden, wo man den Ursprung dieser Art vermutet.

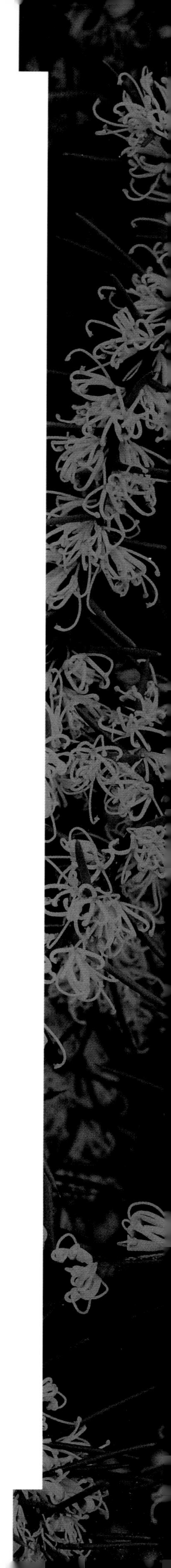

SCHAFMILCHJOGHURT

150 g Schafmilchjoghurt (»Meredith Dairy«)
30 g Thymianhonig (»J. Friend & Co.«)
feines Tafelsalz nach Geschmack

Den Joghurt in ein mit Gaze oder mit einem Passiertuch ausgelegtes Sieb geben, dieses etwa 12 Stunden über eine Schüssel hängen und in den Kühlschrank stellen, damit die Molke abfließen kann. Den Joghurt anschließend in eine Schüssel geben und die Molke weggießen. Mit einem Schneebesen den Joghurt mit 1 Prise Salz und dem Honig aufschlagen und bis zur weiteren Verwendung in den Kühlschrank stellen.

MANDELSTREUSEL

50 g Weizenmehl Type 405
3 g Backpulver
50 g frisch gemahlene Bio-Mandeln
12 g feiner Zucker
1 Prise feines Tafelsalz
120 ml Bio-Eiweiß (von frei laufenden Hühnern)
85 g braune Butter (siehe Basics), auf 30°C abgekühlt
25 g getrocknete Süßholzwurzel (siehe Anmerkung), fein gerieben

Das Mehl und das Backpulver in eine Schüssel sieben. Die gemahlenen Mandeln, den Zucker und das Salz zugeben und gut untermischen. Mit dem Schneebesen das Eiweiß und die Butter untermischen, bis ein glatter Teig entsteht, der vor dem Backen mindestens 2 Stunden im Kühlschrank ruhen sollte.

Den Backofen auf 150°C vorheizen. Eine quadratische Backform (15 cm Kantenlänge) mit Backpapier auskleiden.

Den Teig in die vorbereitete Backform füllen und 25 Minuten im Ofen backen, bis man mit einem Holzstäbchen hineinstechen kann, ohne dass Teig daran haften bleibt. Den gebackenen Teig auf einem Kuchenrost abkühlen lassen, mit einer Standreibe grob zerkrümeln und in einem Dörrgerät 2 Stunden bei 40°C dehydrieren, bis die Streusel halbtrocken sind. In einer Schüssel die Streusel mit der geriebenen Süßholzwurzel vermischen und luftdicht verpackt bis zum Servieren aufbewahren.

ANMERKUNG: Süßholzwurzel ist in Reformhäusern erhältlich.

KANDIERTE MANDELN

40 g rohe Bio-Mandelkerne
100 g feiner Zucker
80 ml Wasser

Mit Hilfe einer Mandoline die Mandeln in gleichmäßig dünne Hobel schneiden. In einem kleinen Stieltopf das Wasser mit dem Zucker aufkochen. Die Mandeln hineingeben und 5 Minuten köcheln, bis sie leicht durchscheinend werden. Die Mandeln in einem kleinen Edelstahlsieb abtropfen lassen und den Sirup weggießen.

Die Mandelblätter vorsichtig auf einer Silikonbackmatte auf dem Rost des Dörrgeräts verteilen und im Dörrgerät* 5 Stunden bei 60°C dehydrieren, bis sie knackig sind.

ZITRONENSCHALENPULVER

4 Bio-Zitronen

Mit einer feinen Microplane-Reibe* die Schale der Zitronen abreiben und die Zitronen für ein anderes Gericht aufbewahren. Die Zitronenschale im Dörrgerät 4 Stunden bei 30°C trocknen, bis sie spröde ist. Die Zitronenschale in einer elektrischen Gewürzmühle zu Pulver verreiben und luftdicht verschlossen aufbewahren.

ZUM SERVIEREN

10 g Thymianhonig (»J. Friend & Co.«)
40 Zitronenthymianblätter
40 Thymianblüten
40 Rosmarinblüten
80 Basilikumblüten

Den Backofen auf 120°C vorheizen und 4 Quittenhälften 10 Minuten lang in einer feuerfesten Form im Ofen erwärmen, dabei alle 2 Minuten mit ihrem Sirup beträufeln. Die Aushöhlung jeder Quittenhälfte mit Schafmilchjoghurt füllen und die Quitten mit der Joghurtseite nach unten auf ein Backblech legen. Die Oberseite der Quitten mit Honig bepinseln und mit kandierten Mandeln, Blättern und Blüten bestreuen.

1 TL Mandelstreusel in die Mitte jedes Tellers geben und mit einer Palette je eine Quittenhälfte mit der Joghurtseite nach unten daraufsetzen. Einen Faden Quittensirup um die Quitte ziehen und zum Schluss etwas Zitronenschalenpulver darüberstreuen.

Wassermelonen-Erdbeeren

FÜR 4 PERSONEN

Frische, Reife und Qualität des Obstes sind für das Gelingen dieses technisch einfachen Desserts von größter Bedeutung. Wir bereiten es unmittelbar vor dem Servieren zu, damit der Obstsaft sein natürliches Aroma und seinen frischen Geschmack behält. Wir bereiten im »Attica« viele Speisen nur auf Bestellung zu, da sie im Voraus zubereitet fad schmecken. Weil die meisten Gerichte einfach sind und meist auf frischem Obst oder Gemüse basieren, enthalten sie nichts, worauf wir zurückgreifen könnten. Wir verwenden auch weder schwere Saucen noch viel Butter, um ein sonst fades Gericht aufzuwerten. Es ist einfach meine Einstellung zum Kochen, auch wenn es häufig mühsam ist, besonders wenn 55 Gäste darauf warten, ein Zehn-Gang-Menü in drei Stunden zu genießen, aber für mich gibt es keine Alternative. Ich schulde meinem Freund David Thompson großen Dank, dass ich in seiner Küche arbeiten durfte und dort die thailändische Küche studieren konnte, denn dies war mir die größte Inspiration für unsere Arbeit im »Attica«. So hat mich zum Beispiel der frisch gepresste und leicht gesalzene Orangensaft, den man in Thailand überall auf der Straße kaufen kann, zu diesem Dessert angeregt.

WASSERMELONENKERNE

- 15 g schwarze Sesamsaat
- 50 g Isomalt*
- 50 g flüssige Glukose
- Meersalzflocken nach Geschmack
- Traubenkernöl zum Einfetten

Den Backofen auf 150°C vorheizen, den Sesam auf einem Backblech verteilen und 5 Minuten rösten, bis er aromatisch duftet.

In einem sehr kleinen Stieltopf das Isomalt und die Glukose auf kleiner Flamme erhitzen und dabei gelegentlich umrühren, bis sich das Isomalt aufgelöst hat. Die Temperatur erhöhen, bis der Sirup bei 146–154°C so heiß ist, dass er sofort erstarrt, wenn er mit Kälte in Berührung kommt. Den Topf vom Herd nehmen und den Topfboden eventuell vorsichtig in etwas kaltem Wasser abkühlen, damit der Sirup nicht überkocht.

Den Sesam hineingeben und den Topf vorsichtig schwenken, bis der Sesam vom Zucker überzogen ist. Den kandierten Sesam auf einer Silikonbackmatte oder auf einem mit Backpapier bedeckten Backblech verteilen, auf Raumtemperatur abkühlen lassen und auseinanderbrechen.

Den kandierten Sesam in einer Gewürzmühle zu Pulver mahlen und anschließend in einer Schüssel mit dem Salz vermischen. Das Pulver in einem Behälter luftdicht verschließen, denn wenn es der Luft zu lange ausgesetzt bleibt, kann es später nicht mehr weiterverarbeitet werden.

Die Hände gründlich waschen und die Fingerspitzen mit etwas Traubenkernöl benetzen. 1 EL Sesampulver gleichmäßig auf dem Boden eines sehr kleinen Stieltopfes verteilen und langsam erhitzen, bis sich das Pulver wieder auflöst. Vorsichtig umrühren und sobald das Pulver vollständig aufgelöst ist, einen kleinen Tropfen von der Größe einer Perle auf Backpapier tropfen. Den Tropfen 6 Sekunden abkühlen lassen und ihn dann vorsichtig zwischen den Fingerspitzen in die Form eines Wassermelonenkerns kneten. Dies erfordert etwas Übung – und es hilft, wenn Sie so begnadete Kochhände haben wie ich –, aber mit etwas Geduld lassen sich in Null Komma Nix jede Menge Melonenkerne produzieren. Die Kerne immer sofort luftdicht verschließen. Für das Gericht benötigt man etwa 20 Wassermelonenkerne.

WASSERMELONEN-ERDBEEREN

- 120 ml frisch gepresster und durch ein feines Sieb passierter Erdbeersaft
- 60 g feiner Zucker
- 0,2 g natürliche Zitronensäure*
- 2 kg kernlose Wassermelone, geschält

Den Erdbeersaft mit dem Zucker mischen, in einem kleinen Stieltopf aufkochen, 5 Minuten sanft köcheln lassen, bis er um ein Viertel eingekocht ist, und währenddessen immer wieder den Schaum entfernen. Den Topf vom Herd nehmen und die Zitronensäure unter den Erdbeersirup mischen. Den Sirup durch ein feines Sieb passieren, abschmecken und im Kühlschrank kalt stellen.

Die Wassermelone in 4 cm dicke Scheiben schneiden und diese in 3,5 cm große Würfel. Mit einem runden Teigausstecher (3 cm Durchmesser) 20 kleine Zylinder ausstechen und diese mit einem scharfen Messer zu Erdbeeren formen. (Die Melonenabschnitte verwahren, um Saft daraus zu pressen.)

Unmittelbar vor dem Servieren die Wassermelonen-Erdbeeren mit dem Erdbeersirup in einen Beutel eines Kammer-Vakuumiergeräts* füllen und 25 Sekunden 100 Prozent vakuumieren. Den Beutel vor dem Öffnen 3 Minuten ruhen lassen.

MELONENSAFT

- 100 ml frisch gepresster und durch ein feines Sieb gefilterter Melonensaft (aus den Wassermelonenabschnitten, siehe linke Seite)
- 100 ml frisch gepresster und filtrierter Erdbeersaft
- 15 g feiner Zucker
- feines Tafelsalz nach Geschmack
- 15 ml filtrierter Limettensaft

Den Wassermelonen- und den Erdbeersaft mit dem Zucker mischen und abschmecken. Je nach Jahreszeit und dem Ort, an dem die Früchte gereift sind, ist unterschiedlich viel zusätzlicher Zucker nötig. 1 Prise Salz und den Limettensaft zugeben und erneut abschmecken. Der Geschmack sollte ausgewogen sein – ein bisschen süß, gleichzeitig ein bisschen säuerlich und gerade so salzig, dass die natürlichen Aromen zur Geltung kommen, ohne dass der Saft salzig schmeckt. Den Saft 5 Minuten beiseitestellen, damit sich die Aromen voll entfalten können. Erneut abschmecken und eine zweite Meinung einholen – im »Attica« probieren immer mindestens drei Mitarbeiter die Suppen, Brühen und Saucen, um einen Querschnitt unterschiedlicher Geschmäcker ermitteln zu können und so ein Ergebnis zu erzielen, das den Geschmack möglichst vieler Gäste trifft. Den Saft durch ein feines Sieb passieren und kalt stellen.

ZUM SERVIEREN

Die Wassermelonen-Erdbeeren abtropfen lassen und jeweils 5 in jede Dessertschale legen. Den Melonensaft über und um die Erdbeeren herumgießen und einige »Wassermelonenkerne« darüberstreuen.

Himbeeren, Feigenblattfrischkäse und Feigenblattsorbet

FÜR 4 PERSONEN

Meine ersten Erfahrungen als leicht besessener Sammler historischen Spielzeugs haben mich gelehrt, bei der Beschaffung der Zutaten sparsam zu sein. Wenn eine kulinarisch wertvolle Zutat irgendwo in der unmittelbaren Nachbarschaft existiert, warum sollte man daraus keinen Nutzen ziehen? Entlang der vielen verlassenen Gassen in Ripponlea rund um das »Attica« wachsen Feigenbäume, deren Zweige manchmal über den Zaun hängen. Die Feigenblätter warten dort scheinbar nur darauf, von einer diebischen Elster wie mir gepflückt zu werden!

FRISCHKÄSE IM FEIGENBLATT

- 1 l Bio-Milch
- 8 frische Feigenblätter
- 40 g feiner Zucker
- 1 Prise feines Tafelsalz
- 10 ml filtrierter Zitronensaft

Sämtliche Zutaten bis auf den Zitronensaft in einem großen Stieltopf auf 70°C erhitzen und die Feigenblätter darin bei dieser Temperatur 20 Minuten ziehen lassen. Die Temperatur auf 80°C erhöhen und den Zitronensaft zugeben, damit die Milch gerinnt und sich der Käsebruch von der Molke trennt. Die Feigenblätter entfernen, dabei alle festen Milchbestandteile von den Blättern abkratzen. Das Bruch-Molke-Gemisch vorsichtig in ein mit Käseleinen ausgelegtes Sieb schöpfen, damit die Molke ablaufen kann. Die Molke für das Sorbet aufbewahren.

Den Bruch auf Raumtemperatur abkühlen lassen und in ein luftdicht verschließbares Gefäß füllen. Etwas Molke darübergeben, damit der Bruch feucht bleibt. Das Gefäß bis zum weiteren Gebrauch in den Kühlschrank stellen. Der Feigenblattfrischkäse sollte ähnlich körnig wie Hüttenkäse sein und leicht bitter schmecken.

FEIGENBLATTSORBET

- 500 ml Molke (von der Herstellung des Feigenblattfrischkäses)
- 25 g feiner Zucker
- 5 ml filtrierter Zitronensaft
- feines Tafelsalz nach Geschmack

Sämtliche Zutaten miteinander vermischen, in eine kleine Edelstahlschale füllen und ins Gefrierfach stellen. Sobald sich die ersten Eiskristalle gebildet haben, diese alle 30 Minuten mit einer Gabel aufkratzen, bis die Flüssigkeit durch und durch gefroren und trotzdem locker ist. Das fertige Sorbet luftdicht verschlossen im Gefrierfach aufbewahren.

ZUM SERVIEREN

- 100 g Crème fraîche
- 44 Himbeeren
- 20 g Natternkopf-Honig (»J.Friend & Co.«)*
- 5 g gefriergetrocknete Himbeeren zum Reiben

Auf jeden Teller einen kleinen Klecks Crème fraîche geben und darauf und darum die Himbeeren setzen. Jeweils 2 EL Feigenblattsorbet darübergeben und mit etwas Feigenblattfrischkäse bestreuen. Mit dem Honig in unregelmäßigen Abständen kleine Tupfen auf den Teller malen und zum Schluss ein paar gefriergetrocknete Himbeeren über das Sorbet reiben.

Herbstliche Äpfel

FÜR 4 PERSONEN – DIESES GERICHT BENÖTIGT 1 TAG VORLAUFZEIT

Ich kreiere gerne Gerichte, in denen die Zutaten in ihrer Gänze zum Ausdruck kommen – Gerichte, die einen aufmerksam werden lassen. Für mich ist dies der größte Respekt, den ich den Landwirten und den puren Zutaten zollen kann.

Als Junge hörte ich häufig meine inzwischen verstorbene Großmutter Lois klagen, dass die gekauften Äpfel überhaupt kein Aroma und keinen Biss hätten. Erst 2010 verstand ich, was sie damit meinte, als wir damit begannen, unsere Äpfel von einer ganz kleinen Plantage in Melbourne zu kaufen. Diese alte Apfelplantage ist wie eine Reise in die Vergangenheit, als Äpfel noch nach Äpfeln schmeckten und ihre Erntezeit sechs Wochen und nicht zwölf Monate betrug. Ursprünglich war sie von anderen kleinen Plantagen umgeben, aber bedauerlicherweise wurden diese nach und nach verkauft. Die Bäume wurden aus der Erde gerissen, die Grundstücke unterteilt, verkauft und bebaut. Heute ist die kleine Apfelplantage von Häusern umzingelt.

In unserem Obstgarten wachsen 150 alte Apfelsorten und wir pflücken in der Erntezeit von Ende Dezember bis März jeden Tag eine andere Sorte. Stewart's Seedling ist eine alte Apfelsorte, die Mr. Stewart 1870 in seinem Garten in Ballarat, Victoria, gezüchtet hat. Dieser Apfel hat ein so unglaublich intensives Aroma, dass kommerziell gezüchtete Äpfel davon nur träumen können. Die Entdeckung dieser und anderer alter Apfelsorten hat mich sehr begeistert, aber auch traurig gestimmt, denn ich hätte diese Erfahrung gerne mit meiner Oma geteilt. Daher ist dieses Gericht auch eine Hommage an sie, an ihre Liebe und an ihr Wissen in Bezug auf die Zutaten. Ich kenne niemanden, der sich so für Lebensmittel begeistern konnte wie sie.

KANDIERTE ROTE BLÄTTER

- 4 eingelegte Weinblätter (erhältlich in griechischen und türkischen Lebensmittelhandlungen)
- 5 l Wasser
- 150 g frisch gepresster und durch ein feines Sieb passierter Rote-Bete-Saft
- 150 g feiner Zucker

Die Blätter über Nacht in Wasser einweichen und anschließend abtropfen lassen. Den Rote-Bete-Saft mit dem Zucker mischen, in einem kleinen Stieltopf aufkochen und 5 Minuten köcheln lassen. Die Weinblätter in den Sirup geben und 2 Minuten darin köcheln lassen. Die Blätter aus dem Sirup nehmen und auf einer Silikonbackmatte oder auf Backpapier verteilen und 4 Stunden lang in ein auf 55°C temperiertes Dörrgerät geben, bis sie trocken sind.

KANDIERTE GRÜNE BLÄTTER

- 4 eingelegte Weinblätter (erhältlich in griechischen und türkischen Lebensmittelläden)
- 5,15 l Wasser
- 4 frische Feigenblätter (von Nachbars Baum gepflückt)
- 150 g feiner Zucker

Die Weinblätter über Nacht in 5 l Wasser einweichen und anschließend abtropfen lassen. 150 ml Wasser mit dem Zucker mischen, die Feigenblätter zugeben, in einem kleinen Stieltopf aufkochen und 10 Minuten köcheln lassen. Die Feigenblätter anschließend entfernen und dafür die Weinblätter 2 Minuten im Sirup köcheln lassen. Die Blätter aus dem Sirup nehmen und auf einer Silikonbackmatte oder auf Backpapier verteilen und 4 Stunden lang in ein auf 55°C temperiertes Dörrgerät geben, bis sie trocken sind.

VAKUUMIERTER APFEL

- 100 ml frisch gepresster und durch ein Sieb passierter Apfelsaft (aus Stewart's-Seedling-Äpfeln)
- 50 g feiner Zucker
- 4 Äpfel (Stewart's Seedling)
- 1 Prise natürliches Vitamin-C-Pulver*

Den Saft mit dem Zucker in einem kleinen Stieltopf auf niedriger Flamme erhitzen, bis sich der Zucker aufgelöst hat. Den Saft anschließend im Kühlschrank kalt stellen.

Die Äpfel schälen, in kleine Stücke schneiden und mit dem kalten Apfelsaft und dem Vitamin-C-Pulver in einen Beutel eines Kammer-Vakuumiergeräts* füllen und 50 Sekunden bei 100 Prozent vakuumieren. Den Beutel vor dem Servieren in den Kühlschrank legen und die Äpfel mindestens 6 Stunden im Saft marinieren lassen.

APFELSIRUP

6 Äpfel (Stewart's Seedling)
1 kleine Prise natürliches Vitamin-C-Pulver*
25 ml Traubenkernöl

Die Äpfel entsaften und den Saft durch ein mit Gaze oder mit einem Passiertuch ausgelegtes Sieb abseihen. Das Vitamin-C-Pulver zugeben und den Saft in ein 3-l-Gefäß eines Rotationsverdampfers füllen, die Wasserbadtemperatur auf 35°C, die Kühlung auf -20°C und die Rotationsgeschwindigkeit auf 40 RPM (Umdrehungen pro Minute) einstellen. Den Saft 1½ Stunden unter Vakuum destillieren (je nach Stärke des Vakuums), bis ein zähflüssiger Sirup entstanden ist. Mit einem Stabmixer das Traubenkernöl unter den Apfelsirup mixen und den Sirup bis zum weiteren Gebrauch im Kühlschrank aufbewahren.

APFELCREME

100 g Quark
10 g türkisches Apfelteepulver (siehe Anmerkung)
20 g Puderzucker, gesiebt
10 ml Apfelbrandy
1 Prise feines Tafelsalz

Den Quark mit dem Schneebesen aufschlagen und dann das Teepulver und den Puderzucker untermischen. Brandy und Salz unterheben. Die Creme sollte ein sehr intensives Apfelaroma haben, aber nicht süß schmecken. Die Creme 1 Stunde im Kühlschrank kalt stellen.

ANMERKUNG: Türkisches Apfelteepulver ist in Teeläden oder türkischen Lebensmittelhandlungen erhältlich.

GELEE VOM AVOCADOÖL

2,5 g weiße Blattgelatine
30 g Isomalt*
20 g feiner Zucker
8 g flüssige Glukose
35 ml Wasser
1 Prise feines Tafelsalz
70 ml kalt gepresstes Avocadoöl aus Neuseeland
½ Heilala-Vanilleschote, aufgeschlitzt
und das Mark herausgekratzt

Die Gelatine 4 Minuten in kaltem Wasser einweichen, danach abtropfen lassen und sanft ausdrücken.

In einem sehr kleinen Stieltopf das Isomalt, den Zucker, die Glukose, das Wasser und das Salz ganz sanft erwärmen und immer wieder umrühren, bis sich das Isomalt aufgelöst hat. Den Sirup in einen Edelstahlbecher füllen und diesen ganz sanft erwärmen. Bei laufendem Stabmixer das Avocadoöl peu à peu zugießen – so wie man für eine Mayonnaise Öl langsam unter das Eigelb rührt –, bis es vollständig mit dem Sirup emulgiert ist. Mit einem Schneebesen das Vanillemark und die Gelatine unterrühren, die Mischung durch ein feines Sieb passieren und auf Raumtemperatur abkühlen lassen.

ZUM SERVIEREN

20 g türkisches Apfelteepulver
(siehe Anmerkung linke Spalte)
10 g gefriergetrocknete Apfelstückchen*
16 Apfelblüten zum Garnieren

Auf jedem Teller 5 kleine TL Apfelcreme verteilen. Die vakuumierten Äpfel abtropfen lassen und jeweils 2 Apfelstücke auf jeden Cremeklecks setzen. Die Lücken zwischen der Creme mit jeweils 1 TL Avocadoölgelee auffüllen. Die Apfelstücke mit dem Apfelsirup beträufeln und jeweils etwas Apfelteepulver über die gesamten Teller streuen. Die kandierten Weinblätter in Stücke brechen und auf einem Backblech verteilen. Mit einer Microplane-Reibe* etwas gefriergetrockneten Apfel darüberreiben und die Teller mit den bestäubten Weinblättern und den Apfelblüten garnieren.

Als ich etwa zwölf Jahre alt war, zogen wir in die ländliche Kleinstadt Inglewood am Fuße des Taranaki-Berges. Meine Eltern hatten ihre alte Farm, die der Fleischgewinnung diente, verkauft und dafür einen Milchviehbetrieb erworben, damit ich eine Highschool besuchen konnte, ohne ins Internat zu müssen. Ich wechselte also von einer Schule mit sieben Schülern auf eine mit 450. Anfangs war ich so schüchtern, dass mir die Tränen kamen, wenn ich vor der Klasse etwas sagen sollte.

Kochstunden

Die Highschool war super, aber da ich ja bereits wusste, was ich einmal werden wollte, war sie nur Mittel zum Zweck. Ein Lichtblick war der Hauswirtschaftsunterricht, da ich endlich richtig kochen durfte und meine Lehrerin Janet Marshall auch noch meinen Traum vom Spitzenkoch unterstützte. Sie war eine liebenswürdige und großherzige Frau, die wie viele Köche ihrer Generation noch die instinktive Fähigkeit besaß, einfachste Zutaten schmackhaft aufzutischen.

In ihrem Unterricht fragte Mrs. Marshall immer wieder: »Schmeckt das nicht köstlich?«, denn nur darauf kam es ihr an. Selbst die hässlichsten Gerichte fanden bei ihr Anklang, wenn sie lecker schmeckten. Sie tolerierte meinen Wunsch, die Klassenvorgaben zu ignorieren und mit meinen eigenen Gerichten zu experimentieren. Während meine Mitschüler lernten, Sandwichs zu toasten, perfektionierte ich meine »Zehn-Minuten-Mikrowellen-Lasagne«, und während der Rest der Klasse kleine Pfannkuchen buk, verzierte ich eine Obsttorte mit Zuckerguss.

Mit vierzehn bekam ich meinen ersten bezahlten Job im Restaurant »Time Out Café« in der Carrington Street in New Plymouth. Es war mein erster Kontakt mit einem kleinen, familiär geführten Betrieb. Im Laufe der Zeit und mit zunehmender Erfahrung würde ich herausfinden, dass diese Art Restaurant am besten zu mir passte. Trotz ihres geringen Kapitals erlauben kleinere Restaurants dem Koch größere Freiheiten, als es große Restaurantketten vermögen.

Ich musste mir meine Zeit zwischen meinen Pflichten als Tellerwäscher und Lasagnekoch einteilen. In meiner Familie war Lasagne stets ein Festessen gewesen, das ich von klein an mit meiner Mutter zusammen zubereitet hatte, und so war ich schnell auch im Café dafür verantwortlich. Ich erinnere mich noch daran, welchen Druck ich an hektischen Tagen verspürte und an das Bimmeln der Mikrowellenglocke, wenn die Lasagne aufgewärmt wurde, wie ich sie schnell noch mit etwas Petersilie bestreut habe (natürlich mit der krausen, denn die feine glatte kannte damals noch kein Mensch), an die Orangenscheibe und den Tomatenschnitz. Es war eine teilweise offene Küche, und ich liebte es, ab und zu einen Blick auf zufriedene Gäste beim Essen zu erhaschen. Es war so befriedigend, Komplimente für etwas zu bekommen, das ich selbst gekocht hatte.

Es war ein wunderbares kleines Restaurant, und die Besitzer behandelten mich wie ein echtes Mitglied ihres Küchenteams. Leider musste es irgendwann – wie viele kleine Restaurants – schließen, und es war beileibe nicht der letzte Job im Gastgewerbe, den ich auf diese Weise verlor. Dennoch blicke ich immer noch dankbar auf diese Zeit zurück.

Honigtau-Honig

FÜR 4 PERSONEN

»Beechwood Honeydew« ist ein außergewöhnlicher sortenreiner Honig, für den die Bienen ausschließlich Nektar oder Honigtau eines bestimmten Gebietes und aus den Blüten einer bestimmten Pflanze gesammelt haben. Um einen solchen Honig herzustellen, muss der Imker unter anderem den richtigen Zeitpunkt abpassen, zu dem er seine Bienenstöcke an einen bestimmten Ort transportiert. »Beechwood Honeydew« wird auf der südlichen Insel Neuseelands von Lorraine Muldoon gewonnen und von meinen Freunden Jeremy Friend und Sharyn Woodnorth von »J. Friend & Co.« veredelt und vermarktet. Diese Firma hat sich auf die Wiederbelebung alter handwerklicher Traditionen, auf beinah vergessene Lagenhonige aus wilden, unberührten Gebieten spezialisiert. Sie kämpft als kleiner Betrieb gegen die zunehmende Lebensmittelmassenproduktion und den Verlust ursprünglicher Aromen. »Beechwood-Honeydew«-Honig zeichnet sich durch seinen kräftigen und reichen Geschmack aus, zudem wird er nicht aus Blütennektar, sondern aus Honigtau gewonnen. So bezeichnet man die zuckerhaltigen Ausscheidungsprodukte verschiedener Lausarten (vor allem der Blattläuse), die sich vom Saft der Pflanzen ernähren. Der Honigtau ist wiederum Nahrungsquelle für Honigbienen, andere Insekten und Vögel.

HONIGCREME

- 2 Eier (von frei laufenden Hühnern)
- 3 Eigelbe (von frei laufenden Hühnern)
- 230 ml Konditorsahne (35 % Fett i.Tr.)
- 100 g Buchen-Honigtau-Honig (»J.Friend & Co. Beechwood Honeydew Honey«)
- 1 Prise Tafelsalz

Den Backofen auf 110°C vorheizen.

In einer mittelgroßen Schüssel sämtliche Zutaten mit dem Schneebesen aufschlagen. Die entstandene Creme durch ein feines Sieb passieren, um Luftbläschen zu entfernen. Die Creme in eine Kastenbackform (20 cm × 9 cm × 6 cm) füllen und luftdicht mit Klarsichtfolie umwickeln. Die Form in einen mit einem Geschirrtuch ausgelegten Bräter stellen. Warmes Wasser in den Bräter gießen, bis der Wasserspiegel die gleiche Höhe hat wie die Creme in der Form. Den Bräter 45 Minuten in den Ofen stellen, bis sich die Creme gerade gesetzt hat. Die Creme auf Raumtemperatur abkühlen lassen und anschließend mindestens 3 Stunden im Kühlschrank kalt stellen. Die kalte Creme durch ein feines Sieb in eine Schüssel passieren.

PFIRSICHSORBET

- 12 g feiner Zucker
- 12 ml kochendes Wasser
- 750 g reife Pfirsiche (Golden Queen oder Clingstone)
- 0,5 g natürliches Vitamin-C-Pulver*
- 40 ml Zitronensaft
- 1 kleine Prise feines Tafelsalz

In einer kleinen Metallschüssel den Zucker mit dem Wasser vermischen und danach auf 4°C abkühlen. Die Pfirsiche schälen, halbieren, entsteinen und anschließend mit einer elektrischen Saftpresse entsaften. Dabei vorher das Vitamin-C-Pulver in die Auffangschüssel geben. Den Saft durch ein mit zwei Lagen Gaze oder mit einem Passiertuch ausgelegtes Sieb gießen und danach mit dem Zitronensaft, dem Zuckersirup und dem Salz mischen. Abschmecken und dabei auf die Ausgewogenheit der Aromen achten – der Saft sollte nicht zu süß sein. Den Saft in eine kleine Edelstahlschale füllen und ins Gefrierfach stellen. Sobald sich die ersten Eiskristalle gebildet haben, diese alle 30 Minuten mit einer Gabel aufkratzen, bis die Flüssigkeit durch und durch gefroren und trotzdem locker ist. Das fertige Sorbet luftdicht verschlossen im Gefrierfach verwahren. (Das Sorbet lässt sich bereits am Vortag herstellen, schmeckt aber frisch gemacht ungleich besser, denn das Aroma der Pfirsiche verfliegt recht schnell.)

GELIERTES AVOCADOÖL

- 2,5 g weiße Blattgelatine
- 30 g Isomalt*
- 8 ml flüssige Glukose
- 35 ml Wasser
- 1 Prise feines Tafelsalz
- 20 g Buchen-Honigtau-Honig (»J.Friend & Co. Beechwood Honeydew Honey«)
- 70 ml kalt gepresstes Avocadoöl (vorzugsweise aus Neuseeland)
- ½ Heilala-Vanilleschote*, halbiert und das Mark herausgekratzt

Die Gelatine 4 Minuten in kaltem Wasser einweichen, danach abtropfen lassen und ausdrücken.

In einem kleinen Stieltopf das Isomalt, die Glukose, das Wasser und das Salz mischen und auf kleiner Flamme so lange erwärmen und gelegentlich umrühren, bis das Isomalt geschmolzen ist. Den Topf vom Herd nehmen und den Honig unterrühren. Den Sirup in einen Edelstahlbecher umfüllen und diesen Becher ganz leicht erwärmen. Bei laufendem Stabmixer nach und nach das Avocadoöl zugießen (wie beim Herstellen einer Mayonnaise), bis das Öl vollständig im Sirup emulgiert ist. Mit einem kleinen Schneebesen vorsichtig das Vanillemark und die Gelatine untermischen.

Das sirupartige Öl durch ein feines Sieb passieren und auf Raumtemperatur abkühlen lassen.

AVOCADOÖL-HONIG-CREME

- 1 Portion Honigcreme (siehe Seite 85)
- 1 Portion geliertes Avocadoöl (siehe oben)
- 1 Prise feines Tafelsalz

In einer mittelgroßen Schüssel die kalte Honigcreme mit dem gelierten Avocadoöl vermischen und so lange mit dem Schneebesen aufmontieren, bis eine glatte luftige Creme entsteht. Abschmecken und eventuell noch etwas Salz zugeben. Die Creme vor dem Servieren 3 Stunden in den Kühlschrank stellen.

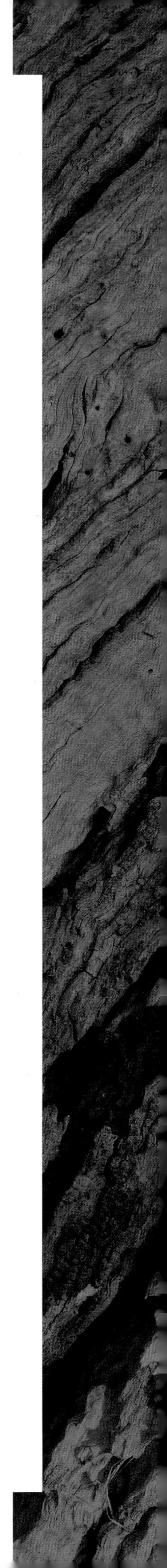

KÜRBIS-HONIGWABEN

50 g Buchen-Honigtau-Honig
(»J.Friend & Co. Beechwood Honeydew Honey«)
50 ml Wasser
1 kleine Prise feines Tafelsalz
½ Kabocha-Kürbis (japanischer Winterkürbis, etwa 3 kg)
10 g gefriergetrocknete Apfelstücke*

In einer Schüssel den Honig, das Wasser und das Salz vermischen.

Den Kürbis schälen, die Kerne entfernen und das Fleisch in 4 quadratische Scheiben (1,5 mm Dicke, mindestens 12 cm Kantenlänge) schneiden. Die Kürbisscheiben einzeln in Vakuumierbeutel geben, den Honigsirup auf die 4 Beutel verteilen und die Beutel in einem Kammer-Vakuumiergerät* 30 Sekunden 100 Prozent vakuumieren. Anschließend die Beutel 30 Sekunden in einen Topf mit kochendem Wasser geben und danach 1 Minute in Eiswasser abschrecken.

Die Kürbisscheiben aus den Beuteln holen und auf Küchenkrepp trocknen. Aus jeder Scheibe ein 10 cm großes Quadrat schneiden und diese Quadrate auf ein flaches Blech legen. Unmittelbar vor dem Servieren den gefriergetrockneten Apfel darüberreiben, bis alle Scheiben vollständig davon bedeckt sind. In letzter Sekunde vor dem Servieren einen Honigwabenstempel (siehe Anmerkung) vorsichtig in jede Scheibe drücken, damit die Kürbisscheiben den Abdruck einer Honigwabe bekommen.

ANMERKUNG: Unser Honigwabenstempel wurde in Italien gefertigt.

ZUM SERVIEREN

2 Honigmelonen, geschält
20 wilde Brombeeren
10 g gefriergetrocknete Brombeeren*, zerdrückt
50 g Buchen-Honigtau-Honig
(»J. Friend & Co. Beechwood Honeydew Honey«)

Die Honigmelone in 3 cm dicke Stücke schneiden und jedes Stück mit einem 3 cm großen sechseckigen Ausstecher in eine einzelne Honigwabe schneiden. Die Mitte jeweils mit einem 2,5 cm großen sechseckigen Ausstecher ausschneiden.

In die Mitte jedes Tellers 5 Honigmelonen-Honigwaben geben und jeweils in die Mitte jeder Honigwabe eine wilde Brombeere setzen. Darauf mit einem Teelöffel jeweils etwas Avocadoöl-Honig-Creme geben. Die zerdrückten Brombeeren auf die Teller aufteilen und darüber jeweils etwas Honig träufeln. Die Melonen-Waben mit dem Sorbet auffüllen, sodass sie eine glatte Oberfläche bekommen, um darauf die Kürbis-Honigwaben-Scheibe setzen zu können.

In die Wildnis

KAPITEL ZWEI

Salat in seinem natürlichen Zustand

FÜR 4 PERSONEN

SCHALOTTENBRÜHE

175 g rote asiatische Schalotten, längs in dünne Scheiben geschnitten
1 l Wasser

Die Schalotten und das Wasser in einen großen Stieltopf geben und das Wasser aufkochen. Den Schaum entfernen, die Hitze etwas reduzieren und alles 2 Stunden bei 90°C köcheln lassen. Die Brühe durch ein mit einem Passiertuch ausgelegtes Trichtersieb gießen und bis zum weiteren Gebrauch bei Raumtemperatur aufbewahren. Diese Brühe ist sehr empfindlich und sollte nicht im Kühlschrank gelagert werden. Daher kann sie immer nur wenige Stunden im Voraus hergestellt werden.

JAGDWURSTBRÜHE

260 g polnische Jagdwurst, in dünne Scheiben geschnitten
500 ml Schalottenbrühe (siehe oben)
15 ml filtrierter Zitronensaft
feines Tafelsalz nach Geschmack
0,1 g frisch gemahlener weißer Pfeffer

Die Wurst in einen mittelgroßen Stieltopf geben und mit der Brühe bedecken. Die Brühe kurz aufkochen und dann 1 Stunde lang bei 80°C sanft köcheln. Die Brühe durch ein mit einem Passiertuch ausgelegtes Sieb abgießen und auf Raumtemperatur abkühlen lassen. Die Brühe abschließend mit Zitronensaft, Salz und Pfeffer würzen.

EINGELEGTE ZITRONENSCHALE

1 Bio-Zitrone
60 g feiner Zucker
25 ml Zitronensaft
25 ml Wasser
20 g feines Tafelsalz

Mit einem scharfen Messer die Schale der halben Zitrone in breiten Streifen abschälen. Weiße Häutchen (Mesokarp) entfernen und die Schale in 16 dünne Streifen schneiden. Die Zitrone für ein anderes Rezept aufbewahren.

50 g Zucker mit dem Zitronensaft und dem Wasser in einen Stieltopf geben und aufkochen. Sobald sich der Zucker aufgelöst hat, die Zitronenschale zugeben und 30 Sekunden kochen. Die Zitronenstreifen herausheben und in eine Edelstahlform legen. Mit dem Salz und 10 g Zucker bestreuen und 1½ Stunden ziehen lassen. Die Zitronenstreifen abspülen und bis zum Servieren luftdicht verschlossen aufbewahren.

SALATSAFT UND SALATHERZEN

4 Romana-Salatherzen
0,25 g natürliches Vitamin-C-Pulver*

Die Salatherzen gründlich waschen und überschüssiges Wasser abschütteln. Die Salatherzen in einem Sieb 30 Minuten abtropfen lassen. Von zwei Salatköpfen die äußeren grünen Blätter entfernen, sodass wirklich nur die Herzen in einer Größe von etwa 12 cm Länge und 4 cm Breite übrig bleiben. Die äußeren Blätter für den Saft aufbewahren. Den Salatstrunk jeweils auf eine Länge von 2 cm kürzen. Die beiden restlichen Salatköpfe und die grünen Blätter in einem »Angel Juicer« (Entsafter mit Zwillingspresskolben) entsaften. Vorher das Vitamin C in die Auffangschale geben, damit der Saft nicht braun wird.

Den Saft und die Salatherzen in ein 6-l-Gefäß eines Rotationsverdampfers mit einem 5 cm breiten Hals füllen, die Wasserbadtemperatur auf 45°C, die Kühlung auf -35°C und die Rotationsgeschwindigkeit auf 45 RPM (Umdrehungen pro Minute) einstellen. Alles unter Vakuum 15 Minuten destillieren, bis der Saft zu einem dunkelgrünen Sirup reduziert ist, der die Salatherzen glasiert. Die beiden Salatherzen längs durchschneiden und sofort servieren.

ZUM SERVIEREN

Meersalzflocken nach Geschmack
25 g Walnusskerne (»Wellwood Wallace«)*, fein gerieben
2 Löwenzahnblüten, nur die Staubgefäße
10 ml kalt gepresstes Walnussöl (»Wellwood Wallace«)*

Die Brühe erwärmen und 70 ml auf jeden Teller geben. Die Salatherzen mit Salz würzen und jeweils eine Hälfte auf jeden Teller legen. Jeweils 3 Zitronenschalenstreifen darauf verteilen und geriebene Walnuss und Löwenzahnstaubgefäße darüberstreuen. Zum Abschluss ein paar Tropfen Walnussöl über jeden Teller träufeln.

»Devils Foot«, kandierte Möhren und wilder Kohl

FÜR 4 PERSONEN

Der Schweizer Affineur Christian Nobel stand irgendwann auf unserer Schwelle, um mir seine selbst gemachten Käse nach Schweizer Art zu präsentieren. Sein Kuhmilchkäse »Devils Foot« gefiel mir sofort wegen seiner buttrigen, seidigen Konsistenz, seiner Süße und seinem leichten Narzissenduft, worauf Christian mir erklärte, dass die Schweizer bei einem stark riechenden Käse häufig auf ihre Füße zeigen und dass er deshalb diesen Namen für seinen Käse gewählt habe.

ROSINEN

12 große grüne Trauben

Die Trauben in kaltem Wasser waschen und mit Küchenkrepp trocken tupfen. Die Trauben anschließend in einem Dörrgerät* 4 Stunden bei 70°C trocknen, bis sie hellbraun und leicht schrumpelig sind. Die Rosinen aus dem Dörrgerät nehmen und auf Raumtemperatur abkühlen lassen. Bis zur weiteren Verwendung luftdicht verschlossen aufbewahren.

Glasierte Möhren

- 20 ml Olivenöl
- ½ Schalotte, in dünne Scheiben geschnitten
- 2 Möhren, fein gerieben
- 1 Prise feines Tafelsalz
- 1 g Fenchelsamen, leicht geröstet und zerstoßen
- 80 ml weißer Aceto balsamico
- 40 ml Weißweinessig
- 145 g feiner Zucker
- 15 ml Zitronensaft

Einen mittelgroßen Stieltopf langsam vorwärmen. Das Olivenöl und die Schalotten zugeben und die Schalotten 2 Minuten anschwitzen. Die Möhren, das Salz und die Fenchelsamen zugeben und 5 Minuten dünsten. Die beiden Essigsorten und den Zucker hinzufügen und so lange köcheln, bis die Möhren glasiert sind. Den Topf vom Herd nehmen, den Inhalt 10 Minuten abkühlen lassen und dann den Zitronensaft untermischen. Abschmecken und auf die Ausgewogenheit achten – die Möhren sollten zugleich süßlich und säuerlich und ein ganz klein wenig salzig schmecken.

ZUM SERVIEREN

- 160 g »Devils Foot«-Käse (von Fromart)
- 32 Fenchelspitzen
- 2 Löwenzahnblüten, in einzelne Blütenblätter zerteilt
- 10 ml kalt gepresstes Senföl

Mit einem Käsehobel nicht zu dünne Käsescheiben über jeden Teller hobeln. Darauf in unregelmäßigen Abständen kleine Tupfer von den kandierten Möhren geben. Die Rosinen halbieren und jeden Teller mit 6 Hälften garnieren. Über jeden Teller ein paar Fenchelspitzen und Löwenzahnblütenblätter streuen und zum Abschluss ein paar Tropfen Senföl darüberträufeln.

Verigated
Lemon
Balm
Spearmint
Pyrethrum

Ich finde, dass die Lebensmittelkennzeichnung viel zu lax gehandhabt wird, denn meiner Meinung nach haben die Kunden ein Recht darauf, genau zu wissen, was sie essen. Ich persönlich möchte keine synthetischen Zutaten zu mir nehmen, wenn ich sie auch in ihrem natürlichen Zustand erwerben kann.

Lebensmittelkennzeichnung

In Australien sind die Vorschriften zur Kennzeichnung von Lebensmitteln völlig unzureichend, sodass die meisten Australier genetisch veränderte Lebensmittel essen, ohne es überhaupt zu wissen. Ein klassisches Beispiel dafür ist das Canolaöl, das aus Raps gewonnen wird: In den 1970er-Jahren wurde aus Marketinggründen der Name »Canola« von »Canadian oil, low acid« (kanadisches Öl, wenig Fettsäuren) abgeleitet. Als Triumph der Lebensmitteltechnologie über den gesunden Menschenverstand wurde Mitte der 1990er-Jahre in Kanada genetisch veränderter, den Herbiziden trotzender Raps eingeführt. 2003 wurde auch in Australien genetisch veränderter Raps für die Lebensmittelgewinnung gesetzlich zugelassen, seit 2008 ist genetisch verändertes Rapsöl auf dem Markt. Bis 2010 waren bereits 8 Prozent der Rapsernte in Australien genetisch verändert, und da es nicht gesetzlich vorgeschrieben ist, genetisch veränderte Lebensmittel besonders zu kennzeichnen, wissen wir nicht, ob wir sie essen oder nicht.

Ich will damit nicht sagen, dass wir kein Recht dazu hätten, genetisch verändertes Canolaöl zu essen oder dass Bauern kein Recht dazu hätten, möglichst profitabel zu arbeiten – allerdings finde ich, dass wir alle das Recht auf eine korrekte Kennzeichnung der Lebensmittel haben, und das schließt die Kennzeichnung genetisch veränderter Erzeugnisse mit ein. Nur so können wir eine richtige Wahl treffen.

Auch Vitamin C wird häufig unzureichend gekennzeichnet. In einigen meiner Gerichte verwende ich Vitamin-C-Pulver (im Handel auch als Ascorbinsäure erhältlich), z.B. damit das Gemüse nicht braun anläuft, sondern seine natürliche Farbe behält. Vitamin C wird entweder auf natürliche Weise gewonnen (aus Früchten destilliert) oder synthetisch (mittels Maschinen). Ich ziehe für meine Gerichte natürlich hergestelltes Vitamin-C-Pulver vor, wobei es den Nachteil hat, dass es im Gegensatz zu synthetischer Ascorbinsäure beim Erhitzen zerfällt und seine gesundheitsförderlichen Eigenschaften verliert. Die meisten abgepackten Fruchtsäfte enthalten laut Verpackung Vitamin C, allerdings handelt es sich dabei meist um die nach der Haltbarmachung zugegebene synthetische Ascorbinsäure – und die Hersteller sind nicht verpflichtet, dies auf der Verpackung zu deklarieren.

Artischocken, Schafmilchjoghurt, Mandeln

FÜR 4 PERSONEN

ARTISCHOCKEN

- 5 g natürliches Vitamin-C-Pulver*
- 5 g natürliche Zitronensäure*
- 2 g Tafelsalz
- 1 l Wasser, auf Raumtemperatur erwärmt
- 6 kleine runde Artischocken
- 2 Knollen Topinambur (Jerusalem-Artischocken, vorsichtig abgebürstet und in 2 cm dicke Scheiben geschnitten)
- 15 ml extra natives Olivenöl
- 5 ml passierter Zitronensaft
- Meersalzflocken nach Geschmack

Das Vitamin-C-Pulver, die Zitronensäure und das Salz ins Wasser einrühren, bis sie sich aufgelöst haben. Die Artischocken vorbereiten – dafür die harten äußeren Hüllblätter entfernen und die Blattspitzen abschneiden. Mit einem Sparschäler den dunkelgrünen Teil des Stiels abschälen, bis das zarte weiße Fleisch des Stiels sichtbar wird. Nach jedem Schnitt die Artischocke in das Zitronenwasser tauchen, damit sie sich nicht verfärbt. Mit einem Kugelausstecher oder einem spitzen Teelöffel das Heu aus der Mitte herausschaben. Vorsichtig 12 zarte gelbe Blätter abbrechen und in das Zitronenwasser legen. Eventuell violett verfärbte Blattspitzen sind ungenießbar und sollten mit der Schere abgeschnitten werden. Die Blätter bis zur weiteren Verwendung im Kühlschrank aufbewahren und vor dem Servieren mit Küchenkrepp trocken tupfen.

Die Artischocken und die Topinambur-Scheiben mit etwas Zitronenwasser in 2 separate Beutel eines Kammer-Vakuumiergeräts* füllen und 100 Prozent vakuumieren. Anschließend beide Beutel in einen Dampfgarer geben und dämpfen, bis das Gemüse weich ist. Das dauert bei den Artischocken etwa 15 Minuten, bei den Topinambur etwa 30 Minuten. Das Gemüse anschließend in den Beuteln auf Raumtemperatur abkühlen lassen. Unmittelbar vor dem Servieren die Artischocken längs durchschneiden und mit den Topinambur und 60 ml der Kochflüssigkeit und dem Olivenöl in einem Stieltopf erwärmen. Mit Zitronensaft und Meersalzflocken abschmecken.

ZUM SERVIEREN

- 4 Scheiben Kohlrabi (je 1 mm, mit der Mandoline geschnitten)
- einige Tropfen Zitronensaft
- 150 g probiotischer Schafmilchjoghurt, mit dem Schneebesen aufgeschlagen und leicht gesalzen
- 50 g Bio-Mandelkerne, leicht geröstet und halbiert
- 12 Blätter von wildem Kohl
- 8 Blätter von wilden Mariendisteln
- 28 Knospen von wildem Kohl
- 10 ml frisch gepresstes Frantoio-Olivenöl, extra vergine (von Gianni Grigoletto, siehe Seite 111)

Die Kohlrabischeiben mit dem Zitronensaft und einige Tropfen Wasser in einen Beutel eines Kammer-Vakuumiergeräts* füllen und 40 Sekunden lang 100 Prozent vakuumieren.

Auf jedem Teller einen Spiegel aus Schafmilchjoghurt ziehen und die Artischocken und Topinamburscheiben daraufsetzen. Mit den gerösteten Mandeln bestreuen und mit den Kohlblättern und -knospen, den Distelblättern und den Kohlrabischeiben garnieren. Ein paar Tropfen Olivenöl darüberträufeln und servieren.

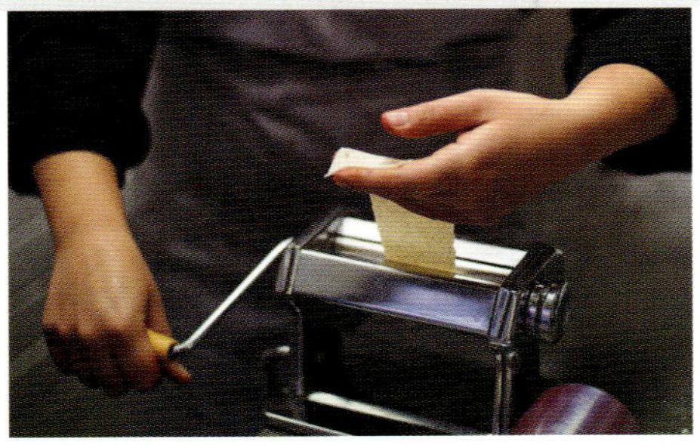

1994 bewarb ich mich an der Waikato-Fachhochschule für Kochen, der besten Kochschule und Talentschmiede Neuseelands. Ich war erst sechzehn und damit zwei Jahre jünger als das geforderte Mindestalter, aber ich hatte in meiner Bewerbung begründet, warum es mein sehnlichster Wunsch war, Koch zu werden. Nach zwei Vorstellungsgesprächen wurde ich aufgenommen.

Die Ausbildung

Unsere Lehrer waren alle ältere, kampferprobte Küchenmeister aus den mit Michelinsternen ausgezeichneten Küchen Frankreichs, Deutschlands, der Schweiz und Englands. Am ersten Tag ließen sie alle Auszubildenden gemeinsam antreten, um zu erklären, dass wir nichts seien, nichts könnten und wir uns nach zwei Jahren vollem Ausbildungsprogramm – falls wir so lange durchhalten würden – glücklich schätzen könnten, wenn wir die Prüfung zum Koch bestünden. Einer unserer französischen Lehrer stand am Rednerpult und schrie uns an: »*Merde, merde! Ihr seid alle merde!*«

Nette Worte oder *political correctness* gab es nicht. Harte Arbeit und enormer Druck bestimmten unseren Alltag. Es war ein harter Bruch zu Mrs. Marshalls Hauswirtschaftsunterricht an der Inglewood Highschool, denn hier an der Fachhochschule für Kochen war kein Platz für Kreativität, persönliche Freiheit, Individualität oder Ungezwungenheit. Vielmehr war jene militärische Disziplin angesagt, die viele unserer Lehrer noch am eigenen Leib erfahren hatten. »Rede mich gefälligst mit Küchenmeister an. Wenn ich dir Anweisungen zubrülle, antworte gefälligst mit: *Chef, oui, Chef!*«

Diese strengen alten Männer kamen aus Ländern, die eine weit größere Restauranttradition besaßen als alles, was wir Neuseeländer je gesehen hatten. Vermutlich ärgerten sie sich einfach darüber, dass sie in einem Land mit einer so geringen Esskultur gelandet waren, wo man damals ihre Leistungen als Spitzenköche noch überhaupt nicht zu schätzen wusste. Der Unterricht verlief wie in den Spitzenküchen Europas. Wir mussten bereits eine Viertelstunde vor Unterrichtsbeginn strammstehen, damit der Küchenmeister unsere Kochuniformen inspizieren konnte und ob wir ordentlich frisiert und rasiert waren. Wir mussten unsere Hände ausstrecken, damit der Küchenmeister kontrollieren konnte, ob unsere Fingernägel sauber waren. »Sind eure Schuhsohlen sauber? Nein? Ihr seid *merde!*«

Wir bekamen eingetrichtert, dass Hygiene das absolut Wichtigste für einen angehenden Koch war. Wenn du dreckig bist, bist du *merde*. Wenn du unhygienisch arbeitest – na klar – *merde!* Damals hatte ich keine Ahnung, dass mir dies stets eine der wichtigsten Lehren sein würde. Ich habe immer noch diesen französischen Akzent im Ohr.

An einem Wochenende brach ich mir beim Mountainbike-Fahren das Schlüsselbein und wurde im Krankenhaus drei Wochen krankgeschrieben. Dennoch eilte ich aus Angst vor möglichen Konsequenzen direkt am Montag wieder zum Unterricht, allerdings hatte ich solche Schmerzen, dass ich weder ein Messer richtig halten noch mit dem Tempo im Trainingsrestaurant der Fachhochschule mithalten konnte. Mein englischer Lehrer hatte an diesem Tag eine besonders üble Laune. Er hatte meine Langsamkeit schon mit den üblichen Schimpfwörtern bedacht, als mir auch noch das Ragout de Bœuf ausging. Als er von meinem schrecklichen Verbrechen erfuhr, beschloss er, mir sämtliche Schimpfwörter aus seiner Militärzeit in England an den Kopf zu werfen. Wütend schmiss er mein *Mise en Place* auf den Boden, zerdepperte dabei die Teller, verschüttete das Apfelmus über meine Messerrolle und warf ein Hackbrett durch die Gegend. Während er sich weiter in Rage schimpfte, kam er mir mit seinem aufgedunsenen, roten Gesicht immer näher und schnaubte und spuckte wie ein wild gewordener Stier. Während ich mich bemühte, meine Tränen zurückzuhalten, prägte sich mir ein Satz besonders ein: »Du wirst nie, nie, niemals ein verdammter Koch werden.«

»Dir werde ich es zeigen«, dachte ich bei mir, und es war, als habe er mich dadurch nur angestachelt, denn ich hielt durch. Wenn ich heute auf diese Erfahrungen zurückblicke, dann bezweifele ich, ob ich ohne diese solide Grundausbildung und diese Disziplin in der Küche je das erreicht hätte, was ich erreicht habe.

Bouillon von Matsutake-Pilzen, frische Oliven, junger Topinambur

FÜR 4 PERSONEN – DIESES REZEPT BENÖTIGT MINDESTENS 30 TAGE VORLAUF

Schon als kleiner Junge habe ich Äpfel geliebt und immer ihren Duft und ihr Aroma bewundert. Mit der Zeit habe ich gelernt, dass Äpfel mit einer bestimmten Konsistenz und Form einfach besser schmecken als andere. Ich habe festgestellt, dass ein Apfel mit beinah geraden und nach unten hin spitz zulaufenden Seiten besser schmeckt als ein ganz runder Apfel der gleichen Sorte und dass ein sehr fester Apfel besser schmeckt als ein Apfel mit eher weichem Fruchtfleisch. Ich wusste nicht, warum das so ist, aber aufgrund meiner reichen Apfelerfahrung als Kind wusste ich, dass es stimmt.

Natürlich habe ich diese Weisheiten jedem Erwachsenen mitgeteilt, der sie hören wollte … und die Reaktionen darauf waren sehr unterschiedlich. Einige Erwachsene starrten mich einfach sprachlos an und dachten bei sich, dass ich immer schon ein merkwürdiges Kind gewesen sei, während andere mit der Schulter zuckten und sagten: »Äpfel sind einfach nur Äpfel, mein Junge.«

2011 hatte ich die Ehre, am »Mad Foodcamp« meines Freundes René Redzepi in Kopenhagen teilnehmen zu dürfen – eine erstaunliche Zusammenkunft von innovativen Lebensmittelexperten, Landwirten und Spitzenköchen, deren Talent und Wissen absolut einschüchternd waren.

Unter ihnen war auch der Kochexperte und Buchautor Harold McGee, eine lebende Legende für alle, die sich für Nahrungsmittel interessieren. Sein erstes Buch »On Food And Cooking: The Science And Lore Of The Kitchen« erschien 1984 und hat seitdem zahllose Köche und Küchenmeister weltweit inspiriert (mich eingeschlossen). Als ich hörte, dass Harold da sein würde, war das ein großer Moment für mich, denn endlich würde jemand mein größtes Dilemma – Form versus Geschmack bei Äpfeln – lösen können.

Wie der Zufall es wollte, spazierten wir gemeinsam durch den Botanischen Garten, und so nahm ich all meinen Mut zusammen und stellte ihm meine Apfelfrage. Nach einem Moment nachdenklichen Schweigens stimmte er meinen Schlussfolgerungen zu und erklärte, dass es mit der Zellstruktur der Äpfel zusammenhängen müsse. Harold vermutete, dass ein Apfel mit geraden Seiten eine sehr enge, komprimierte Zellstruktur besitze und ein Biss in diesen Apfel mehr Saft und damit mehr Aroma enthielte als ein Biss in einen runden Apfel mit einem weicheren Fruchtfleisch, das mehr Luft enthält. Dies war für mich ein großer Durchbruch, denn es bestätigte mir, dass ich nicht verrückt war.

Da Harold ein großzügiger Mensch ist, bot er mir an, sollte ich je wieder vor einem so schwierigen Rätsel stehen, bräuchte ich ihn nur um Rat zu fragen. Ich weiß noch, dass ich damals dachte, er hätte mit seinem Angebot einen großen Fehler begangen, da er ja nicht ahnen konnte, wie besessen ich mich mit manchen Themen auseinandersetzte.

Und tatsächlich wurde die hier verwendete Brühe wieder zu einem Rätsel für mich, denn jedes Mal, wenn ich sie kochte, dickte sie auf mysteriöse Weise ein. Ich probierte eine andere Pilzsorte aus, und sie dickte nicht ein. Überrascht garte ich Matsutake-Pilze ausschließlich in Wasser, und das Wasser dickte ein, daher konnte ich alle anderen Zutaten dieses Rezepts als Übeltäter ausschließen. Es lag auch nicht an der Verdampfung, denn ich maß das Flüssigkeitsvolumen vor und nach dem Kochen.

Daher schrieb ich Harold eine E-Mail. Dies war seine Antwort: »Ritterlinge (zu denen die Matsutake-Pilze gehören) sind eine Pilzsorte, die klebrig werden, wenn sie mit Flüssigkeit in Berührung kommen, da sie eine Flüssigkeit ausscheiden, die ihnen hilft, das Wasser zu speichern. Daher binden sie natürlich auch die Kochflüssigkeit, was die Bouillon automatisch sämiger macht. Ich schätze, das sind die Sacharide, die ähnlich funktionieren wie die in Algen enthaltenen Alginate, die als Geliermittel Verwendung finden.« Und so löste Harold mein Rätsel, und ich lernte daraus, dass ein Apfel niemals nur ein Apfel ist.

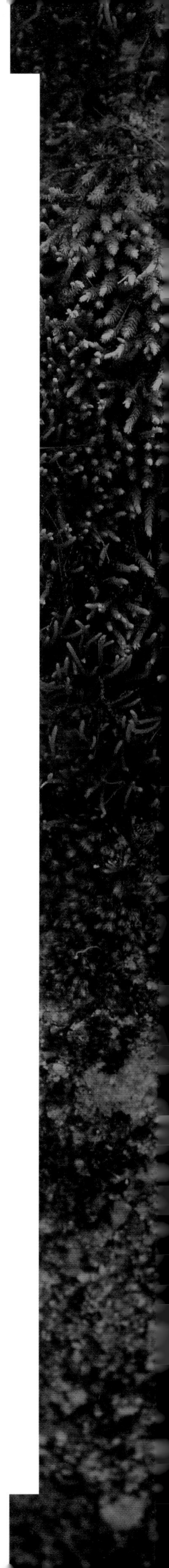

FRISCHE GRÜNE OLIVEN

2 Handvoll frisch gepflückte große grüne Oliven

Die Oliven mit einem Nudelholz aufbrechen, in ein Weckglas füllen und vollständig mit Wasser bedecken, da sie sonst braun werden. Das Wasser mindestens 30 Tage lang täglich wechseln und die Oliven dabei jedes Mal umrühren.

Nach 30 Tagen eine Olive kosten – sie wird bitterer schmecken als eine in Salzlake eingelegte Olive. Falls sie noch zu bitter sein sollte, weiterhin täglich das Wasser wechseln, bis die Oliven genießbar sind.

Die fertigen Oliven in einem Vakuumierbeutel im Kühlschrank aufbewahren.

BOUILLON AUS MATSUTAKE-PILZEN

500 g wilde Matsutake-Pilze (Kiefernpilze), geputzt
25 g Kiefernnadeln
2 l Wasser
Tafelsalz und feiner Zucker nach Geschmack

Die Pilze in dünne Scheiben schneiden und in einen großen Stieltopf geben. Die Kiefernnadeln, das Wasser und je 1 Prise Salz und Zucker zugeben und bis zum Siedepunkt erhitzen. 3 Stunden lang sanft köcheln lassen und dabei alle 15 Minuten den Schaum entfernen. Dank der Pilze wird die Bouillon eindicken. Eventuell etwas Wasser nachgießen, falls die Pilze nicht mehr vom Wasser bedeckt sind. Sobald die Bouillon ein intensives Aroma hat, den Topf vom Herd nehmen. Die Bouillon sollte nach Wald riechen und schmecken – nach Moder, nach Feuchtigkeit, nassem Laub und nach Erde.

Die Bouillon durch ein feines Sieb passieren und dabei die festen Bestandteile leicht ausdrücken, da sie sehr viel Flüssigkeit enthalten. Die Bouillon 2-mal durch ein mit Gaze oder einem Passiertuch ausgelegtes, feines Sieb abgießen, um so viele kleine Partikel wie möglich zu entfernen.

Die Bouillon abschmecken und dabei darauf achten, einen eventuell leicht bitteren Geschmack durch die Zugabe von Zucker auszugleichen. Im »Attica« dauert es oft 30 Minuten und bedarf drei oder vier verschiedener »Vorkoster«, um diese anspruchsvolle Bouillon richtig abzuschmecken.

JUNGER TOPINAMBUR

16 ganz junge Knollen von wildem Topinambur (Jerusalem-Artischocken), behutsam abgebürstet
100 ml Olivenöl
Tafelsalz nach Geschmack

Den Backofen auf 120 °C vorheizen. Die Topinamburknollen im Olivenöl wälzen, mit Salz würzen und in einem gusseisernen Bräter 15 Minuten goldbraun rösten.

ZUM SERVIEREN

6 frische grüne Oliven, zerdrückt, entsteint und in Hälften gerissen
8 frische Macadamianusskerne
16 Olivenbaumblätter (siehe Anmerkung)
8 Topinambur-Blütenblätter
8 Storchschnabelblüten
20 ml mildes, fruchtiges, extra natives Olivenöl

In jede Schale 4 junge Topinambur-Knollen setzen und dazwischen jeweils 3 Olivenhälften und 2 Macadamianüsse legen. Mit Blütenblättern, Blättern und Blüten garnieren und darüber je 1 TL Olivenöl träufeln. Etwas heiße Bouillon darübergießen.

ANMERKUNG: Blätter von einer jungen Pflanze und nicht von einem ausgewachsenen Olivenbaum wählen.

Historisch war Cheffing ein Hafen für gesellschaftlich Geächtete und Heimatlose. Hier fanden sie einen Ort, wo man sie in Ruhe ließ und respektierte – selbst in den einfachsten Gaststätten. Das Team des »Restaurant X« glich einer Piratenmannschaft, die verlorene Seelen aus allen möglichen gesellschaftlichen Schichten angeheuert hatte, aber in dem begrenzten Raum der Küche wuchsen sie schnell zu einer Familie zusammen und ertrugen gemeinsam die harten Arbeitsbedingungen und den Druck im Service. Wir schafften, was normale Menschen längst hätte zusammenbrechen lassen, und das schweißte uns zusammen. Ich bin sicher, dass jeder Koch irgendwann sein ganz persönliches »Restaurant X« durchlebt.

»Restaurant X«

Meine erste richtige Arbeitsstelle nach der Fachhochschule war die eines Commis de Cuisine – der niedrigste Rang einer Küchenbrigade – im »The Plymouth Hotel« in Neuseeland. Im »Plymouth« traf ich meine spätere Frau Natalia, die an der Hotelrezeption arbeitete, und wir sind seitdem ein Paar. 1999 beschlossen Natalia und ich, nach Wellington umzuziehen, und so suchten wir dort Arbeit. Mir wurde eine Stelle auf Probe in einem der besseren Fischrestaurants der Stadt angeboten – nennen wir es »Restaurant X«. Ich wollte den Job unbedingt, aber der Probetag begann um 7:30 Uhr morgens und meine Schicht im »Plymouth« endete erst um 23:30 Uhr am Vorabend. Also fuhren wir die Nacht durch und schliefen ein wenig im Auto vor dem Restaurant. Nachdem ich an meinem Probearbeitstag 18 Stunden gearbeitet hatte, setzte sich einer der Sous-Chefs mit mir zusammen und erklärte in einem zurückhaltenden Tonfall, dass er nicht besonders beeindruckt sei, aber sich noch mal bei mir melden werde. Ich dachte, na super – da bist du die ganze Strecke gefahren und hast es nicht geschafft, den Job zu kriegen. Doch ich bekam die Stelle. Und so begann meine Zeit im verrücktesten und lockersten Restaurant, in dem ich je gearbeitet habe.

Das »Restaurant X« war an einem alten Hafen untergebracht. Hinter dem Restaurant gab es einen kleinen Zugang zum Wasser. Genau dort, ca. zwei Meter von unserer Hintertür entfernt, trafen sich immer einige Obdachlose, hauptsächlich ältere Männer, die unter dem Steg und auf den Felsen schliefen. An schönen Tagen kamen sie heraus, um sich zu sonnen, Brennspiritus zu trinken und uns anzubrüllen, wir sollten ihnen Wasser zum Verdünnen bringen. Wir gaben ihnen regelmäßig etwas zu essen, wobei »Fish and Chips« ihr absolutes Lieblingsessen war.

Außerdem lebten hinter dem Restaurant zwölf streunende Katzen, deren Anführerin wir Bootsy tauften. Sie kam die Stufen bis zur Küche hinauf und miaute dort so lange, bis wir ihr Fischabfälle zuwarfen, die sie sich mit den anderen Katzen teilte. Unsere bunt zusammengewürfelte Küchencrew verbrachte dort ihre Rauchpausen, und die Mischung aus Obdachlosen, streunenden Katzen und Köchen war sicherlich für manchen Gast ein befremdlicher Anblick.

Die Katzen und die Obdachlosen waren meist recht harmlos, allerdings schlich sich einmal ein Obdachloser in die Küche, als bei uns wegen der Mittagessensausgabe gerade Hochbetrieb herrschte. Als ich ein Knacken hinter mir hörte und mich umdrehte, griff er nach meinem Ausbeinmesser auf der Arbeitsplatte, worauf ich instinktiv und gerade noch rechtzeitig sein Handgelenk runterdrückte. »Ich werde dich aufschlitzen, Junge«, drohte er. Er war völlig high. Ich hatte so eine Situation noch nie erlebt, versuchte mich aber instinktiv zu schützen. Ich brüllte ihn an, er solle das Messer fallen lassen, aber er lachte nur. Unser Kampf kam mir wie eine Ewigkeit vor, aber vermutlich dauerte es keine 20 Sekunden, bis unser Küchenmeister Pierre zu uns rüberrannte und ihn davonscheuchte. Ich ließ das Messer fallen, schnappte nach Luft und konnte mein eigenes Herz pochen hören.

Pierre war ein wirklich guter Boss, und jeder respektierte ihn. Er teilte sich die Stelle des Küchenmeisters mit einem weiteren Koch, der ebenfalls beliebt war, nur hatten beide recht unterschiedliche Vorstellungen von Lebensmitteln und deren Zubereitung. Ich habe nie eine Küche erlebt, in der zwei Küchenmeister zusammenarbeiten konnten, und das war im »Restaurant X« nicht anders. Obwohl wir jeden Tag die gleiche Speisekarte kochten, schmeckten die

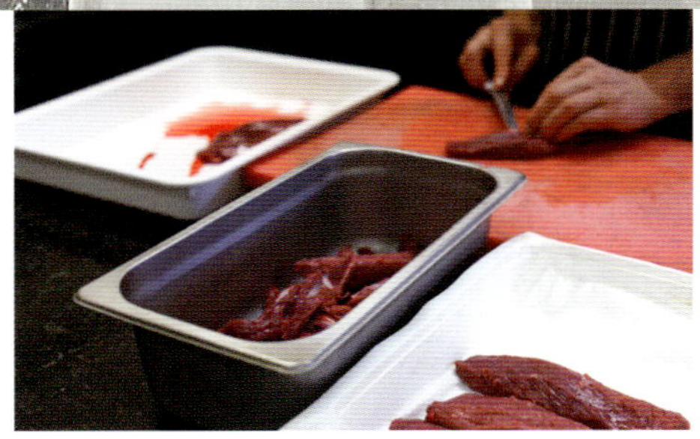

Gerichte völlig unterschiedlich, je nachdem, welcher Küchenmeister gerade Dienst hatte. Ich schätze, dass es hart für Pierre war, in einem so verrückten Restaurant zu arbeiten, aber er versuchte, uns das Leben so einfach wie möglich zu machen. Er ließ mir völlige Freiheit, und ich durfte bei ihm in meinem Bereich so kreativ sein, wie ich wollte. Er war manchmal sehr witzig, gleichzeitig duldete er keinen Unsinn und hatte stets die Interessen seiner Mitarbeiter vor Augen. Durch ihn lernte ich viel über seine Heimat Frankreich.

Außerdem lernte ich in dieser Zeit Jason Chong, inzwischen einer meiner besten Freunde, kennen, den ich als meinen ersten Sous-Chef im »Attica« einstellte. Ich war für das Fleisch zuständig, Jason kümmerte sich um die kalte Küche. Am Anfang verstanden wir uns nicht sonderlich gut, weil in den meisten Küchen eine strenge Hierarchie herrscht und die Jungköche zunächst in der kalten Küche anfangen und sich dann hocharbeiten. Ich hatte jedoch die kalte Küche übersprungen und direkt als Fleisch- und Saucenkoch angefangen, was mir die Jungs aus der kalten Küche neideten. Sie versuchten, mir mit den üblichen Tricks das Leben schwer zu machen, und holten sich zum Beispiel das ganze gute Equipment in ihre Abteilung oder nahmen sich mehr Zutaten, als sie eigentlich brauchten, nur damit ich nicht genug hätte. Im »Restaurant X« wurde nicht so sehr als Team gearbeitet, sondern es war mehr ein Zusammenschluss verschiedener Bereiche, in denen die Leute unabhängig arbeiteten.

Ich hatte in der Fleischabteilung zwei besondere Mitstreiter. Der eine hatte ein paar Jahre im Gefängnis verbracht und war tyrannisch – nennen wir ihn einfach Kurt – und die andere hatte eine gespaltene Persönlichkeit – nennen wir sie Courtney.

Courtney konnte sehr charmant sein, um im nächsten Moment plötzlich boshaft, misstrauisch und faul zu werden. Courtneys Lieblingstrick bestand darin, die Vorräte unserer Abteilung fast völlig aufzubrauchen, wenn ich zwei Tage frei hatte, um nach meiner Rückkehr selbst zwei Tage frei zu nehmen. Sie sabotierte unsere Abteilung wiederholt, nur um mich in Misskredit zu bringen, was dazu führte, dass ich früher als der Rest der Mannschaft mit der Arbeit begann und ordentlich Gas gab. Ich glaube an das Karma und daran, dass jede Handlung Konsequenzen hat. Courtney kriegte ihren Teil ab, nachdem sie während der Arbeit beim Haschrauchen erwischt worden war. Nach einer lautstarken Auseinandersetzung zwischen ihr und dem Management rannte sie davon, und wir sahen sie nie wieder.

Kurt wiederum bereitete so viel vor, dass die Mise en Place bereits verdorben war, bevor wir uns ihr überhaupt genähert hatten. Dazu kam, dass seine Vorbereitungen so schlecht waren, dass ich das meiste davon wegwerfen musste, bevor ich mit meiner Schicht begann.

An meinem ersten Tag zeigte Kurt mir – mit einem Bier in der Hand –, wie seine berühmte Sauce zum Rinderfilet und zur Ente zubereitet würde. »Siehst du die Enten? Hau sie in den Ofen und röste sie drei Stunden volle Kanne.« (Mit anderen Worten, bis sie völlig verbrannt sind.) – »Hol sie raus, lös das Fleisch ab, schmeiß die Knochen in einen Topf, gieß Wasser drüber und koch sie. Gib Mehl zu, lass es eindicken und hol die Klumpen raus. Schneid das Fleisch klein und gib es dazu. Koch alles.«

Kurt machte genug Sauce für mindestens zwei Wochen, aber dennoch bestellte ich am nächsten Tag Entenkarkassen und änderte Kurts Rezept in die klassische französische Saucenvariante um, die ich gelernt hatte. Ich machte mir ernsthaft Sorgen, dass ein Gast von dem ekeligen Geschmack sterben konnte, wenn wir weiter Kurts Sauce servierten – nicht einmal unsere Katze Bootsy rührte sie an.

Großer Fehler. Kurt kam nach seinen freien Tagen zurück, sah meine geklärte Entenbouillon im Kühlraum und schrie: »Was ist denn das für ein dünner Scheiß?« Ich erwiderte vorsichtig: »Das ist die neue Entensauce. Sie wird ohne Mehl gemacht und muss auf Bestellung reduziert werden.« Als Antwort jagte mich Kurt durch die Küche und brüllte mir sämtliche Obszönitäten hinterher, die ihm in den Sinn kamen. Ich beeilte mich, außer Reichweite zu kommen, bis Pierre mir mal wieder zu Hilfe kam und Kurt beruhigte. Seitdem war ich ein gezeichneter Mann.

Ein paar Wochen später schlenderte Kurt mit einer großen, schweren Klarsichtfolienrolle durch die Küche und schlug sie ohne jeden Grund einer jungen Kaltmamsell auf den Kopf. Zu unserer Überraschung drehte sich die junge Frau um und sagte zu Kurt, er solle sich verpissen. Wir anderen hätten viel zu viel Angst gehabt, so mit Kurt zu sprechen. Kurt lief rot an und schlug die junge Frau erneut, was diese mit einem »Hau ab, du Scheißkerl« quittierte. Als Kurt eine Faust hob, brüllte Pierre quer durch die Küche: »Kuuuuurt, komm sofort hierher!« Kurt erwiderte mit weinerlicher Stimme: »Ich hab doch gar nicht angefangen. Sie war es.« Jeder in der Küche war erleichtert, dass Kurt nach diesem Abend nicht wiederkommen durfte.

Jason und ich erinnern uns immer lachend an diese verrückte Zeit. Es gab Zeiten, in denen die komplette Brigade (mit Ausnahme von Pierre und mir) so stoned war, dass sie kaum noch die Teller fertig machen konnten. Und manchmal schien es, als zöge das »Restaurant X« einfach magisch schäbiges Personal an – einen Barkeeper, der kurz vor der Mittagsöffnungszeit verhaftet wurde, einen Konditor, der sich mit der Polizei ein Rennen geliefert hatte, wobei wir die Gründe dafür nie erfuhren, weil er sich weigerte, mit uns zu reden, und immer wie ein Taubstummer arbeitete. So kann das Leben in der Küche auch sein, aber ich beschwere mich nicht, denn das ist für tausende Köche weltweit der Alltag. Und trotz all dieser Einzelkämpfer und Verrückten nennen wir uns aus gutem Grund Küchenbrigade, denn wir halten zusammen.

Bullhorn-Paprika und elf Basilikumsorten

FÜR 4 PERSONEN

Früher hatten wir hinter dem Restaurant einen kleinen Parkplatz für das Personal, doch eines Tages kam mir der Gedanke, dass man den Platz besser für einen Garten nutzen könne, was den Autofahrern natürlich missfiel.

Aber wenn wir jetzt im Sommer aus dem Fenster schauen, sehen wir statt hässlicher Autos über 150 Basilikumpflanzen und alle möglichen anderen Kräuter wachsen. Bevor unsere Abendschicht beginnt, harke ich gerne die Beete oder jäte Unkraut. Es ist wie eine Therapie für mich – und natürlich habe ich immer noch genug Platz für mein Auto.

Basilikum ist eine faszinierende Pflanze, und die verschiedenen Sorten haben alle ihren eigenen Charakter und Geschmack. Wenn wir dieses Gericht servieren, empfehlen wir dem Gast, es mit elf Bissen zu essen und dabei jedes Mal ein anderes Basilikumblatt zu probieren, um elf unterschiedliche Geschmackserlebnisse genießen zu können.

Unser Olivenöl im »Attica« wird von Gianni Grigoletto von der »Il Buon Frantoiano« hergestellt. Er presst unser Öl auf Bestellung, wenn die Oliven reif sind, damit es nur drei bis vier Tage alt ist, bis es bei uns eintrifft. Obwohl Gianni seit über 50 Jahren Olivenöl herstellt – er kauft die Oliven von drei Anbaugebieten rund um Victoria –, betreibt er dieses alte Handwerk mit einem modernen Ansatz. Er ist nämlich überzeugt, dass Olivenöl ein saisonales Produkt ist. Als er vor zwei Jahren das »Attica« besuchte, erklärte er mir mit Nachdruck: »Ich werde euer Olivenöllieferant.« Wenn jemand so leidenschaftlich ist, kann ich doch nicht Nein sagen, oder?

SCHAFMILCHJOGHURT

150 g probiotischer Schafmilchjoghurt (»Meredith Dairy«)
Tafelsalz nach Geschmack

Ein kleines Sieb mit Gaze oder einem Passiertuch auslegen und über eine Schüssel hängen. Den Joghurt hineingeben, mit Klarsichtfolie bedecken und 3 Stunden im Kühlschrank abtropfen lassen.

Den von der Restmolke befreiten Joghurt in einer Schüssel aufschlagen, bis er glatt ist. Mit etwas Salz würzen und bis zum weiteren Gebrauch im Kühlschrank aufbewahren.

SCHWARZES SESAMÖL

50 g schwarze Sesamsaat, geröstet
40 ml Traubenkernöl
lebensmittelechtes Sägemehl* zum Räuchern
Meersalzflocken nach Geschmack

Den Sesam im Mörser grob zerstoßen, das Traubenkernöl untermischen und die Mischung in ein flaches Gefäß aus Edelstahl gießen. In einem Smoker, der sich zum Kalträuchern eignet, das Sägemehl entfachen und den Rauch in die Räucherkammer leiten. Die Edelstahlschüssel hineinstellen und 2 Stunden bei 4°C räuchern. Alternativ das Sesamöl auf einem heißen Ofen räuchern, doch das Ergebnis ist nicht das gleiche, da heißer Rauch ein herberes Aroma zur Folge hat.

Das Sesamöl in einen Stieltopf gießen und leicht erwärmen, um die natürlichen Öle des Sesams freizusetzen und die rauchigen Aromen zu aktivieren. Den Topf vom Herd nehmen, das Öl mit Salz würzen und auf Raumtemperatur abkühlen lassen. Das Öl luftdicht verschlossen im Kühlschrank aufbewahren, da geräuchertes Öl bei Raumtemperatur und bei zu viel Sauerstoff schnell ranzig wird.

GEWÜRZTE HASELNÜSSE

50 g große Haselnusskerne, geröstet
3 g kalt gepresstes Haselnussöl
0,7 g Knoblauchpulver (siehe Basics)
0,7 g Zwiebelpulver (siehe Basics)
0,5 g Tafelsalz
0,25 g zerriebene Horopito-Blätter
0,25 g Kreuzkümmelpulver
0,3 g geräuchertes Paprikapulver

Sämtliche Zutaten in einer Schüssel gut miteinander vermischen. Die Haselnussmischung in einem Dörrgerät verteilen und 2 Stunden bei 70°C trocknen, bis sie knusprig ist. Die Haselnüsse aus dem Dörrgerät nehmen, auf Raumtemperatur abkühlen lassen und luftdicht verschlossen aufbewahren.

BULLHORN-PAPRIKA

2 Schoten rote Bullhorn-Paprika
60 ml Räucheröl (siehe Basics)
Meersalzflocken

Die Paprikaschoten in einen gusseisernen Bräter legen und diesen auf den Herd stellen (um nicht die Arbeitsplatte anzukokeln). Mit einem Flambierbrenner die Haut der Paprika schwärzen, bis sie Blasen werfen, und diese dann mit Küchenkrepp abreiben, bis sie vollständig entfernt ist.

Den Deckel der beiden Schoten abschneiden, die Schoten längs halbieren und die Kerne entfernen. Jede Paprikahälte mit je 1 Prise Salz in einen separaten Beutel eines Kammer-Vakuumiergeräts* füllen und 33 Sekunden 100 Prozent vakuumieren.

Unmittelbar vor dem Servieren die Beutel in einem mit kochendem Wasser gefüllten Topf 3 Minuten garen. Anschließend die Beutel öffnen, die Paprikahälften in eine Schüssel geben und gut mit Salz würzen.

SCHWARZE RUSSISCHE TOMATEN

12 Kirschtomaten (Sorte: Schwarze Russische)
6 mittelgroße Tomaten (Sorte: Schwarze Russische)

In einem mittelgroßen Topf Wasser aufkochen, die Kirschtomaten darin 5 Sekunden ziehen lassen und anschließend 1 Minute in einer mit Eiswasser gefüllten Schüssel abschrecken.

Mit einem kleinen Sparschäler die Kirschtomaten abziehen, ohne das Fruchtfleisch zu verletzen. Bis zum weiteren Gebrauch die Kirschtomaten zugedeckt bei Raumtemperatur beiseitestellen.

Die mittelgroßen russischen Tomaten halbieren und vorsichtig die Samenhüllen mit den Samen herauslösen, ohne die Samen zu beschädigen. Die Samenhüllen bis zum weiteren Gebrauch auf einen Teller legen. Dies sollte möglichst kurz vor dem Servieren geschehen, damit die Samen noch glänzen.

Das Fruchtfleisch der Tomaten für das Dressing beiseitestellen.

TOMATENDRESSING

150 g Tomatenfruchtfleisch (siehe oben)
Tafelsalz nach Geschmack
10 ml Sherryessig
20 ml Chardonnay-Essig
40 ml frisch gepresstes Frantoio-Olivenöl extra vergine (von Gianni Grigoletto)
feiner Zucker nach Geschmack

Das Tomatenfruchtfleisch in dünne Scheiben schneiden, in eine Schüssel geben und mit etwas Salz bestreuen. Die Tomaten zugedeckt mindestens 10 Minuten bei Raumtemperatur ruhen lassen, damit ihnen das Salz etwas Wasser entzieht.

Ein Sieb über eine Schüssel hängen, die Tomaten hineingeben und so ausdrücken, dass möglichst viel Saft und etwas Mark in die Schüssel läuft. Das Mark sollte den Saft so eindicken, dass er die Konsistenz von flüssiger Sahne hat.

Die beiden Essigsorten und das Olivenöl mit dem Schneebesen unterrühren. Das Dressing abschmecken und eventuell noch etwas Salz und Zucker zugeben. Das Dressing bis zum Servieren bei Raumtemperatur aufbewahren, allerdings hält es sich nur ein paar Stunden.

ZUM SERVIEREN

Tafelsalz nach Geschmack
4 Limettenbasilikumblätter
4 Zitronenbasilikumblätter
4 Lakritzbasilikumblätter
4 rote »Dark Opal«-Basilikumblätter
4 Zimtbasilikumblätter
4 rote Basilikumblätter
4 griechische Basilikumblätter (Buschbasilikum)
4 »Spicy Globe«-Basilikumblätter
4 grüne krause Basilikumblätter
4 rote krause Basilikumblätter
4 Thai-Basilikumblätter
etwas frischen, wilden Fenchelpollen

1 TL Schafmilchjoghurt auf jeden Teller geben und mit der Löffelunterseite so verteilen, dass die Form einer Bullhorn-Paprika entsteht. Jeweils eine Paprikahälfte so darauflegen, dass der Joghurt verdeckt ist.

Die Kirschtomaten mit etwas Tomatendressing anmachen und mit Salz würzen. Jeweils 3 Kirschtomaten und 3 Tomatensamenhüllen mit Samen auf der Paprika verteilen. Dazwischen kleine Joghurt- und Sesamöltropfen und gewürzte Haselnüsse setzen. Auf jedem Teller 11 unterschiedliche Basilikumblätter verteilen. Zum Abschluss etwas Fenchelpollen darüberstreuen und mit etwas Tomatendressing beträufeln.

Möhren, Möhrensaft, Maronen

FÜR 4 PERSONEN

2008 kauften wir einen Rotationsverdampfer für unsere Küche. 1957 von der Schweizer Firma Buchi erfunden, wird so ein Apparat eigentlich in Laboren benutzt, um mittels Verdampfung Lösungsmittel aus chemischen Verbindungen zu trennen. Uns erlaubt das Gerät, durch sogenannte kalte Destillationen natürliche Reduktionen herzustellen, die nicht anders zu bekommen sind.

MÖHRENDESTILLAT

- 1 l frisch gepresster Möhrensaft, durch ein feines Sieb passiert
- 100 ml weißer Aceto balsamico
- ein paar Körner Tafelsalz
- 30 ml filtrierter Zitronensaft

Den Möhrensaft mit dem Essig in ein 3-l-Gefäß eines Rotationsverdampfers füllen, die Wasserbadtemperatur auf 35°C, die Kühlung auf -10°C und die Rotationsgeschwindigkeit auf 40 RPM (Umdrehungen pro Minute) einstellen. Die Saftmischung unter Vakuum 2 Stunden destillieren, bis 100 ml zähflüssiger Sirup entstanden sind. Diesen mit Salz und Zitronensaft abschmecken.

MÖHREN

- 1 lange weiße Möhre
- 8 kleine violette Möhren
- 4 kleine orangefarbene Möhren
- 100 ml zart aromatisches Olivenöl (z.B. Leccino-Olivenöl)
- Tafelsalz nach Geschmack

Die Möhren mit einem scharfen, langen Küchenmesser schälen. Man kann sie auch mit einem Sparschäler schälen, allerdings bleibt die natürliche Form der Möhre besser erhalten, wenn man die Schale mit einem langen Schnitt entfernt.

Die weiße Möhre in 1 cm dicke Scheiben schneiden. Die violetten und orangefarbenen Möhren quer halbieren. Die Möhrenstücke in separaten Schalen aufbewahren und jeweils mit etwas Olivenöl und Salz anmachen. Den Inhalt jeder Schale in 4 separate Beutel eines Kammer-Vakuumiergeräts* füllen und 100 Prozent vakuumieren. Die Beutel anschließend in einen großen Topf geben und mit Wasser bedecken. Das Wasser aufkochen, dann köcheln lassen, bis die Möhren weich sind, aber noch Biss haben. Die Möhren aus den Beuteln nehmen und auf Raumtemperatur abkühlen lassen.

KORIANDERSALZ

- 20 g Walnusskerne (»Wellwood Wallace«)*
- 2 g Koriandersamen, leicht geröstet
- 1 Prise Meersalzflocken

Die Walnüsse mit der mittleren Klinge einer Microplane-Reibe* hobeln. Die Koriandersamen im Mörser zerstoßen (jeden Samen in 4 Stücke), aber nicht zu Pulver zerreiben.

Die gehobelten Walnüsse und die Koriandersamen mischen und mit Salz würzen. Bis zum Servieren luftdicht verschließen.

ZUM SERVIEREN

- 2 Maronen
- 10 ml filtrierter Zitronensaft
- 40 g gereifter Schafmilchkäse (»Meredith Blue«), zerkrümelt
- 12 kleine Puha-Blättchen (Brunnenkresse)
- 16 Möhrenblätter
- 8 rohe Möhrenhobel
- 6 ml kalt gepresstes Walnussöl (»Wellwood Wallace«)*

Die Maronen schälen. Dafür zunächst die Schale mit einem scharfen Messer ablösen und danach die braune Haut mit der Spitze eines Schälmessers abziehen.

Die Möhren in ihren Beutel 1½ Minuten in kochendem Wasser erwärmen. Die Möhren aus den Beuteln nehmen und das Öl abtropfen lassen. Die Möhren mit Zitronensaft beträufeln und mit Koriandersalz bestreuen.

Jeweils 1 TL Möhrendestillat in die Mitte jedes Tellers geben und die Möhren darum herum anrichten.

Die Maronen fein in eine Schale reiben und etwas davon auf jeden Teller geben. Etwas Käse über den Teller krümeln.

Mit ein paar kleinen Puha-Blättern, etwas Möhrengrün und den Möhrenhobeln garnieren und zum Abschluss ein paar Tropfen Walnussöl darüberträufeln.

Geriebene rohe Gemüse, grüner Fenchelsamen, Senföl

FÜR 4 PERSONEN – DIESES REZEPT BENÖTIGT 1 TAG VORLAUFZEIT

SENFÖLEMULSION

100 g Kartoffeln, gewürfelt
100 ml Vollmilch
Meersalzflocken nach Geschmack
30 g selbst gemachte Butter (siehe Seite 18, die Butter sollte am Vortag hergestellt werden)
5 g Dijonsenf
50 ml kalt gepresstes helles Senföl
50 ml Joghurtmolke (siehe Basics, die Molke sollte am Vortag hergestellt werden)

Die Kartoffelwürfel, die Milch und 1 Prise Salz in einen Thermomix* geben und auf 90°C erhitzen. Den Thermomix auf kleinster Geschwindigkeitsstufe laufen lassen. Danach die Butter und den Senf zugeben und auf höchster Geschwindigkeit untermischen. Bei laufendem Motor nach und nach das Senföl zugeben. Die Emulsion abschmecken, nachwürzen und durch ein feines Sieb passieren. Die Molke einrühren und die fertige Emulsion bis zum Servieren beiseitestellen.

Unmittelbar vor dem Servieren erneut sanft erhitzen.

EINGELEGTE MINI-ROTE-BETE

50 g Mini-Chioggia-Bete (Mini-Bete), grob gerieben
1 Prise Tafelsalz
75 ml Wasser
100 ml Weißweinessig
50 g feiner Zucker

Die Mini-Bete mit dem Salz mischen. In einem kleinen Stieltopf das Wasser, den Essig und den Zucker vermischen und aufkochen. Den Topf vom Herd nehmen und auf 35°C abkühlen lassen. Die geriebenen Mini-Bete mit dem Sirup in einen kleinen Beutel eines Kammer-Vakuumiergeräts* füllen und 45 Sekunden 100 Prozent vakuumieren. Den Beutel vor dem Öffnen 1 Stunde ruhen lassen und die Mini-Bete erst unmittelbar vor dem Servieren abtropfen lassen.

SELLERIE

100 g Knollensellerie, geschält

In einem Stieltopf Salzwasser aufkochen, den Sellerie darin 2 Minuten kochen, danach abtropfen lassen und auf Raumtemperatur abkühlen. Den Sellerie grob reiben und beiseitestellen.

WEISSE MÖHRENCREME

30 g Butter
100 g weiße Möhren, in dünne Scheiben geschnitten
Meersalzflocken nach Geschmack
35 g Vollmilch
35 g Wasser

Die Butter in einem kleinen Stieltopf zerlassen und die Möhrenscheiben und 1 Prise Salz hineingeben. Die Möhren auf kleiner Flamme 10 Minuten sanft anschwitzen, ohne dass sie Farbe annehmen. Milch und Wasser zugeben und die Möhren weich kochen. Mit einem Stabmixer pürieren, durch ein feines Sieb passieren und bis zum Servieren luftdicht verschlossen aufbewahren.

ZUM SERVIEREN

25 g orangefarbene Möhren, grob gerieben
25 g gelbe Möhren, grob gerieben
25 g Kohlrabi, grob gerieben
25 g Pastinake, grob gerieben
25 g violette Möhren, grob gerieben
60 grüne Samen von wildem Fenchel
5 ml Traubenkernöl
3 ml Zitronensaft
Meersalzflocken nach Geschmack

In die Mitte eines jeden Tellers 1 Löffel Möhrencreme geben und die geriebenen Gemüse (auch die Mini-Bete und den Sellerie) um die Creme anrichten. Die Fenchelsamen darüberstreuen. Das Traubenkernöl, den Zitronensaft und das Salz mischen und über die Gemüse träufeln. Die heiße Senfölemulsion bei Tisch über die Möhrencreme gießen.

Rohe Maronen, in Salzkruste gebackener Sellerie, Pyengana-Cheddar

FÜR 4 PERSONEN

Seit über hundert Jahren stellt die Familie Healey in ihrer Käserei in Pyengana im Nordosten Tasmaniens handgeschöpften Cheddar her, die älteste Käsespezialität Australiens. Sowohl für seinen Milchviehbetrieb als auch für seine Käserei nutzt Jon Healey das Wissen dreier Generationen zur Produktion meines australischen Lieblingshartkäses. Der Cheddar verleiht diesem Gericht das erforderliche würzige Aroma und vereint die verschiedensten Elemente zu einem Ganzen, darunter Zutaten wie die von meinem Freund Henry Kovacevic, einem professionellen Big-Band-Leader, selbst geernteten Maronen. Auf seiner ein Hektar großen Farm in Glenlyon in der Nähe von Daylesford in Victoria wachsen zwei unterschiedliche, seltene Kastanienbaumarten – April Gold und George Sounds –, und ich habe nie bessere Maronen gegessen.

IN SALZKRUSTE GEBACKENER SELLERIE

- 600 g feines Salz
- 100 g Eiweiß (von frei laufenden Hühnern)
- 5 g Thymianblätter
- 1 großer Knollensellerie

Bei diesem Rezept bleibt relativ viel Sellerie übrig, aber es funktioniert nur, wenn man eine ganze Knolle kocht.

Den Backofen auf 185°C vorheizen.

Das Salz, das Eiweiß und den Thymian in einer Schüssel zu einer Paste mischen.

Die Sellerieknolle putzen und das Grün und 5 mm vom Ansatz abschneiden. Ein Backblech mit 2 Lagen Backpapier bedecken und 1 Löffel Salzpaste in die Mitte geben. Den Sellerie daraufstellen und vollständig mit der Salzpaste ummanteln. Den Sellerie 2½ Stunden im Ofen garen.

Den Sellerie vor dem Aufbrechen der Salzkruste auf Raumtemperatur abkühlen lassen. Das Salz vollständig entfernen und den Sellerie so schälen, dass keine Stelle übrig bleibt, die direkten Kontakt mit dem Salz hatte. Von der Sellerieknolle 4 gleichmäßige, dünne Schnitze abschneiden. Diese vor dem Servieren in Backpapier wickeln (damit sie nicht austrocknen) und 2 Minuten im Ofen aufwärmen.

MARONENPÜREE

- 125 g Butter, gewürfelt
- 90 g Schalotten, längs in hauchdünne Scheiben geschnitten
- 250 g vollständig geschälte Maronen (siehe Anmerkung), in dünne Scheiben geschnitten
- Tafelsalz nach Geschmack
- 50 ml trockener Weißwein
- 325 ml Wasser
- 2 ml Zitronensaft

Die Butter in einem mittelgroßen Stieltopf auf kleiner Flamme zerlassen. Die Schalotten, die Maronen und 1 Prise Salz hineingeben und gut umrühren. Die Schalotten und Maronen 30 Minuten sanft dünsten, ohne dass sie Farbe annehmen. Mit dem Wein ablöschen und weitergaren, bis er verdampft ist. Das Wasser zugießen und weitergaren, bis die Maronen weich sind.

Die Mischung in einem Standmixer auf höchster Stufe 6 Minuten pürieren, bis ein weiches Püree entsteht. Den Zitronensaft zugeben und abschmecken. Das Püree durch ein feines Sieb passieren und in ein luftdicht verschließbares Gefäß füllen. Mit Backpapier abdecken, damit sich auf dem Püree keine Haut bildet.

ANMERKUNG: Um die Maronen zu schälen, zunächst die Schale mit einem scharfen Messer ablösen und danach die braune Haut mit der Spitze eines Schälmessers abziehen.

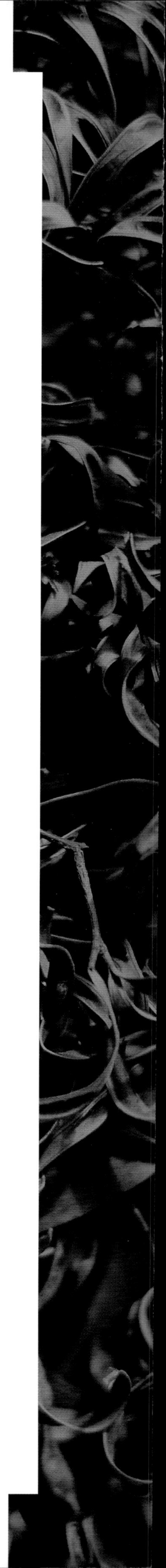

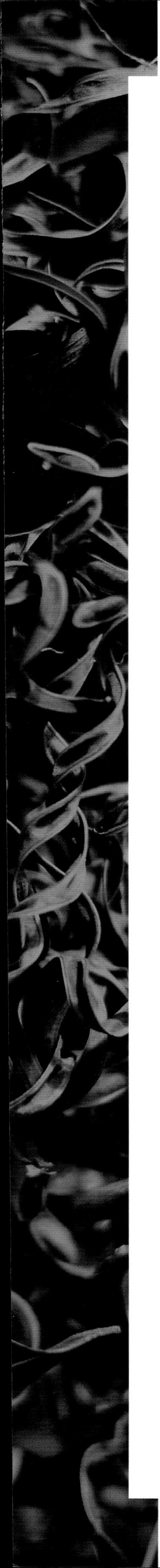

PYENGANA-KÄSESAHNE

250 g Pyengana-Cheddar (mindestens 18 Monate gereift), fein gerieben
350 ml Bio-Vollmilch (von Jersey-Kühen)
400 ml Bio-Sahne (von Jersey-Kühen, 45 % Fett i.Tr.)
Tafelsalz nach Geschmack

In einem Stieltopf den Käse in die Milch einrühren und anschließend auf 60 °C erhitzen. Den Topf vom Herd nehmen und den Inhalt abkühlen lassen, bis sich die festen Bestandteile gesetzt haben. Die Käsemilch durch ein mit Gaze oder einem Passiertuch ausgelegtes Sieb gießen und die festen Bestandteile entfernen. Die Käsemilch mit der Sahne mischen und abschmecken.

Unmittelbar vor dem Servieren die Pyengana-Käsesahne auf 80 °C erhitzen.

BUTTERBRÖSEL MIT KNOBLAUCH UND MANDELN

15 g Knoblauch
20 g Bio-Mandelkerne
125 g gesalzene Butter
10 g Vollmilchpulver
Tafelsalz nach Geschmack

Die Mandeln und den Knoblauch in einem Mörser grob zerstoßen. Die Butter in einem kleinen Stieltopf auf kleiner Flamme zerlassen und dann das Milchpulver, die Knoblauchmischung und 1 Prise Salz unterrühren. Alles so lange dünsten, bis die Mischung goldbraun wird. Die Mischung durch ein feines Sieb passieren und dabei zunächst schütteln, um überschüssige Butter abfließen zu lassen. Diese Butter entfernen. Die Mischung auf einem mit Küchenkrepp bedeckten Blech verteilen und auch das Blech schütteln, um überschüssige Butter zu entfernen. Die fertigen Brösel auf Raumtemperatur abkühlen lassen und luftdicht verschlossen aufbewahren.

EIGELB

4 Bio-Eigelb (von frei laufenden Hühnern)
80 ml Traubenkernöl

Kurz vor dem Servieren jedes Eigelb in ein einzelnes kleines Dariole-Förmchen geben, mit Traubenkernöl bedecken und die Förmchen mit Klarsichtfolie bedecken. Die Förmchen 20 Minuten in ein 60 °C heißes Wasserbad stellen.

FRÜHLINGSZWIEBELN

30 g Butter
4 Frühlingszwiebeln, in feine Ringe geschnitten
Tafelsalz nach Geschmack

Vor dem Servieren die Butter in einem kleinen Stieltopf auf kleiner Flamme zerlassen und die Frühlingszwiebeln darin 10 Sekunden anschwitzen. Mit Salz würzen und den Topf vom Herd nehmen.

ZUM SERVIEREN

4 vollständig geschälte Maronen (siehe Anmerkung auf der gegenüberliegenden Seite)
Meersalzflocken nach Geschmack
10 ml geräuchertes Öl (siehe Basics)
2 ml Zitronensaft
40 Zitronenthymianblätter

Die Maronen mit einer Mandoline in hauchdünne Scheiben schneiden. Das Maronenpüree erwärmen und davon 1 TL in die Mitte jedes tiefen Tellers geben. Ein aufgewärmtes Sellerieviertel halb auf das Püree, halb auf den Teller platzieren. Das Öl von den Eigelben abtropfen lassen und je ein Eigelb vor das Sellerieviertel legen und mit Salz bestreuen.

In einer kleinen Schüssel die Maronenscheiben mit dem geräucherten Öl, dem Zitronensaft und 1 Prise Salz anmachen und mit den Maronenscheiben anschließend die Schnittseite des Sellerie garnieren. Die Butterbrösel um das Eigelb streuen und mit ein paar Frühlingszwiebelringen garnieren. Die Zitronenthymianblätter jeweils über den gesamten Teller streuen. Bei Tisch die heiße Pyengana-Käsesahne um die angerichteten Zutaten gießen.

Wohl jeder Koch kennt eine Zeit, in der er an einem »magischen Ort« arbeitete. Für mich war dieser Ort das »Roxburgh Bistro«. Zum ersten Mal fühlte sich mein Umfeld wie eine Familie an – das Speiselokal und die Küche verschmolzen zu einer Einheit. Aus dieser Zeit stammen großartige Freunde, darunter mein damaliger Küchenmeister Mark Limacher, der zu einem der wichtigsten Leitfiguren meiner Karriere wurde. Er ist mir ein wahrer Lehrmeister und Freund zugleich.

»Roxburgh Bistro«

Es war allerdings ein recht steiniger Pfad bis zum »Roxburgh Bistro«. Nachdem ich das »Restaurant X« verlassen hatte, leitete ich eine Lodge auf dem Land. Die ursprünglich als Luxus-Lodge konzipierte Anlage hatte nach ihrer Blütezeit in den 1980er-Jahren schwere Zeiten durchmachen müssen, und meine Frau Natalia und ich haben uns dort vergeblich die Finger wund gearbeitet. Der Ort hatte seine Seele verloren, und ich war zu jung, um eine Küche wirklich alleine zu leiten. Wir waren zweiundzwanzig Jahre alt und einfach ein bisschen zu optimistisch, um das Haus vor dem Untergang retten zu können. Dabei war unser Einsatz hoch – Natalia arbeitete Vollzeit in Wellington und pendelte jeden Abend zurück zur Lodge, in der ich den ganzen Tag in der Küche gestanden hatte, damit wir gemeinsam die Gäste begrüßen konnten, Hochzeitsfeiern organisieren oder die Bar schmeißen konnten. Am nächsten Morgen bereiteten wir unseren Gästen das Frühstück zu und das ganze Spiel begann wieder von vorn.

Als wir eines Morgens für eine vierköpfige Familie das Frühstück gemacht hatten, die sich dann ohne zu bezahlen davonmachte, war unser Limit erreicht. Als ich runterging, um ihr Zimmer sauber zu machen, stellte ich auch noch fest, dass sie einen unglaublichen Saustall hinterlassen hatten.

Ein paar Tage später besuchte uns meine Mutter Kaye und lud uns zum Essen ins »Roxburgh Bistro« ein. Ich hatte über diesen Laden schon viel von anderen Köchen gehört, die bewundernd und ehrfürchtig flüsternd davon erzählten. In Wellington waren Gespräche über neue Gerichte im »Roxburgh« unter den Köchen normal, es besaß schon einen fast legendären Ruf.

Natalia und ich waren an jenem Abend müde und fertig, aber mit jedem Bissen schienen unsere Sorgen mehr zu verblassen. Der Chefkoch Mark Limacher servierte uns ein so außergewöhnliches Menü, dass es uns einfach umhaute. Ich hatte Kochkunst noch nie auf so hohem Level erlebt, und es öffnete mir als kleinem Provinzkoch die Augen. Ich war überglücklich, diese großartige kulinarische Erleuchtung mit meiner Mutter und mit Natalia zu teilen.

Nach dem Essen ging ich in die Küche, um mich zu bedanken (eine Regel, die jeder Koch mit ein bisschen Taktgefühl beherzigen sollte; wenn man gut gegessen hat, bricht man sich keinen Zacken aus der Krone, wenn man sich dafür bedankt, aber für die Küchenbrigade ist das sehr viel wert), und war noch mehr beeindruckt. Das Team wirkte wie aus einem Guss. Alle arbeiteten Hand in Hand und schienen überraschenderweise auch noch jede Menge Spaß dabei zu haben. Trotzdem verließ ich das Restaurant ziemlich zerknirscht, denn das Niveau dort war so viel höher als das meinige. Ich sehnte mich danach, in einem Team zu arbeiten, das so mit Leib und Seele bei der Sache war, und hatte gleichzeitig keine Lust mehr, in der Lodge den Dreck anderer Leute wegzuputzen.

Glücklicherweise suchte das »Roxburgh« zwei Wochen später per Zeitungsinserat einen Commis de Cuisine. Ich bewarb mich und bekam den Job. Es war ein großer Sprung nach oben, da ich schnell merkte, dass Mark seinen Köchen eine gewaltige Verantwortung übertrug. Er erwartete Respekt für seine Kochkunst – und den sparsamen und sorgsamen Umgang mit den Zutaten. Er verlangte viel von uns. Er erhob selten seine Stimme, aber seine spitzen Bemerkungen wirkten wie Faustschläge ins Gesicht.

Er achtete pedantisch auf die Hygiene, war morgens als Erster in der Küche, überprüfte alles und hinterließ Post-its an Stellen, die seiner Meinung nach nicht gründlich genug gesäubert worden waren. Es lief einem kalt den Rücken runter, wenn man einen dieser Zettel in seinem Zuständigkeitsbereich fand.

Mark gab uns immer das Gefühl, dass wir als Köche wertvoll seien, und urteilte nie über andere. Einmal speiste ein Gast mit dreckigen Stiefeln und alter Arbeitskleidung bei uns zu Abend. Mark zuckte nicht mit der Wimper, als dieser Gast einen 5000 Dollar teuren Wein zum Essen bestellte.

Kein anderer Koch hat meine Karriere so weit vorangetrieben wie Mark, vor allem, nachdem ich das »Roxburgh« verließ. In den ersten drei Jahren nach der Eröffnung des »Attica« flog er einmal pro Jahr von Neuseeland nach Melbourne, um bei mir zu essen, mich zu unterstützen und mich zu ermutigen. Er ist ein toller Lehrmeister und unsere Zunft benötigt viel mehr Leute wie ihn. Mark wirkt immer wie jemand, der Dinge weiß, die man selbst nicht weiß, die er aber gerne mit einem teilt, ohne arrogant oder anmaßend zu sein. Er hat die seltene Eigenschaft, mit extrem viel Talent ausgestattet zu sein und dieses einzusetzen, um andere zu unterstützen. Und er hat klare Visionen. Da er auch noch hart arbeitet, erfüllt er alle Voraussetzungen, um als einer der besten Köche Neuseelands oder Australiens in die Geschichte einzugehen.

Geräucherte Forelle in ihrer Bouillon

FÜR 4 PERSONEN

Dieses Gericht steht für die Entwicklung meines eigenen Stils in den ersten Jahren des »Attica«. Es ist kein Gericht, das ich heute noch servieren würde, aber ich habe es hier aufgenommen, um die Entwicklung eines jungen Kochs zu zeigen. Ich habe damals eine elektrische Wasserpfeife benutzt, um den Rauch zu erzeugen, mit dem ich dann ein umgedrehtes Glas gefüllt habe, das wiederum unter anderem die mit geräucherter Forelle gegarte Bouillon enthielt. Ich wollte damit nicht provozieren, sondern unter dem Glas lediglich die Zutaten kalt räuchern. Für unsere Gäste war es ein Riesenspektakel und zeigte ihnen, dass wir uns selbst nicht allzu ernst nahmen.

FORELLENBOUILLON

- 50 g Zwiebeln, in 3 cm große Würfel geschnitten
- 50 g Staudensellerie, in 3 cm große Würfel geschnitten
- 50 g Fenchel, in 3 cm große Würfel geschnitten
- 75 g geräucherter Bio-Schinken, gewürfelt
- 75 ml trockener Weißwein
- 2 kg kalt geräucherte Flussforelle (Gräten und Reste verwenden)
- 2 g weiße Pfefferkörner
- ½ Bund Frühlingszwiebeln
- 10 g Galgant, in Scheiben geschnitten
- 10 g getrockneter Blasentang (siehe Anmerkung)
- 1 Prise natürliche Zitronensäure* (optional)

In einem großen Stieltopf auf kleiner Flamme die Zwiebeln, den Sellerie, den Fenchel und den Schinken 5 Minuten anschwitzen. Den Wein zugießen und köcheln, bis er um die Hälfte reduziert ist.

Die Forelle, die weißen Pfefferkörner, die Frühlingszwiebeln, den Galgant und den Tang zugeben und alles mit Wasser bedecken. Alles kurz aufkochen und dann 2 Stunden bei 80°C sanft köcheln lassen, dabei alle 5 Minuten Schaum und Fett abschöpfen. Die Bouillon durch ein mit Gaze oder mit einem Passiertuch ausgelegtes Sieb abgießen, abschmecken und eventuell noch die Zitronensäure zugeben.

ANMERKUNG: Für den getrockneten Blasentang 200 g frischen Tang 1½ Stunden im 100°C heißen Backofen trocknen.

ZUM SERVIEREN

- 20 g Schweinekruste (siehe Anmerkung), in Stäbchen geschnitten
- 80 g kalt geräucherte Flussforelle, in 4 cm × 5 mm große Stäbchen geschnitten
- 40 Blüten von wilden Zwiebeln
- 60 rote Schafgarbenblüten
- 12 Rainfarnblätter

In jede vorgewärmte Suppenschale 9 Stücke Schweinekruste und 3 Stücke Forelle geben. Die Blüten und Blätter gleichmäßig auf die Schalen aufteilen. Die Bouillon erhitzen, bis sie sanft köchelt, und dann in die Schalen gießen. Sofort servieren.

ANMERKUNG: Im »Attica« machen wir die Schweinekruste selbst, aber das dauert 5 Tage und gelingt nicht immer. Alternativ kann man Schweinekruste in asiatischen Lebensmittelhandlungen kaufen.

Erbsen, Erbsensaft und Getreide

FÜR 4 PERSONEN – DIESES GERICHT BENÖTIGT 2 TAGE VORLAUFZEIT

Wir servieren dieses Gericht nur im Frühjahr, wenn die frischen Erbsen besonders süß schmecken. Ursprünglicher kann man Erbsen nicht servieren. Manchmal sind sie so süß, dass man dieses Gericht glatt als Dessert reichen könnte. Wir garen die Erbsen auf Bestellung in einem Rotationsverdampfer. Cameron Paine, ein sehr talentiertes und loyales ehemaliges Mitglied unseres Teams, hatte die Aufgabe, allabendlich 55 Portionen dieses hochkomplexen Gerichts herzustellen. Eine mühsame Arbeit, die sehr viel Konzentration erforderte, denn Cam musste den Vakuumdruck manuell mit viel Fingerspitzengefühl regeln. Ein Fehler, und der Saft kochte über und die Hälfte der Gäste ging leer aus. Zu diesem Stress kam noch die sehr schwierige Reinigung der großen Glasflakons nach jeder Runde und ein ungeduldiger Küchenmeister, der auf der anderen Seite der Gegensprechanlage ununterbrochen schrie: »Wie weit sind die Erbsen? Beeil dich mit den Erbsen, ist das klar! … Hey, wie lange brauchst du denn noch für die verdammten Erbsen!«

Dazu kam, dass vier Köche jeden Tag vier Stunden brauchten, um die erforderlichen 25 Kilo Erbsen auszupalen. Manchmal sind gerade die einfachen Gerichte besonders komplex und arbeitsintensiv. Je weniger du auf einem Teller anrichtest, desto mehr musst du dich bemühen, das wenige zu einem großartigen Gericht werden zu lassen. Handelt es sich nur um eine einzige Zutat, wie die Erbsen, dann ist es zehnmal komplizierter.

Zurückschauend denke ich, dass es etwas verrückt war, und ich bin überrascht, dass Cam nicht wahnsinnig wurde. Doch der beste Beweis für einen großartigen Jungkoch ist schließlich, wenn er selbst dann die Ruhe bewahrt und klar überlegt, wenn alle um ihn herum durchdrehen und der Stress so stark ist, dass die Luft vibriert. Manchmal gehört das eben zum Leben eines Kochs dazu, obwohl ich es meinem eigenen Sohn nie wünschen würde.

ERBSEN

2 kg Markerbsen

Die Erbsen vorsichtig auspalen und die Hülsen für das Erbsenöl (siehe rechte Spalte) und die vakuumierten Erbsen (siehe rechte Seite) verwahren. Die ausgepalten Erbsenkerne luftdicht verschlossen bis zum weiteren Gebrauch aufbewahren.

ERBSENÖL

500 g Erbsenhülsen (siehe linke Spalte)
100 ml Traubenkernöl

Die Erbsenhülsen mit dem Traubenkernöl in einem Standmixer 45 Sekunden mixen und anschließend durch ein feines, mit Gaze oder mit einem Passiertuch ausgelegtes Sieb passieren. 30 Minuten ruhen lassen, bis sich Öl und Saft getrennt haben. Das Öl vorsichtig abschöpfen und den Saft weggießen. Das Öl luftdicht verschlossen aufbewahren, allerdings sollte es noch am gleichen Tag verwendet werden.

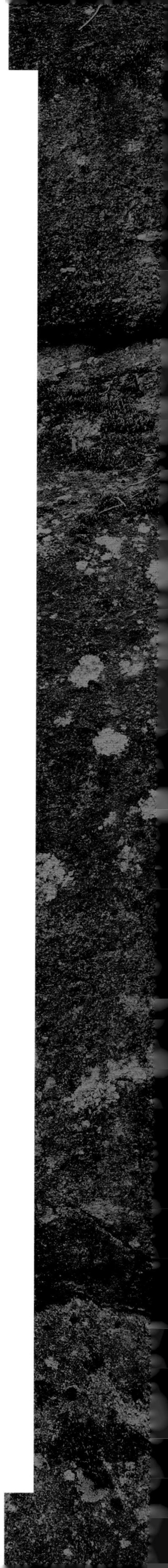

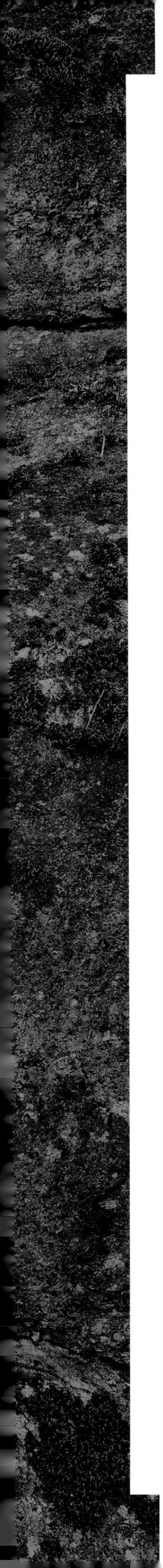

FREEKEH

25 g Freekeh (gerösteter grüner Weizen)
Tafelsalz nach Geschmack

Den Freekeh mit kaltem Wasser bedecken und im Kühlschrank über Nacht einweichen. Am nächsten Tag in einem Durchschlag abtropfen lassen und gut abspülen. Den Freekeh in einen großen Topf geben, mit Wasser bedecken und aufkochen. 45 Minuten köcheln, bis das Getreide weich ist, und 5 Minuten vor Ende der Kochzeit etwas Salz dazugeben. Das Getreide in seiner Kochflüssigkeit abkühlen lassen. (Falls der Freekeh nicht lange genug gekocht wurde, wird es beim Abkühlen hart. In diesem Fall einfach erneut aufkochen und garen, bis die Körner weich sind.) Das Getreide noch am gleichen Tag verbrauchen und bis zum Servieren in seiner Kochflüssigkeit aufbewahren.

QUINOA

25 g Quinoa
Tafelsalz nach Geschmack

Die Quinoa in ein feines Sieb geben und gründlich abspülen. (Nicht gründlich abgespült schmeckt sie aufgrund des Gehalts an Saponinen bitter.) Die Quinoa in eine Schüssel geben, mit kaltem Wasser bedecken und 10 Minuten einweichen lassen. Abtropfen lassen und erneut abspülen. In einem mittelgroßen Stieltopf Salzwasser aufkochen, die Quinoa hineingeben und 15 Minuten weich kochen. Gut abtropfen lassen und zum Abkühlen auf einem großen Blech verteilen. Bis zum Servieren luftdicht verschließen.

VAKUUMIERTE ERBSEN

1 g natürliches Vitamin-C-Pulver*
500 g Markerbsen (nicht ausgepalt)
500 g Erbsenhülsen (siehe linke Seite)
1 Portion Erbsen (siehe linke Seite)

Die nicht ausgepalten Erbsen und die Hülsen in einem Entsafter entsaften. Vorher das Vitamin C in den Auffangbehälter geben, damit der Saft nicht braun wird. Den Saft durch ein feines Sieb passieren und anschließend sofort mit den Erbsen in ein 6-l-Gefäß eines Rotationsverdampfers* füllen, die Wasserbadtemperatur auf 30°C, die Kühlung auf -25°C und die Rotationsgeschwindigkeit auf 45 RPM (Umdrehungen pro Minute) einstellen und die Saftmischung bei 100 Prozent Vakuum 20 Minuten destillieren, bis die Erbsen von ihrem eigenen Sirup überzogen sind. Die Erbsen in eine Schüssel geben und bedecken, dann nicht länger als 5 Minuten beiseitestellen.

ZUM SERVIEREN

Meersalzflocken nach Geschmack
10 ml Zitronensaft
15 g Quark (siehe Basics, sollte 2 Tage vorher zubereitet werden)
16 violette Blüten von wilden Erbsen

In einer Schüssel die vakuumierten Erbsen mit der Quinoa und dem Freekeh vermischen und mit 1 TL Erbsenöl, dem Meersalz und dem Zitronensaft anmachen. In jeder Schale einen Spiegel aus Quark anrichten und die Erbsenmischung mit einem Löffel darübergeben, bis der Quark vollständig bedeckt ist. Mit den Blüten garniert servieren.

Rohe Garnelen, Limettensaft, Grünkohl

FÜR 4 PERSONEN

MELONENSAFT

- 120 ml frisch gepresster und durch ein feines Sieb passierter Honigmelonensaft
- 10 ml filtrierter Limettensaft
- 5 ml Weißweinessig
- Tafelsalz nach Geschmack

Den Melonensaft durch ein mit einem Passiertuch ausgelegtes Sieb gießen. Den Zitronensaft, den Essig und etwas Salz untermischen und im Kühlschrank aufbewahren.

GARNELEN

- 8 rohe Crystal-Bay-Garnelen, geschält und Darmstränge entfernt
- Tafelsalz nach Geschmack
- 1 Limette

Kurz vor dem Servieren die Garnelen auf ein kleines Edelstahlblech legen und mit Salz bestreuen. Mit der feinen Klinge einer Microplane-Reibe* über jede Garnele Limettenschale reiben, bis sie vollständig davon verdeckt ist. Ein paar Tropfen Limettensaft über jede Garnele träufeln. Die Garnelen vor dem Servieren noch 5 Minuten marinieren lassen.

ZUM SERVIEREN

- 10 g gerösteter Gerstentee (Mugicha)
- 16 kleine Stücke Grünkohl, in frischem Meerwasser blanchiert
- 28 Stückchen Queller
- 2 rosa Grapefruitfilets, auseinandergezupft
- 5 ml kalt gepresstes, helles Senföl

Den Gerstentee in einem Mörser zu einer groben Mischung zerstoßen. Die Garnelen mit dem Pulver würzen. 2 Garnelen in jede Suppenschale geben und den Grünkohl dazwischen anrichten. Den Queller um die Garnelen garnieren und die Grapefruit darüberstreuen. Etwas Melonensaft darübergeben und zum Schluss ein paar Tropfen Senföl darüberträufeln.

2005 arbeitete ich in Melbourne im »Circa« als Junior-Sous-Chef für ein bescheidenes Gehalt. Es fiel mir nicht leicht, meine Frau Natalia und unseren gerade geborenen Sohn Kobe zu ernähren. Obwohl ich meinen Job liebte, brauchte ich dringend besser bezahlte Arbeit. Ich bewarb mich in einem alten Pub in Richmond und war drauf und dran, Burger, Hühnchen und Pommes frites rauszuhauen, als ich las, dass ein neuer Küchenchef für das »Attica« gesucht wurde.

Die Anfänge im »Attica«

Damals lebten wir ganz in der Nähe des »Attica«. Ich hatte schon oft durch die Scheiben des meist recht leeren Restaurants geschaut und gedacht, dass es viel Potential, aber keine Seele besaß. Der Laden war noch völlig unbekannt, aber ich hatte so eine Vorahnung – die bescheidene Würde der alten roten Backsteinfassade sprach mich an. Ich konnte den Besitzer David Maccora so weit beeindrucken, dass ich den Job bekam, und verbrachte die nächsten drei Wochen damit, mir eine Speisekarte zu erträumen. Ich war immer schon sehr kreativ und musste mich wohl meiner ersten Stelle als Küchenchef genau so annähern.

Aus rein wirtschaftlichen Überlegungen hätte ich wahrscheinlich eine sichere Speisekarte mit klassischen Gerichten wie Risotto, Steak und Crème brûlée vorbereiten sollen, zumal das »Attica« am Stadtrand lag. Da aber die sicheren Gerichte in der Vergangenheit im »Attica« nicht funktioniert hatten, hörte ich auf meine innere Stimme und entschied mich, beeinflusst von meinen Lehrmeistern und meinen Lieblingsspeisen, für Gerichte wie rotes Curry, gedämpfte Schweinebäckchen, Mutters pochierte Quitten mit Gewürzen, als Vorspeise Innereien und Artischocken, als Appetizer eingelegte Pastinaken und eingelegte Zunge und eine Menüfolge mit sieben thailändischen Speisen. Drei Wochen lang arbeitete ich an dieser Speisekarte und feilte Abend für Abend nach dem Service weiter daran herum. Ich hatte meinen guten Freund Jason Chong, den ich im »Restaurant X« kennengelernt hatte, überredet, mir als Sous-Chef beizustehen. »Komm schon, Kumpel, das wird fantastisch. Nur du und ich. Das wird unsere Küche!«

Ich denke nicht, dass er eine Ahnung davon hatte, was wir alles anstellen mussten, nur um das erste Jahr zu überleben. Wir wussten beide nicht, was da alles auf uns zukommen würde oder wie groß dieser bescheidene Ort werden würde. Wir übernahmen die Küche am 28. August 2005 (einem Sonntag) um 15 Uhr und

verbrachten die ersten 20 Stunden damit, alles sauber zu machen, schliefen ein paar Stunden und schufteten danach die ganze Nacht durch, um nur etwa 50 Stunden später am Dienstag eröffnen zu können. Zu diesem Zeitpunkt hatten wir bereits Angst, dass wir es nicht schaffen würden, und hatten deshalb einen weiteren Freund, Supratim Adhikari, um Unterstützung gebeten. Je näher die Eröffnung rückte, desto mehr drehten wir durch, bis ein weiterer Freund, Josh Murphy, vorbeikam, um uns auszuhelfen. Bis wir das Menü für unsere ersten – und einzigen – Gäste an jenem Abend vorbereiteten, war unser Adrenalinspiegel bis zum Anschlag gestiegen. Es war die schwerste Bewirtung meines Lebens. Wir hatten gekocht und gekocht, und das für nur zwei Gäste. Überall stand Essen herum. Es war der blanke Wahnsinn.

Mir war nicht klar gewesen, wie ruhig es sein würde. Das »Attica« gab es schon zwei Jahre, bevor ich es übernommen hatte, und es steckte tief in der Krise. Wir hatten noch nicht mal zur Eröffnung die übliche Schar neugieriger Gäste. In den ersten drei Jahren gingen die Buchungszahlen ständig rauf und runter, und es gab viele tote Abende, die mir schlaflose Nächte bereiteten.

Die finanzielle Situation, in der Dave und ich mich befanden, hatte ich vorher nicht überblicken können. Wir steckten tief in den Schulden. Aber Aufgeben war keine Option. Wenn ich das Restaurant nicht zum Laufen brachte, was konnte ich dann überhaupt? David und ich mussten beide eine Familie ernähren. Das lastete schwer auf mir, während ich rund um die Uhr schuftete, um über die Runden zu kommen.

Ich würde sagen, dass ich in diesen Anfangsjahren einen unerhört hohen Standard setzte, was die Leidenschaft für dieses Restaurant betraf, und daher niemand, der sich nicht hundertprozentig einbrachte, eine Chance auf eine längerfristige Beschäftigung hatte. Ich hatte miterlebt, wie sich meine ehemaligen Chefs oder Lehrmeister geärgert hatten, wenn etwas nicht so funktioniert hatte, wie sie es geplant hatten, und hatte damals ihre Wut nicht wirklich nachvollziehen können. Doch als Küchenchef konnte ich plötzlich ihre Gefühle nachempfinden. Eines Abends rief mich Andrew McConnell, mein ehemaliger Küchenchef aus dem »Circa«, an und wollte wissen, wie es mir erginge. Es war an jenem Abend viel Arbeit gewesen und ich sagte ihm, dass ich nun verstehen könne, warum er damals oft so wütend gewesen wäre, und dass ich jetzt genauso empfinden würde. Andrew lachte, denn er wusste, dass dieses Gefühl der Unsicherheit und der Hilflosigkeit typisch war für alle Köche, die zum ersten Mal einer Küche vorstanden.

Am nächsten Mittwoch kamen vier Gäste, die einen Tisch bestellt hatten. Sie lasen die Speisekarte und erklärten dem Oberkellner: »Wer auch immer die Speisekarte geschrieben hat, muss wohl Drogen nehmen.« Danach verließen sie wortlos wieder das Restaurant. Ich weiß noch, wie sehr ich mich damals mit Fragen quälte wie: »Hab ich das Richtige gemacht? Bin ich überhaupt gut genug, um ein Restaurant zu führen?«

Am Freitag derselben Woche kamen wieder vier Gäste und setzten sich an Tisch sechs. Während des Essens sprachen sie kaum und am Ende fragten sie, ob ich an ihren Tisch kommen könne. Ich dachte, ich müsse mir jetzt schon wieder anhören, wie bescheuert meine Speisekarte sei, doch stattdessen sagten sie mir, wie außergewöhnlich das Menü gewesen sei. »Sie dürfen niemals von Ihrem Stil abweichen. Lassen Sie sich bloß nicht von anderen reinreden.« Mir kamen die Tränen. Diese einfache Ermutigung war mit das Wichtigste, das ich je gehört hatte, und als ich zurück in die Küche ging, um Jason davon zu erzählen, spürte ich eine neue Entschlossenheit. Wenn jemandem unsere Küche schmeckte, dann bestand immer noch Hoffnung.

In der Anfangszeit gab es nur Jason und mich und Supratim, der halbtags arbeitete. Wir spülten zwischen den einzelnen Gängen unsere Pfannen selbst, da wir weder eine Küchenhilfe hatten noch uns weitere Pfannen leisten konnten. Das Gleiche galt für die Teller. Du brauchst einen Teller? Dann spül einen. Ich hatte ständig aufgerissene Hände, und wenn wir unsere Arbeitsstunden zählten, kamen wir jeder für sich regelmäßig auf mehr als 105 Stunden pro Woche. Es fühlte sich an, als lebten wir in einem Tunnel, an dessen Ende es kein Licht gab. Ich untertreibe, wenn ich sage, dass Jason ein wichtiger Mensch in meinem Leben ist. Er ist einer der nettesten, am härtesten arbeitenden und loyalsten Menschen, die ich kenne, und trotz all meiner Fehler in diesem aufreibenden ersten Jahr sind wir immer noch gute Freunde.

Womit ich nicht gerechnet hätte – und was auch nie öffentlich bekannt wurde –, war und ist die Entschlossenheit meines Geschäftspartners David Maccora: Er gab einfach nicht auf. Selbst in den härtesten Zeiten, wenn wir glaubten, alles sei verloren, besaß er die charakterliche Größe, auf seine ruhige, nachdenkliche Art immer weiterzumachen. Wir beide besitzen eine ähnliche Do-it-yourself-Mentalität – David repariert und verändert Gerätschaften lieber selbst, um sie besser zu verstehen – und er bringt mit seinen Hamsterkäufen nach dem Motto »Schau, was ich auf E-Bay gefunden habe« ständig neue Ideen mit ein.

In David habe ich einen loyalen Freund gefunden, mit dem ich viele Überzeugungen teile, der Familienwerte hochhält, egal ob zu Hause oder im Restaurantteam, und der immer mit anpackt. David arbeitet als Notarzt häufig nachts und eilt dann nach seiner Schicht ins Restaurant, um bis zum Morgen kaputte Dinge zu reparieren. Er ist der stille Held des »Attica« und der einzige Mensch, den ich kenne, der völlig ohne Schlaf existieren kann.

Flusskrebs, Eigelb, wilde Zwiebeln

FÜR 4 PERSONEN – DIESES REZEPT BENÖTIGT EINEN TAG VORLAUFZEIT

Vor zwei Jahren hatte ich das Glück, Kris Coad kennenzulernen, eine der führenden Keramikerinnen Australiens. Mühsam hatte ich ihr Atelier aufgespürt. Als ich sie schließlich gefunden hatte, beäugte sie mich misstrauisch, weil ich gleich 120 Teller für mein Restaurant bestellen wollte. War ich ein Verrückter?

Inspiration kann viele Quellen haben, und ich fand die Gespräche mit Kris über Beschaffenheit, Farben und Formen von Keramik äußerst anregend. Als Künstlerin erschafft Kris mit ihren Arbeiten eine seltene Balance von Ästhetik und Funktionalität. Sie kann sich gut mitteilen, und in der wertvollen Zeit, die ich mit ihr verbracht habe, habe ich gemerkt, wie wenig ich eigentlich über einen so wichtigen und alltäglichen Teil meiner Arbeit wusste – über den Teller. Viele ihrer Entwürfe werden hier in diesem Buch gezeigt, darunter auch der Teller für dieses Gericht. Kris drückt es folgendermaßen aus: »Ich interessiere mich für die spirituellen und alltäglichen Rituale verschiedener Kulturen und für die Art, wie ein Objekt, ein Symbol, ein Abdruck oder ein Schatten emotionale Reaktionen hervorrufen können. Um die anthropologischen Gefühle hinter bestimmten Glaubensvorstellungen interpretieren zu können, kreiere ich kontemplative Objekte, die Stille und Schweigen in einer zunehmend komplexen Welt ausstrahlen.«

LAUCHASCHE

1 Stange Lauch, halbiert, gewaschen und getrocknet
4 g Sepiatinte

Die einzelnen Lauchblätter voneinander trennen und ohne Zugabe von Öl grillen, bis sie goldbraun sind. Die Lauchblätter in eine Schüssel geben und gut mit der Sepiatinte mischen. Anschließend den Lauch auf einem Rost eines Dörrgeräts verteilen und 14 Stunden bei 65°C dörren, bis er trocken und kross ist. Den Lauch bis zur weiteren Verwendung luftdicht verschlossen aufbewahren.

EIGELBCREME

4 Bio-Eigelb (von frei laufenden Hühnern)
5 ml weißer Aceto balsamico
2 ml Zitronensaft
2 ml Traubenkernöl
Tafelsalz nach Geschmack

Die Eigelbe in einen kleinen Beutel eines Kammer-Vakuumiergeräts* füllen und 30 Sekunden 100 Prozent vakuumieren. Anschließend die Beutel 2 Stunden in ein 65°C heißes, zirkulierendes Wasserbad oder in einen mit Wasser gefüllten Topf legen. Die Eigelbe mit dem Stabmixer mit dem Essig, dem Zitronensaft, dem Traubenkernöl und dem Salz zu einer glatten Creme verrühren, durch ein feines Sieb passieren und mit Backpapier bedeckt beiseitestellen, damit sich auf der Creme keine Haut bildet.

PROSCIUTTO-BRÜHE

35 g Schalotten, in hauchdünne Scheiben geschnitten
625 ml Wasser
110 g Bio-Chorizo, in dünne Scheiben geschnitten
110 g Bio-Prosciutto, in dünne Scheiben geschnitten
75 ml Wasser
feiner Zucker nach Geschmack
4 ml filtrierter Zitronensaft

In einem kleinen Stieltopf die Schalotten 1 Stunde in 550 ml Wasser köcheln.

Die Chorizo und den Prosciutto zugeben und weitere 45 Minuten köcheln, dabei alle 5 Minuten den Schaum abschöpfen. Mit Küchenkrepp die Fettaugen aufsaugen. Die Brühe durch ein feines, mit Gaze oder mit einem Passiertuch ausgelegtes Sieb in einen sauberen Topf gießen und die festen Bestandteile entfernen. 75 ml Wasser zugießen und mit 1 kleinen Prise Zucker und dem Zitronensaft abschmecken.

LAUCH

1 Stange Lauch
5 ml Traubenkernöl
Tafelsalz und Zitronensaft nach Geschmack
1 Portion Eigelbcreme (siehe linke Seite)
Lauchasche (siehe linke Seite) zum Bestreuen

Den Lauch waschen und den weißen Teil in zwei 5 cm lange Stücke schneiden. Den Rest für ein anderes Gericht aufbewahren. Den weißen Teil mit dem Traubenkernöl in einen Beutel eines Kammer-Vakuumiergeräts* füllen und 40 Sekunden 100 Prozent vakuumieren. Den Beutel anschließend in einen mit kaltem Wasser gefüllten Topf legen, das Wasser aufkochen und bei reduzierter Hitze 8 Minuten köcheln lassen.

Unmittelbar vor dem Servieren die beiden Lauchstücke längs halbieren und jeweils die beiden innersten Blätter entfernen, um eine Vertiefung für die Eigelbcreme zu schaffen. Den Lauch mit etwas Salz und ein paar Tropfen Zitronensaft würzen. Mit einem Spritzbeutel die Eigelbcreme in die Mitte jeder Lauchstange füllen und etwas Lauchasche darüberkrümeln.

FLUSSKREBS

2 lebende Marrone (à 250 g, australische Flusskrebse), gekühlt (siehe Krebstiere*)
ein paar Tropfen Traubenkernöl
feines Tafelsalz nach Geschmack
ein paar Tropfen Zitronensaft

Reichlich Wasser in einem großen Topf aufkochen. Die lebenden Marrone kopfüber in das kochende Wasser tauchen, mit einem Holzkochlöffel unter die Wasseroberfläche drücken und 30 Sekunden im kochenden Wasser blanchieren, um das Fleisch sauber aus der Schale auslösen zu können. Dann jeweils den Schwanz vom Kopf abdrehen. Die Marrone mit einer Tranchierschere vorsichtig entlang der beiden Seiten des Schwanzes aufschneiden, um das Fleisch aus der Schale zu lösen. Das Fleisch in einen Beutel eines Kammer-Vakuumiergeräts* füllen und 30 Sekunden 100 Prozent vakuumieren. Anschließend den Beutel 6 Minuten in ein 60°C heißes zirkulierendes Wasserbad oder in einen mit Wasser gefüllten Topf legen. Die gegarten Krebsschwänze längs halbieren, in eine Schüssel geben und mit Zitronensaft und Salz würzen.

ZUM SERVIEREN

4 Scheiben Lardo (gereifter italienischer Speck)
12 wilde Zwiebeln, leicht blanchiert
2 ml Traubenkernöl
Tafelsalz nach Geschmack
8 weiße Zwiebelblüten, Blütenblätter abgezupft
12 Kokihi-Spitzen (neuseeländischer Strandspinat)

Auf eine Tellerhälfte den gefüllten Lauch setzen und daneben je ein Stück Marron legen. Den Marron mit je einer Scheibe Lardo bedecken und diesen mit einem Küchengasbrenner leicht erwärmen, damit er schmilzt und den Flusskrebs glänzen lässt.

Die Prosciutto-Brühe leicht erwärmen und mit einem Löffel über den Flusskrebsstücken verteilen. Die wilden Zwiebeln mit etwas Öl und Salz anmachen und jeweils 3 Zwiebeln um den Flusskrebs anrichten. Mit Zwiebelblütenblättern und Kokihi-Spitzen bestreut servieren.

Shiitake-Pilze und Perlmuschelfleisch

FÜR 4 PERSONEN – DIESES REZEPT BENÖTIGT 1 TAG VORLAUFZEIT

Das Fleisch beziehungsweise der Schließmuskel der Perlmuschel (Pinctada maxima) ist zwar nur das Nebenprodukt der Perlenzucht, aber dennoch eine ausgesuchte Delikatesse. Austern, die keine Perlen mehr produzieren, werden auf den Zuchtfarmen ausgemustert und wegen ihres Fleisches und des Perlmutts vertrieben. Da jedes Jahr nur kleine Mengen Perlmuschelfleisch angeboten werden, lag der Preis für ein Kilo frisches Fleisch in Australien 2012 bei 120 Dollar, in Asien wird getrocknetes Perlmuschelfleisch für 400 Dollar pro Kilo angeboten. Das weiße Perlmuschelfleisch kann roh gegessen werden – es schmeckt süßlich mit einer leicht salzigen Note. Damit hat es einen ähnlichen Geschmack wie das Fleisch der Abalone oder der Jakobsmuschel.

Unser Pelmuschelfleisch wird von der Familie Paspaley produziert, die etwa zwanzig Perlenzuchten entlang der 2500 Kilometer langen, fast unbewohnten Küste zwischen der Cobourg-Halbinsel im Nordosten von Darwin und Dampier in Westaustralien besitzt. Die Zuchtfarmen befinden sich in vor Wirbelstürmen geschützten Buchten mit hervorragender Wasserqualität. Die seltenen, außerordentlich großen Muscheln der Art *Pinctada maxima*, die Südseezuchtperlen produzieren, sind einzelgängerische und sensible Tiere. In den von Umweltverschmutzung verschonten Gewässern ernähren sich die Austern von einem reichen Angebot an mikroskopisch kleinem Plankton.

Die Paspaleys waren die ersten, die erkannten, wie sensibel diese großen Perlaustern sind. Daher wurden die abgelegenen Zuchtgebiete auch sorgfältig nach ihrer Unberührtheit von Umwelteinflüssen ausgesucht, um den Tieren, deren Perlen zu den schönsten weltweit zählen, optimale Aufzuchtbedingungen zu bieten. Viele der Zuchtstätten befinden sich in oder angrenzend an Nationalparks, geschützte Meereszonen und Gebieten der Aborigines und verfügen daher über spezielle Umweltmanagementpläne, die den Schutz der Natur gewährleisten. Sämtliche Farmen werden wie Tier- und Pflanzenreservate behandelt, zudem werden Kultur und Rechte der Aborigines geachtet. Aufgrund der intakten Natur verfügen die Zuchtfarmen über eine ungeheure Artenvielfalt, und in den Küstengewässern tummeln sich Haie, große Mantarochen, Krokodile und zahllose Fischarten. In der Luft kreisen weißbrüstige Seeadler, Gabelweihen und Fischadler, und an Land gibt es die neugierigen Beuteltiere und die Reptilien, für die Australien bekannt ist. Die Paspaleys bewirtschaften ihre Zuchtfarmen nachhaltig und beseitigen jeglichen Abfall umweltgerecht.

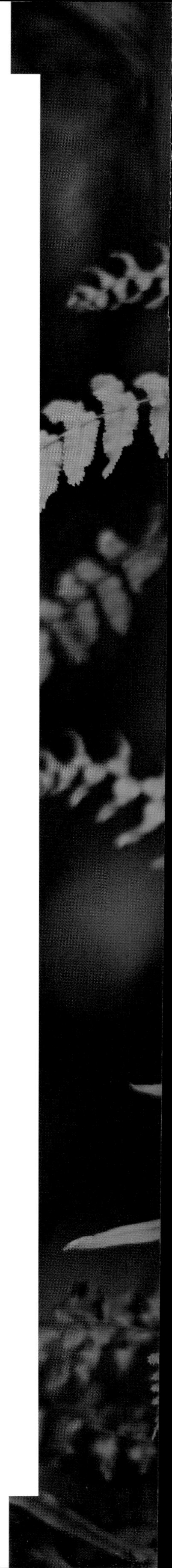

SHIITAKE-PILZBRÜHE

135 g Shiitake-Pilze (Otway Forest) mit Stielen
350 ml Wasser
1 g getrocknete Kombu-Alge,
kurz unter kaltem Wasser abgespült
0,5 g Bonitoflocken (Katsuobushi)
15 ml helle thailändische Sojasauce
(vorzugsweise »Healthy Boy Brand«)
1 Prise Tafelsalz
1 Prise feiner Zucker
0,5 g Xanthan (gentechnikfrei)*

Die Pilze in dünne Scheiben schneiden und mit dem Wasser in einen Beutel eines Kammer-Vakuumiergeräts* füllen und 100 Prozent vakuumieren. Dabei darauf achten, dass das Wasser nicht zu sehr blubbert und ausläuft. Den Beutel anschließend in einem 70°C heißen, zirkulierenden Wasserbad oder in einem mit Wasser gefüllten Topf 3 Stunden garen. Auf Raumtemperatur abkühlen lassen und mindestens 24 Stunden im Kühlschrank marinieren lassen, damit die Pilze ihr Maximum an Aroma abgeben können.

Die Brühe durch ein feines Sieb abgießen und die Pilze im Sieb mit der Unterseite einer Schöpfkelle ausdrücken, um möglichst viel Flüssigkeit herauszupressen. Die Pilze für ein anderes Gericht beiseitestellen. (Sie haben zwar nicht mehr sonderlich viel Aroma, aber eine wunderbare Konsistenz. Ich verwende sie immer für ein Mitarbeiteressen im »Attica«, das aus Reis, Schweinefüßchen und Austernsauce besteht.) Die Brühe durch ein Passiertuch abseihen.

In einem kleinen Stieltopf die Pilzbrühe mit der Kombu-Alge auf 70°C erwärmen und 15 Minuten ziehen lassen. Dabei immer wieder die Temperatur kontrollieren, denn die Brühe sollte auf keinen Fall heißer als 80°C werden. Nach 15 Minuten den Topf vom Herd nehmen und die Bonitoflocken 5 Minuten darin ziehen lassen. Die Brühe durch ein Passiertuch abgießen und mit der Sojasauce, Salz und Zucker würzen.

Die Brühe in einen 1-l-Messbecher füllen und einen Stabmixer so in das Gefäß führen, dass die Luft, die sich unter den Klingen befindet, entweichen kann, um nicht unnötig Luftblasen unter die Brühe zu mischen.

Den Stabmixer auf kleinster Stufe einschalten, damit kein Strudel entsteht, der Luft anziehen könnte. Bei laufendem Mixer nach und nach das Xanthan zugeben. Dabei am besten mit einem langen Löffel sachte gegen den Rand des Gefäßes klopfen. Anschließend erneut abschmecken, die Brühe durch ein feines Sieb gießen und beiseitestellen.

PERLMUSCHELFLEISCH UND SHIITAKE-PILZE

70 ml Traubenkernöl
12 kleine Shiitake-Pilze (Otway Forest) ohne Stiele
Tafelsalz nach Geschmack
100 g Perlausternfleisch von Pinctada maxima,
in hauchdünne Scheiben geschnitten
2 ml Zitronensaft

Kurz vor dem Servieren einen kleinen Wok auf mittlerer Stufe vorwärmen. 50 ml Traubenkernöl hineingeben und die Pilze mit 1 Prise Salz 35 Sekunden sautieren. Die Pilze anschließend in einem kleinen Sieb abtropfen lassen und überschüssiges Öl entfernen. Sie sehen noch roh aus, garen jedoch noch weiter, wenn sie mit der Brühe übergossen werden.

Eine beschichtete Pfanne stark erhitzen. Das Perlmuschelfleisch in eine Schüssel geben und mit dem restlichen Traubenkernöl und etwas Salz mischen. Das Muschelfleisch 10 Sekunden in der Pfanne braten. Die Pfanne dabei unablässig schwenken, damit das Muschelfleisch keine Farbe annimmt. Das Muschelfleisch zurück in die Schüssel geben, den Zitronensaft darüberträufeln und erneut abschmecken.

ZUM SERVIEREN

12 g Brokkoliknospen
12 Brunnenkresseblätter mit Stielen
0,5 g Osmanthus-Blütenblätter
0,5 g Chrysanthemen-Blütenblätter

Die Shiitake-Pilzbrühe sanft erhitzen (ohne zu kochen) und die Brokkoliknospen hineingeben. Auf jedem Teller einen Shiitake-Pilz und etwas Perlmuschelfleisch anrichten und mit 1 EL Brühe übergießen. Diesen Vorgang wiederholen, bis Pilze und Muschelfleisch aufgebraucht sind. Zum Schluss noch etwas Brühe darübergeben, den Teller mit den Brunnenkresseblättern garnieren und mit den Blütenblättern bestreuen.

Schlüsselkrabbe und Artischockenblätter

FÜR 4 PERSONEN – DIESES REZEPT BENÖTIGT 1 TAG VORLAUFZEIT

Wie schmecken rundköpfige Artischocken eigentlich wirklich? Warum entfernt man immer die Hüllblätter und wirft sie weg? Wie viele von uns kennen eigentlich die ganze Artischocke?

In den meisten Gerichten schmeckt die Artischocke entweder nach Zitrone, nach Essig oder nach Olivenöl oder einer Kombination dieser drei Zutaten. Mich hat diese Zubereitungsart immer sehr frustriert, denn ich liebe Rezepte, in denen man jede einzelne Zutat schmeckt. Letztes Frühjahr bin ich also zur Artischockenzeit noch mal losgezogen, um dieses Gemüse genauer kennenzulernen.

Wir vergeuden niemals essbare Pflanzen- oder Obstteile – sämtliche Reste und essbare Abfälle werden zerkleinert und als Kompost für unseren Küchengarten im »Rippon Lea Estate« verwendet.

SCHLÜSSELKRABBE

1 lebende Schlüsselkrabbe (800 g), gekühlt (siehe Krebstiere*)
4 ml Traubenkernöl
Zitronensaft, Weißweinessig und Tafelsalz nach Geschmack

Reichlich Wasser in einem großen Topf aufkochen. Die lebende Schlüsselkrabbe kopfüber in das kochende Wasser tauchen, mit einem Holzkochlöffel unter die Wasseroberfläche drücken und 30 Sekunden im kochenden Wasser blanchieren, um das Fleisch sauber aus der Schale auslösen zu können. Anschließend die Beine vom Rumpf abtrennen und alles in einen Dampfgarer geben. Scheren und Beine 5 Minuten garen und den Rumpf – je nach Gewicht der Krabbe – etwa 15 Minuten. Die Krabbenteile 20 Minuten auf Raumtemperatur abkühlen lassen, dann im Kühlschrank 1½ Stunden kalt stellen. Danach das Fleisch aus Scheren, Beinen und dem Rumpf lösen und zum Anrichten mit etwas Traubenkernöl, ein paar Tropfen Zitronensaft, Essig und Salz würzen.

ARTISCHOCKE

1 Zitrone
1 l kaltes Wasser
8 große rundköpfige Artischocken

Die Zitrone halbieren und über dem Wasser ausdrücken. Die Artischocken vorbereiten und dafür die harten äußeren Hüllblätter entfernen und die Blattspitzen abschneiden. Mit einem Kugelausstecher oder einem spitzen Teelöffel das Heu aus der Mitte herausschaben. Die zarten gelben Blätter vorsichtig auslösen und in das Zitronenwasser legen. Eventuell violett verfärbte Blattspitzen sind ungenießbar und sollten mit der Schere abgeschnitten werden. Die Blätter bis zur weiteren Verwendung im Kühlschrank aufbewahren und vor dem Servieren mit Küchenkrepp trocken tupfen.

Zurück bleiben Artischockenboden und Stiel. Mit einem Sparschäler den dunkelgrünen Teil des Stiels schälen, bis das zarte weiße Fleisch des Stiels sichtbar wird. Stiel und Boden innerhalb von 15 Minuten pürieren.

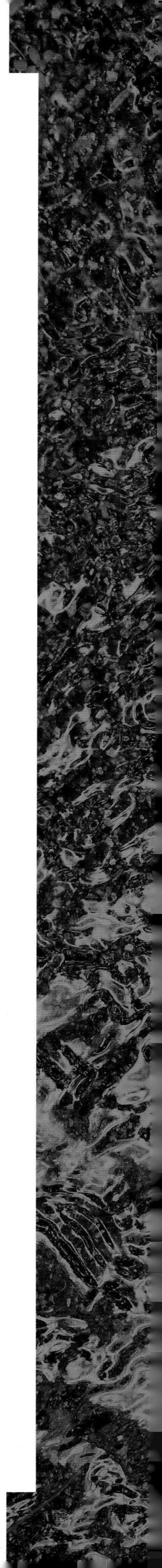

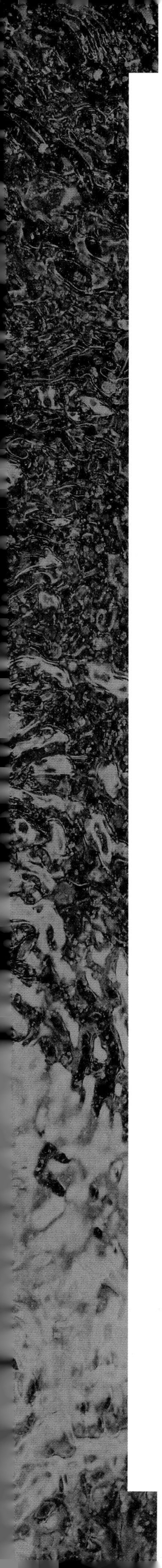

ARTISCHOCKENPÜREE

30 ml Traubenkernöl
8 Artischockenböden und Stiele
(siehe linke Seite), in dünne Scheiben geschnitten
Tafelsalz nach Geschmack
125 ml Wasser

Das Traubenkernöl in einem mittelgroßen Stieltopf auf kleiner Flamme erwärmen und die Artischockenscheiben mit 1 Prise Salz 15 Minuten sanft anschwitzen, bis sie weich sind, aber noch keine Farbe angenommen haben. Das Wasser zugeben und 5 Minuten köcheln lassen.

Den Topf vom Herd nehmen, den Inhalt in einen Standmixer geben und auf höchster Stufe 5 Minuten zu einem glatten Püree verarbeiten. Abschmecken und das Püree durch ein feines Sieb passieren. Mit Backpapier abdecken, damit sich keine Haut bildet, und in einem luftdicht verschließbaren Behälter aufbewahren.

BUTTERMILCH

100 ml selbst gemachte Buttermilch (siehe Seite 18,
die Buttermilch muss am Vortag zubereitet werden)
1 kleine frische Wasabi-Wurzel
Tafelsalz nach Geschmack

Die Buttermilch in eine kleine Schale gießen und mit der feinen Klinge einer Microplane-Reibe eine winzige Menge Wasabi (die Wurzel ca. 2-mal über die Reibe streichen) darüberreiben. Mit Salz würzen und mit einem Schneebesen aufschlagen. Der Wasabigeschmack sollte kaum wahrnehmbar sein.

ZUM SERVIEREN

30 ml kalt gepresstes Macadamianussöl
Meersalzflocken nach Geschmack
ein paar Tropfen Zitronensaft
60 kleine Thymianspitzen (Blätter und Blüten)

Die Artischockenblätter mit etwas Macadamianussöl, Salz und Zitronensaft anmachen. Das Artischockenpüree in einem kleinen Stieltopf auf kleiner Flamme erwärmen, abschmecken und jeweils 1 EL Püree in die Mitte eines jeden tiefen Tellers geben. Die Hälfte der Artischockenblätter mit der hohlen Seite nach oben auf dem Püree verteilen und in jede Blattmulde ein kleines Stück Krabbenfleisch legen. Das Krabbenfleisch wiederum mit den restlichen Artischockenblättern (dieses Mal mit der hohlen Seite nach unten) bedecken.

Außenherum jeweils 1 TL Buttermilch träufeln und die Teller mit ein paar Thymianblüten und Blättern, ein paar Tropfen Macadamianussöl und ein paar Meersalzflocken garnieren.

Hohe Rippe vom Rind, eingelegte Gurken und Eichenfassweinsalz

FÜR 4 PERSONEN

Mit neunzehn reiste ich sieben Monate lang durch die USA und lernte dort das echte amerikanische Barbecue kennen. Für mich als Jungkoch aus Neuseeland war die Verwendung von Holz und Rauch zum langsamen Garen des Fleisches absolutes Neuland und so faszinierend, dass ich seitdem mit Holz und Kohle experimentiere, um damit Zutaten zu räuchern, zu parfümieren und manchmal sogar anbrennen zu lassen.

In den letzten sieben Jahren habe ich vier verschiedene Smoker zum Kalträuchern gebaut. Grillen und Räuchern macht unheimlich viel Spaß, denn der eigenen Fantasie sind dabei keine Grenzen gesetzt. Den ersten Smoker habe ich mit meinem Vater Rob aus einem alten, kaputten Kühlschrank gebaut. Es tat uns so leid, das alte Ding einfach wegzuwerfen, dass wir in der Nachbarschaft alle möglichen Bauteile zusammenklaubten – eine Trommel (mit einem Fassungsvermögen von 200 Litern) von einem ortsansässigen Mechaniker, Blechrohre von einem Klempner aus der Nachbarschaft – und 25 Dollar später und dank der Hilfe meines Winkelschleifers war der erste Räucherofen des »Attica« fertig. Trotz seines merkwürdigen Äußeren hielt der alte Kühlschranksmoker ein paar Jahre, bevor er schließlich dahinschmolz.

Den nächsten Smoker bauten wir aus einem alten chinesischen Dim-Sum-Dampfgarer, den mein Geschäftspartner David bei E-Bay ersteigert hatte. Der »Dimmy«, wie wir ihn nannten, war etwa ein Jahr in Gebrauch, bevor wir uns professionell ans Kalträuchern wagten. Normalerweise geschieht das Kalträuchern bei Temperaturen zwischen 26°C und 35°C, was mir nie sonderlich kalt erschien, sondern eher wie eine Variante des Warmräucherns. Dabei war ich sicher, dass sich bei geringeren Temperaturen und einem dadurch verlängerten Räucherprozess der aromatische Räuchergeschmack noch intensivieren ließe. Auf diese Weise müssten sich auch hitzeempfindliche Speisen wie Molkekäse oder kalt gepresste, native Öle räuchern lassen. Schließlich erstand David einen sehr großen, voll funktionsfähigen Kühlschrank aus Edelstahl, den uns ein Elektriker an der Rückwand unseres Restaurants installierte. Anschließend bauten wir einen computergesteuerten Ventilator ein, um den Rauch besser aus dem Ofen in die Räucherkammer zu lenken, und einen Kamin, damit der Rauch auch wieder abziehen konnte: Eine Räucherkammer zum Kalträuchern, mit deren Hilfe wir nun Speisen sogar 40 Stunden lang räuchern können, ohne dass die Temperatur über 5°C steigt.

Unsere neueste Erfindung ist jedoch ein Räucherröstofen, dessen Räucherkammer mit Gas auf etwa 120°C erhitzt wird und damit absolut perfekt ist, um Rinderbrust, -schulter und -rippen zu rösten und zu räuchern. Das hat zwar nichts mehr mit dem authentischen amerikanischen Barbecue zu tun, doch das Ergebnis ist köstliches, zartes, geräuchertes Fleisch mit einer karamellisierten Kruste.

GERÄUCHERTE UND GERÖSTETE HOHE RIPPE VOM RIND

1,2 kg hohe Rippe vom Rind (mit Knochen und Fettrand)
Meersalzflocken zum Einreiben
9 kg Räucherkohle*
4 kg Hickory-Holzchips*, mindestens 30 Minuten in kaltes Wasser eingelegt, zum Räuchern

Dies ergibt mehr, als für dieses Gericht benötigt wird, aber warum sollte man etwas so Köstliches nur in kleinen Mengen herstellen?

Das Fleisch vor dem Zubereiten 1 Stunde auf Raumtemperatur erwärmen. Die Hälfte der Kohle in einen Räucherofen geben (je nach Größe des Räucherofens), ein paar Holzspäne darüberstreuen und anzünden. Ich bevorzuge dafür einen Küchengasbrenner, da Benzinfeuerzeuge häufig den Geschmack der Speisen verderben.

Das Fleisch gründlich mit Salz einreiben und beiseitestellen.

Eine mit Wasser gefüllte Schüssel in den Räucherofen stellen, um alles feucht zu halten. Sobald das Feuer heruntergebrannt ist und die Kohle langsam weiß wird, erneut eine gute Hand voll Holzspäne in die Glut geben. Die Rippen mit der Fettseite nach oben auf den Rost legen und 8 Stunden räuchern.

In dieser Zeit immer wieder frische Kohle, Holzspäne und Wasser nachfüllen. Der Räucherprozess sollte sehr langsam vonstattengehen und erfordert daher ein bisschen Geduld. Wahre Kenner des Barbecues behaupten, dass ein gutes Barbecue keine Tätigkeit ist, sondern einfach ein Zustand.

Um zu prüfen, ob die Rippen zart sind, mit der Gabel in die dickste Stelle einstechen. Das Fleisch ist fertig, wenn die Gabel ganz leicht eindringen kann. Die Rippen aus dem Räucherofen nehmen, in Folie wickeln und vor dem Tranchieren 20 Minuten an einem warmen Ort ruhen lassen.

EICHENFASSWEINSALZ

1 g Holzspäne (von einem Eichenfass für Rotwein)
25 ml vollmundiger Rotwein (gleiche Herkunft wie das Fass)
25 g Salzflocken (Murray River Salt)
lebensmittelechtes Sägemehl* zum Räuchern

Alljährlich sortieren die Winzer tausende gebrauchter Eichenholzfässer aus, nachdem diese als Weinfässer ausgedient haben. Ich glaube nicht, dass mein Rezept eine Lösung für dieses Problem darstellt, aber immerhin schenkt es etwas wertlos Gewordenem noch einmal einen gewissen Wert. Und außerdem ist solch ein Weinfass eine hübsche Alternative zu den üblichen Gartenpflanzkübeln.

In einer kleinen Schale die Eichenfassholzspäne 2 Stunden in dem Wein einweichen und dann im Mörser zu einer Paste zerreiben. Die Paste vorsichtig mit dem Salz mischen, um nicht zu viele Salzflocken zu zerstören. Die Salzmischung in eine kleine Edelstahlschale geben und diese in einem Smoker zum Kalträuchern (unter Verwendung des Sägemehls) 45 Minuten bei 2°C räuchern.

Anschließend die Salzmischung auf einem Blech verteilen und in einem Dörrgerät 2 Stunden bei 68°C trocknen lassen und danach luftdicht verschlossen bis zum Servieren aufbewahren.

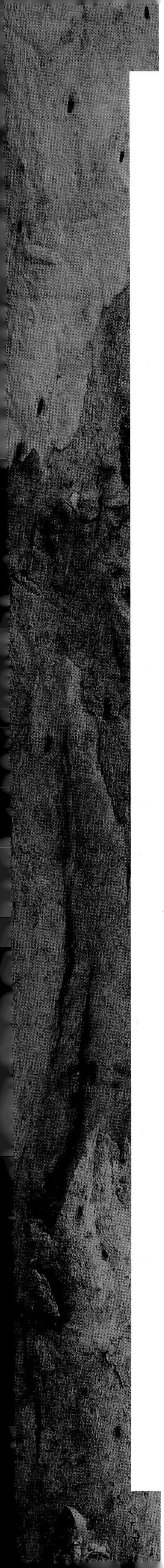

EINGELEGTE GURKEN

- 60 ml Weißweinessig
- 5 g Meersalzflocken
- 5 g feiner Zucker
- 2 Gewürznelken
- 2 g Knoblauch, klein gehackt
- 2 g Dillspitzen, klein gehackt
- 2 Mini-Salatgurken

In einem mittelgroßen Stieltopf Wasser aufkochen und köcheln lassen. In einer Schüssel den Essig, das Salz, den Zucker, die Nelken, den Knoblauch und den Dill vermengen. Die Gurken mit dem Essigsud in einen kleinen Beutel eines Kammer-Vakuumiergeräts* füllen und 20 Sekunden 100 Prozent vakuumieren. Anschließend den Beutel 5 Minuten ins köchelnde Wasser geben. Den Beutel unter fließend kaltem Wasser 5 Minuten abkühlen und danach 2 Stunden bei Raumtemperatur ruhen lassen.

Zum Anrichten die Gurken längs vierteln und erst dann aus dem Essigsud nehmen.

MEERRETTICHAPFEL

- 1 Apfel (Cox Orange)
- 1 kleine Prise natürliches Vitamin-C-Pulver*
- 1 g frisch geschälten und geriebenen Meerrettich
- 1 kleine Prise Apfelpektin*

5 Minuten vor dem Servieren den Apfel schälen, grob reiben und mit dem Vitamin-C-Pulver bestreuen, damit er sich nicht verfärbt. Den geriebenen Apfel mit dem Meerrettich mischen und 2 Minuten ruhen lassen, bis etwas Saft austritt. Den Saft in eine kleine Schale abgießen und gleichmäßig mit dem Pektin bestreuen. Mit der Unterseite eines Löffels das Pektin untermischen, bis eine glatte Paste entsteht und diese unter den geriebenen Apfel mischen. Das Pektin sorgt dafür, dass beim Servieren kein Saft aus dem geriebenen Apfel austritt.

ZUM SERVIEREN

- 4 Blüten von wilden Zwiebeln (mit 10 cm Stiel)
- 4 Löwenzahnblüten, Blütenblätter abgezupft
- 4 Löwenzahnblätter
- 4 Brunnenkresseblätter (mit 10 cm Stiel)
- 12 frische Pollenspitzen von wildem Fenchel

Den Backofen auf 140°C vorheizen. Das Fleisch im Ofen sanft erwärmen und die Teller vorwärmen.

Jeweils 1 TL Meerrettichapfel auf die linke Seite der Teller geben und die eingelegte Gurke rechts anrichten. Darüber den Dill und die bitteren Salatblätter garnieren. Jeweils ein Stück Fleisch auf den Spiegel aus Meerrettichapfel legen und das Fleisch und den Teller mit etwas Eichenfassweinsalz bestreuen. Zum Abschluss den Teller mit ein paar Fenchelpollenspitzen garnieren.

Entenbrust, Rote-Bete-Saft, Trockenbeeren, Kakaomasse

FÜR 4 PERSONEN

GERÄUCHERTER ROTE-BETE-SAFT

150 ml frisch gepresster und passierter Rote-Bete-Saft
lebensmittelechtes Sägemehl* zum Räuchern
150 ml goldener Hühnerfond (siehe Basics)
50 ml Banyuls-Essig*
25 ml Zitronensaft
0,1 g zerstoßene schwarze Pfefferkörner
Tafelsalz nach Geschmack
1,2 g Xanthan*

Den Rote-Bete-Saft in eine Edelstahlschüssel gießen, diese in einen Smoker zum Kalträuchern stellen und mit Hilfe des Sägemehls 30 Minuten bei 4°C räuchern. Die Entenbrühe erhitzen und mit dem Rote-Bete-Saft mischen. Den Essig, den Zitronensaft und den Pfeffer untermischen. Die Ausgewogenheit der Aromen prüfen und eventuell nachwürzen. Der Saft sollte zugleich ein wenig süß und säuerlich schmecken. Für einen etwas herzhafteren Geschmack eventuell noch etwas Salz zugeben.

Mit einem Stabmixer das Xanthan einrühren, bis der Saft etwas eindickt. Erneut abschmecken, den Saft durch ein feines Sieb passieren und zugedeckt bei Raumtemperatur ruhen lassen.

ENTENBRUST

2 Bio-Entenbrüste (à 220 g)
25 g gesalzene Butter, in dünne Stücke geschnitten
1 frisches Lorbeerblatt, halbiert

Mit einem Ausbeinmesser die Haut der Entenbrüste abziehen und entfernen. Jede Brust mit etwas Butter und einem halben Lorbeerblatt in einen separaten Beutel eines Kammer-Vakuumiergeräts* füllen und 100 Prozent vakuumieren. Die Entenbrüste auf Raumtemperatur erwärmen und anschließend in den Beuteln 7 Minuten in ein 64°C heißes, zirkulierendes Wasserbad oder in einen mit Wasser gefüllten Topf geben. Die Beutel wenden und weitere 7 Minuten im Wasserbad pochieren. Die Beutel aus dem Wasserbad nehmen und vor dem Öffnen 8 Minuten an einem warmen Ort ruhen lassen.

ZUM SERVIEREN

4 große gelbstielige Mangoldblätter
10 ml mildes Olivenöl extra vergine
Meersalzflocken nach Geschmack
10 g gefriergetrocknete Brombeeren*, leicht zerstoßen
10 g gefriergetrocknete Himbeeren*, leicht zerstoßen
4 g Kakaomasse*, gerieben
60 Knoblauchblüten
4 Chicorée-Blätter, halbiert

In einem mittelgroßen Stieltopf Salzwasser aufkochen, den Mangold darin 30 Sekunden blanchieren, anschließend gut abtropfen lassen und mit Küchenkrepp trocken tupfen. Die Stiele aus den Blättern herausschneiden und die oberen Teile der Stiele beiseitelegen. Auf jeden Teller ein Blatt legen und etwas Olivenöl und Salz daraufgeben.

Den geräucherten Rote-Bete-Saft sanft erhitzen. Die Enden der langen Seiten der Entenbrüste gerade schneiden, die Brüste halbieren, salzen und auf Küchenkrepp abtropfen lassen.

Auf jedem Teller eine halbe Entenbrust anrichten und mit einem Löffel etwas Rote-Bete-Saft darübergeben. Die zerstoßenen Beeren mischen und mit einem Löffel auf den Entenbrüsten verteilen. Mit Kakaomasse und Knoblauchblüten bestreuen und zum Abschluss mit einem Mangoldstiel und einem Chicorée-Blatt garnieren.

Southern Rock Lobster, Zitronenmelisse, Zitronenöl

FÜR 4 PERSONEN – DIESES REZEPT BENÖTIGT 4 TAGE VORLAUFZEIT

ZITRONENÖL

1 Bio-Zitrone
150 ml mildes Olivenöl extra vergine

Die Schale der Zitrone in breiten Streifen abschneiden (die Zitrone für ein anderes Gericht aufbewahren) und in ein kleines Weckglas geben, mit dem Olivenöl bedecken, das Glas mit einem Deckel verschließen und die Schalen mindestens 4 Tage bei Raumtemperatur im Öl ziehen lassen. Sobald das Öl ein angenehmes Zitronenaroma angenommen hat, sollte es im Kühlschrank aufbewahrt werden.

SCHINKENSALZ

50 g Bio-Prosciutto, in hauchdünne Scheiben geschnitten und vom Fettrand befreit
Meersalzflocken nach Geschmack

Den Prosciutto bei 60°C in einem Dörrgerät oder in einem Ofen 15 Stunden trocknen, bis er knusprig ist. Danach den Schinken im Mörser grob zerreiben. Mit dem Salz vermischt luftdicht verschlossen bis zum Servieren aufbewahren.

HÜHNERBOUILLON MIT ZITRONENMELISSE

500 ml leichte helle Hühnerbrühe (siehe Basics)
2 g getrockneter Blasentang (siehe Anmerkungen)
50 g Zitronenmelisseblätter (mit Stengeln)
30 ml helle thailändische Sojasauce (vorzugsweise »Healthy Boy Brand«)
15 ml japanischer Dashi-Essig
Tafelsalz nach Geschmack
2 g fein gemahlenes Reismehl (siehe Anmerkungen)

Die Brühe auf 70°C erhitzen und den Blasentang und die Zitronenmelisse 15 Minuten darin ziehen lassen. Die Brühe durch ein mit Gaze oder mit einem Passiertuch ausgelegtes Sieb in einen sauberen Stieltopf abseihen, die Sojasauce und den Essig zugeben und abschmecken. Eine Schöpfkelle voll Brühe in einem separaten kleinen Stieltopf bis zum Siedepunkt erhitzen, das Reismehl einrühren und 3 Minuten köcheln lassen. Die angedickte Brühe durch ein feines Sieb passieren und zurück zum Rest der Brühe geben. Mit einem Schneebesen vorsichtig umrühren, bis die gesamte Brühe ganz leicht angedickt ist.

ANMERKUNGEN: Für den getrockneten Blasentang 200 g frischen Blasentang 1½ Stunden im 100°C heißen Ofen trocknen lassen. Fein gemahlenes Reismehl ist in asiatischen Lebensmittelgeschäften erhältlich.

SOUTHERN ROCK LOBSTER

1 lebender Southern-Rock-Hummer (etwa 1 kg), gekühlt
20 ml Traubenkernöl
Tafelsalz nach Geschmack
5 ml Zitronensaft

Reichlich Wasser in einem großen Topf aufkochen. Den lebenden Hummer kopfüber in das kochende Wasser tauchen, mit einem Holzkochlöffel unter die Wasseroberfläche drücken und 15 Sekunden kochen. Den Hummer anschließend herausnehmen, abtropfen lassen und den Kopf vom Rumpf trennen. (Die Scheren für ein anderes Gericht aufbewahren.) Mit einer Tranchierschere vorsichtig an beiden Seiten des Schwanzes entlangschneiden, um das Fleisch aus der Schale zu lösen und um es in 4 gleich große Portionen zu teilen. Kurz vor dem Anrichten jedes Stück mit ein wenig Traubenkernöl bepinseln, mit Salz bestreuen und 10 Sekunden in einer vorgeheizten, beschichteten Pfanne braten. Anschließend das Fleisch in einen kleinen Beutel eines Kammer-Vakuumiergeräts* füllen und 30 Sekunden 100 Prozent vakuumieren. Den Beutel danach 7 Minuten in ein 60°C heißes, zirkulierendes Wasserbad oder in einen mit Wasser gefüllten Topf legen, bis das Fleisch gerade gar ist. Das Hummerfleisch aus dem Beutel nehmen, jedes Stück mit ein paar Tropfen Zitronensaft beträufeln, abschmecken und sofort servieren.

ZUM SERVIEREN

40 winzige Zitronenmelisseblätter
8 Brokkoliniblütenstiele, geschält
ein paar Tropfen Olivenöl extra vergine
Tafelsalz nach Geschmack

Jeweils ein Stück Hummerfleisch in die Mitte jeder Suppenschale legen und mit Schinkensalz und ein paar Zitronenmelisseblättchen bestreuen. Die mit Olivenöl und Tafelsalz marinierten Brokkolinistiele jeweils auf dem Hummerfleisch verteilen. Die heiße Hühner-Zitronenmelisse-Brühe um den Hummer herumgießen und zum Schluss ein paar Tropfen Zitronenöl darübergeben.

Schweineschwanz, rote Melone, Strandspinat

FÜR 4 PERSONEN – DIESES REZEPT BENÖTIGT 1 TAG VORLAUFZEIT

Um an Bio-Schweineschwänze zu kommen, mussten wir zunächst den Schlachter unserer Schweine überreden, seinen ganzen Arbeitsablauf zu ändern. Traditionell wird das Schwein von Kopf bis Schwanz aufgeschlitzt – für dieses Rezept musste er den Schwanz zunächst von Hand auslösen.

SCHWEINESCHWANZ

- 50 g Fenchelsamen
- 2,5 g Wacholderbeeren
- 2,5 g weiße Pfefferkörner
- 1 g Sternanis
- 1 g Pimentkörner
- 0,5 g Gewürznelken
- 150 g Tafelsalz
- 4 Bio-Schweineschwänze (à ca. 130 g)

Den Backofen auf 150°C vorheizen. Sämtliche Gewürze miteinander vermischen und 4 Minuten im Ofen rösten. Die Gewürze abkühlen lassen, in einer Gewürzmühle mahlen und in einer Schüssel mit dem Salz vermischen.

Die Schweineschwänze auf einen kleinen Teller legen und mit dem Gewürzsalz bedecken. Zugedeckt 6 Stunden im Kühlschrank ziehen lassen.

Einen Dampfgarofen auf 85°C vorheizen. Die Schweineschwänze unter fließend kaltem Wasser abspülen und trocknen. Danach die Schweineschwänze in einen Beutel eines Kammer-Vakuumiergeräts* füllen und 45 Sekunden 100 Prozent vakuumieren. Den Beutel auf einen perforierten Rost des Dampfgarofens legen und 12 Stunden im Ofen garen. Den Beutel anschließend 30 Minuten abkühlen lassen.

Den noch heißen Beutel öffnen und die Schweineschwänze abtropfen lassen. Mit einem kleinen Messer die Schweineschwänze vorsichtig längs aufschlitzen und die Knochen entfernen. 2 Schwänze mit der Hautseite nach unten auf ein kleines, flaches Blech legen und darauf die anderen beiden Schwänze mit der Hautseite nach oben legen. Das Ganze mit einem weiteren, mit Gewichten beschwerten Blech abdecken und die Schweineschwänze leicht pressen. Die Schweineschwänze mit dem Gewicht 4 Stunden in den Kühlschrank stellen. Zum Schluss die Schweineschwänze vom Blech nehmen, an den Rändern gerade schneiden und in 4 Portionen teilen.

SCHWEINEBLUTPÜREE

- 125 g Zwiebeln, fein gehackt
- 40 ml Traubenkernöl
- 125–175 g gekochter Reis
- 125 g Bio-Schweinefett, tiefgefroren
- 125 ml frisches Schweineblut
- 5 g Tafelsalz
- 4 g frisch gemahlener schwarzer Pfeffer
- 10 g süßes Paprikapulver
- 5 g geräuchertes Paprikapulver
- 0,75 g Zimtpulver
- 0,5 g gemahlene Gewürznelken
- 0,5 g getrockneter Oregano, zerrieben

In einem kleinen Stieltopf die Zwiebeln in dem Traubenkernöl auf kleiner Flamme weich dünsten und danach etwas abkühlen lassen. Den Reis zerkleinern und abwiegen. (Man braucht 125 g, daher eventuell etwas mehr Reis zerkleinern.)

Das Schweinefett in kleine Würfel schneiden und mit den Zwiebeln, dem Reis und den restlichen Zutaten gut vermischen. Die Mischung in einen mittelgroßen Beutel eines Kammer-Vakuumiergeräts* füllen und 40 Sekunden 100 Prozent vakuumieren. Anschließend den Beutel 15–20 Minuten in ein 70°C heißes, zirkulierendes Wasserbad oder in einen mit Wasser gefüllten Topf legen und dabei den Beutel alle 5 Minuten leicht bewegen und prüfen, ob sich die Flüssigkeit gesetzt hat. Den Beutel in Eiswasser abschrecken, die Mischung vom Beutel in einen Standmixer umfüllen und zu einem glatten, weichen Püree mixen. Bis zum Servieren im Kühlschrank aufbewahren.

PÜREE VON EINGELEGTEN ZWIEBELN

200 g eingelegte Silberzwiebeln, abgetropft
65 ml Wasser
5 g feiner Zucker

Sämtliche Zutaten in einen Standmixer geben und zu einem glatten Püree mixen. Das Püree durch ein feines Sieb passieren und luftdicht verschlossen im Kühlschrank aufbewahren.

ROTE MELONE

375 g frisch gepresster und passierter Rote-Bete-Saft
100 ml filtrierter Limettensaft
10 ml weißer Aceto balsamico
8 Stücke Wassermelone,
in 7 cm × 1 cm große Stäbchen geschnitten

Den Rote-Bete-Saft, den Limettensaft und den Essig in ein 3-l-Gefäß eines Rotationsverdampfers füllen, die Wasserbadtemperatur auf 40°C, die Kühlung auf -20°C und die Rotationsgeschwindigkeit auf 40 RPM (Umdrehungen pro Minute) einstellen. Die Saftmischung unter Vakuum 1 Stunde destillieren, bis sie zu einem dickflüssigen Sirup reduziert ist. Diesen Sirup bis zum Servieren kalt stellen.

Unmittelbar vor dem Anrichten die Melonenstäbchen mit dem Sirup in einen kleinen Beutel eines Kammer-Vakuumiergeräts* füllen und 25 Sekunden 100 Prozent vakuumieren. Die Melonenstäbchen auf Küchenkrepp abtropfen lassen.

ZUM SERVIEREN DER SCHWEINSCHWÄNZE

1 l Bio-Canolaöl* zum Frittieren
190 g Kartoffelstärke
95 g Weizenstärke
15 g Fenchelsamen, zerstoßen
12 g Tafelsalz
1 Portion Schweineschwänze (siehe linke Seite)
500 ml Wasser

Einen mittelgroßen, tiefen Topf zu einem Drittel mit dem Canolaöl füllen und dieses auf 180°C erhitzen.

Die Kartoffelstärke, die Weizenstärke, die Fenchelsamen und das Salz mischen. Die vier Schweineschwanzstücke zunächst in Wasser tauchen und dann in der Stärkemischung wälzen.

Die panierten Schweineschwänze etwa 2 Minuten frittieren, bis sie knusprig sind. Die panierten Schweinschwänze auf Küchenkrepp trocknen und servieren.

ZUM SERVIEREN

12 Blätter von wildem Kokihi
(neuseeländischer Strandspinat)
12 Blüten von wilden Zwiebeln
12 Spitzen von wildem Fenchel

Jeweils 2 Melonenstäbchen auf jedem Teller anrichten und mit den Kokihi-Blättern, den Zwiebelblüten und dem wilden Fenchel garnieren. Daneben 1 TL Schweineblutpüree mit einem Stück Schweineschwanz bedeckt anrichten. Zum Schluss jeweils 1 TL Zwiebelpüree auf jeden Teller geben.

Schweinebäckchen, roher Bärenkrebs, Radicchioherzen

FÜR 4 PERSONEN – DIESES REZEPT BENÖTIGT 2 TAGE VORLAUFZEIT

Was passiert mit all den äußeren Blättern des Gemüses? Wenn ich Salat- oder einen Kohlkköpfe kaufe, überlege ich oft, wo denn wohl der Rest ist. Der Salat ist ja nicht auf magische Weise so – ohne Hüllblätter – auf dem Feld gewachsen. Ich möchte gerne die ganze Pflanze haben, auch mit Wurzeln. Wer kreativ ist, erfindet köstliche Verwendungen für jeden einzelnen Pflanzenteil, was im Hinblick auf die Zukunft unserer Ernährung sehr wichtig ist. Es braucht so viel Energie, Arbeit und Zeit, unsere Nahrung anzupflanzen, und wir vergeuden riesige Mengen essbarer Bestandteile. Für mich ist zum Beispiel der beste Teil eines Blumenkohls der Stiel, denn wenn man die harte Außenhaut abschält, ist er besonders zart und saftig. Auch wenn wir es nicht hören wollen: In unserer Gesellschaft werden viel zu viele Lebensmittel vergeudet. Ein Luxus, den wir uns meiner Meinung nach nicht mehr leisten können. In diesem Rezept verwende ich Radicchioherzen und presse die äußeren Blätter zu Saft.

SCHWEINEBÄCKCHEN

- 100 g Meersalzflocken
- 50 ml kalt gepresstes, mildes Senföl
- 1 g Senfkörner
- 3 ganze Gewürznelken
- 2 Bio-Schweinebäckchen (à ca. 1,2 kg)

In einer Schüssel das Salz, das Senföl, die Senfkörner und die Nelken mischen. Die Schweinebäckchen in einen tiefen Teller legen, von beiden Seiten gleichmäßig mit der Gewürzmischung bestreuen und danach zugedeckt 11 Stunden in den Kühlschrank stellen.

Einen Dampfgarofen* auf 78°C vorheizen.

Die Gewürzmischung kalt von den Schweinebäckchen abwaschen und die Schweinebäckchen trocken tupfen. Die Schweinebäckchen in einen Beutel eines Kammer-Vakuumiergeräts* füllen und 100 Prozent vakuumieren, um sie anschließend im Dampfgarofen 11 Stunden unter Zugabe von Dampf zu garen, bis sie zart sind. Die Schweinebäckchen im Beutel abkühlen lassen. Anschließend aus dem Beutel nehmen und die Kochflüssigkeit aufbewahren. Die Schweinebäckchen mit Küchenkrepp trocken reiben, die Haut und einen Großteil des Fetts abschneiden und jeweils in 2 dicke Scheiben teilen.

BLASENTANG-EMULSION

- 5 Bio-Eigelb (von frei laufenden Hühnern)
- 5 g Blasentang-Pulver (siehe Anmerkung)
- 15 ml Dashi-Essig
- 10 ml weiße Sojasauce
- 20 ml Wasser
- 10 ml Traubenkernöl
- 1 g feiner Zucker
- Tafelsalz nach Geschmack

Die Eigelbe in einen kleinen Beutel eines Kammer-Vakuumiergeräts* füllen und 25 Sekunden 100 Prozent vakuumieren. Anschließend den Beutel 2 Stunden in ein 65°C heißes, zirkulierendes Wasserbad oder in einen mit Wasser gefüllten Topf legen. Den Inhalt des Beutels in einen Standmixer füllen, die restlichen Zutaten (mit Ausnahme des Salzes) zugeben und zu einer glatten Sauce mixen. Abschmecken und eventuell etwas Salz zugeben. Die Sauce durch ein feines Sieb passieren und danach mit einem Stück Backpapier abdecken, damit sich auf der Oberfläche keine Haut bildet.

ANMERKUNG: Für das Blasentang-Pulver 200 g frischen Blasentang im 100°C heißen Ofen 1½ Stunden trocknen und anschließend in einer Gewürzmühle zu Pulver mahlen.

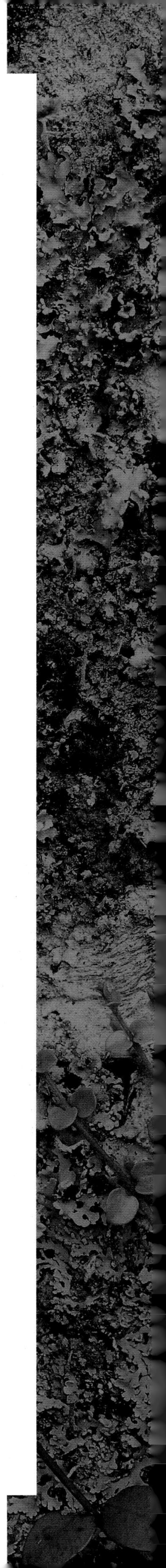

RADICCHIOHERZEN

- 2 Baby-Radicchioköpfe
- 1 Prise natürliches Vitamin-C-Pulver*
- 1 Prise feiner Zucker
- Kochflüssigkeit der Schweinebäckchen (siehe linke Seite)
- 60 ml Wasser
- 30 ml Verjus
- 5 ml Zitronensaft
- Tafelsalz nach Geschmack

In diesem Rezept werden 2 Zutaten destilliert, zum einen die äußeren Blätter des Radicchios und zum anderen die Radicchioherzen in der Kochflüssigkeit der Schweinebäckchen.

Zunächst die äußeren Blätter der beiden Radicchioköpfe abtrennen, sodass nur die Herzen übrig bleiben. Die Herzen beiseitelegen.

Die äußeren Salatblätter in einem »Angel Juicer« (Entsafter mit Zwillingspresskolben) entsaften. Vorher das Vitamin C in die Auffangschale geben, damit der Saft nicht braun wird.

Den Saft mit dem Zucker in ein 3-l-Gefäß eines Rotationsverdampfers füllen, die Wasserbadtemperatur auf 30°C, die Kühlung auf -25°C und die Rotationsgeschwindigkeit auf 55 RPM (Umdrehungen pro Minute) einstellen. Den Saft unter Vakuum 15 Minuten destillieren, bis er zu einem dunkelbraunen Sirup reduziert ist. Am Anfang aufpassen, dass der Saft nicht überkocht. Das Gefäß umgedreht über einem luftdicht verschließbaren Behälter 10 Minuten austropfen lassen und den Sirup bis zum Servieren in dem Behälter aufbewahren.

Anschließend die Kochflüssigkeit von den Schweinebäckchen in einem kleinen Stieltopf erwärmen und das Fett von der Oberfläche abschöpfen.

Die Radicchioherzen, das Wasser, die Kochflüssigkeit und den Verjus in ein 6-l-Gefäß eines Rotationsverdampfers füllen, die Wasserbadtemperatur auf 40°C, die Kühlung auf -25°C und die Rotationsgeschwindigkeit auf 30 RPM einstellen. Die Herzen unter Vakuum 5–10 Minuten destillieren, bis die Herzen von dem Sirup überzogen sind. Die Radicchioherzen mit ihrem Sirup in eine Schüssel geben, den Zitronensaft darüberträufeln und abschmecken – die Kochflüssigkeit von den Schweinebäckchen ist recht salzig, daher benötigen die Radicchioherzen vermutlich kein weiteres Salz. Unmittelbar vor dem Servieren die beiden Herzen halbieren und 10 Sekunden mit der Schnittfläche nach unten in einer Teflonpfanne braten.

ROHE BÄRENKREBSE

- 2 lebende Bärenkrebse, gekühlt (siehe Krebstiere*)
- 1 Limette
- 5 ml Traubenkernöl

Reichlich Wasser in einem großen Topf aufkochen. Die lebenden Bärenkrebse kopfüber in das kochende Wasser tauchen, mit einem Holzkochlöffel unter die Wasseroberfläche drücken und 5 Sekunden kochen, damit sie sich besser schälen lassen. Die Krebse danach auf einem Rost abtropfen lassen. Die Köpfe von den Schwänzen trennen und für ein anderes Rezept verwahren. Den Schwanz mit der Bauchseite nach oben in den Händen halten und die Seiten nach unten biegen, um das Fleisch aus dem Panzer zu lösen. Den Darmstrang entfernen und das Fleisch jeweils längs durchschneiden. Etwas Limettenschale über das Krebsfleisch reiben, ein paar Tropfen Limettensaft und Traubenkernöl darüberträufeln und etwas Salz darüberstreuen.

ZUM SERVIEREN

- 12 Stücke Meersalat (Alge)
- 12 Stücke Wakame-Braunalge
- 20 ml Dashi-Essig

Die Schweinebäckchen von beiden Seiten würzen und in einer heißen Teflonpfanne karamellisieren.

Auf jeden Teller einen kleinen Löffel Blasentang-Emulsion etwas neben die Tellermitte geben und jeweils eine Schweinebäckchenscheibe darauf anrichten. Eine Radicchioherzhälfte danebenlegen und mit ihrem Sirup beträufeln. Außen herum etwas von dem destillierten Radicchiosirup geben.

Jeweils ein Stück Krebsfleisch elegant entlang des Tellers anrichten und mit den Algen und der Blasentang-Emulsion garnieren. Zum Abschluss ein paar Tropfen Dashi-Essig darüberträufeln.

Rindfleisch, Fadenalgen, chinesischer Wong-Bok-Kohl

FÜR 4 PERSONEN

SCHWARZE KARTOFFELSTÄBCHEN

160 ml dunkle Sojasauce (nicht zu salzig)
150 ml Wasser
3 g getrocknete Kombu-Alge
15 g Sepiatinte
1 g Bonitoflocken (Katsuobushi)
25 g feiner Zucker
2 große Kartoffeln (Desirée), in 8 cm × 1 cm große Stäbchen geschnitten
Olivenöl zum Frittieren

Die Sojasauce, das Wasser, die Kombu-Alge, die Sepiatinte, die Bonitoflocken und den Zucker vermengen und bis zum Siedepunkt erhitzen, dann bei reduzierter Temperatur sanft köcheln lassen. Die Kartoffelstäbchen hineingeben und 5 Minuten pochieren. Den Topf vom Herd nehmen und die Kartoffelstäbchen in der Brühe abkühlen lassen.

Die Kartoffeln mit einem Schaumlöffel herausheben, abtropfen lassen und die Brühe zum Anrichten beiseitestellen. Die Kartoffelstäbchen im 50°C warmen Dörrgerät oder Ofen 30 Minuten garen, bis sie außen trocken sind.

Kurz vor dem Servieren das Olivenöl in einem Stieltopf mit hohem Rand auf 180°C erhitzen und die schwarzen Kartoffelstäbchen darin 2 Minuten frittieren. Die Kartoffelstäbchen auf Küchenkrepp abtropfen lassen.

ESSIG MIT SCHWARZEM PFEFFER

45 ml Apfelessig
20 ml weißer Aceto balsamico
30 ml Wasser
2 g feiner Zucker
0,5 g schwarze Pfefferkörner, grob zerstoßen
1 kleine Prise Salz

Die Zutaten miteinander vermischen und abschmecken.

MISO-DRESSING

50 g weißes Saikyo Miso
12 ml filtrierter Limettensaft
4 g Reisweinessig
12 ml Wasser
18 ml Traubenkernöl

Mit einem Schneebesen sämtliche Zutaten miteinander verrühren und das fertige Dressing luftdicht verschlossen bis zum Servieren aufbewahren.

BAVETTE VOM RIND

600 g Bavette vom Rind (siehe Anmerkung), sauber pariert
Meersalzflocken nach Geschmack
50 ml Bio-Canolaöl* zum Braten

Das Fleisch 1 Stunde vor dem Kochen aus dem Kühlschrank nehmen und an einen warmen Ort legen, damit es sich gleichmäßiger garen lässt.

Den Backofen auf 110°C vorheizen.

Die Rindfleischbavette mit Salz würzen und in einer heißen Pfanne in etwas Canolaöl anbraten, bis sie von außen gebräunt ist. Anschließend das Fleisch auf einem Rost etwa 15–20 Minuten im Ofen medium bzw. auf eine Kerntemperatur von 55–56°C garen. Die Rindfleischbavette aus dem Ofen nehmen und an einem warmen Ort 10 Minuten ruhen lassen.

ANMERKUNG: Beim französischen Fleischschnitt des Rindes ist die Bavette das hinterste Lappenstück der Lende.

ZUM SERVIEREN

2 Blattstrünke vom Chinakohl (Wong Bok), in 8 je 10 cm × 1 cm große Stäbchen geschnitten
20 g Garnelenwatte (siehe Basics)
70 g wilde Cladophora-Algen
20 ml schwarzes Sesamöl (siehe Basics)

Die Kohlstäbchen mit 1 EL Miso-Dressing anmachen und mit Garnelenwatte bestreuen.

Zum Servieren auf jedem Teller einen kleinen Spiegel aus der schwarzen Kartoffelbrühe anrichten, darauf jeweils 2 Kohl- und 2 Kartoffelstäbchen platzieren und diese mit den Algen garnieren. Auf der anderen Tellerseite jeweils 1 kleinen TL von dem Essig mit schwarzem Pfeffer geben. Das Fleisch schneiden, mit Küchenkrepp eventuell austretende Garflüssigkeit abtupfen und jeweils einen Streifen auf den Essig legen. Zum Schluss 1 kleinen TL schwarzes Sesamöl auf jeden Teller geben.

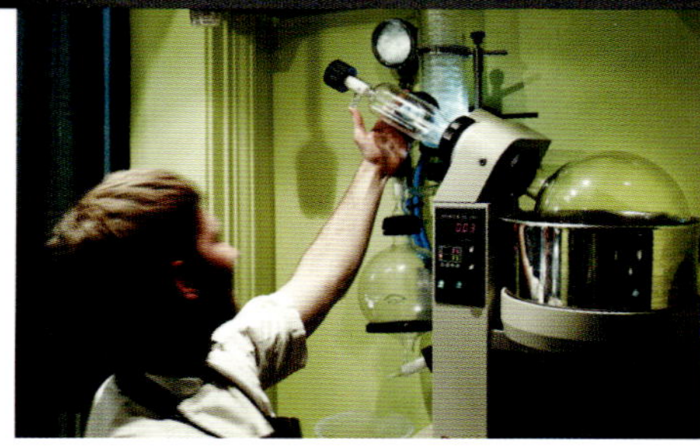

Ich wusste, wie wichtig die erste Kritik für unser Überleben sein würde. Ich hatte oft genug erlebt, dass Restaurants nach einer schlechten Kritik, angesichts steigender Schulden und ausbleibender Gäste schließen mussten. Eines Freitagabends setzte sich John Lethlean, der wichtigste Restaurantkritiker des »The Age Newspaper«, an unseren magischen Tisch Nummer sechs ...

Top oder Flop

Als der Restaurantmanager nach hinten in die Küche kam, um mir zu sagen, wer da das »Attica« betreten hatte, wurde mir ganz flau im Magen. Ich war vor Angst wie gelähmt und hätte am liebsten mit dem Küchenjungen getauscht, aber ich versuchte, meine Angst vor dem Personal zu verbergen. Glücklicherweise lief an jenem Abend alles hervorragend, aber da sich Restaurantkritiker selten etwas anmerken lassen, mussten wir uns drei Wochen gedulden, um seine Meinung zu erfahren.

Ich erinnere mich noch gut an den Morgen, an dem die Kritik erschien. Natalia und ich hatten die Nacht im Kinderkrankenhaus verbracht, weil unser Baby Kobe eine schlimme Magen-Darm-Erkrankung hatte, die wir kurz darauf auch bekommen sollten. Um 6 Uhr morgens fuhr ich völlig gerädert vom Krankenhaus nach Hause und hielt kurz an, um die Zeitung zu kaufen. Ich fühlte mich zu elend, um den Artikel zu lesen, aber als ich die Bewertung sah – 16 / 20 – musste ich doch grinsen, denn das war ein super Ergebnis.

Die gute Kritik gab uns Auftrieb, aber der Ansturm neuer Gäste währte nicht lange, und so waren wir schnell wieder am finanziellen Limit. Zu diesem Zeitpunkt war ich schon sehr viel selbstbewusster, was meine Küche anging, aber gleichzeitig war ich auch sehr frustriert, dass ich meinen persönlichen Stil nicht schneller entwickeln konnte. Ich wusste, dass man sich in den großen europäischen Küchen häufig mit Praktikanten behalf (Köche und sogar Chefköche, die unentgeltlich im Restaurant volontierten), um eigene Köche für die Arbeit in einer Testküche freizustellen, nur damit sie neue Gerichte und Küchentechniken entwickeln konnten. Eine Praxis, die in Australien völlig unbekannt ist. Mittlerweile können wir zwar auf die Hilfe von Praktikanten zählen, doch in unseren Anfangsjahren war es unvorstellbar, dass die Leute uns eines Tages die Bude einrennen würden, nur um ein Praktikum zu absolvieren.

EXIT

So beschlossen wir damals, mit unserem Restaurant einen neuen Weg zu beschreiten. Wir würden an den Wochenenden nicht länger auch noch Frühstück und Mittagessen anbieten und auch abends nur noch fünf Tage die Woche öffnen, um für das Team die notwendigen Ruhepausen und Kontinuität zu gewährleisten. Dienstag war immer ein ruhiger Tag. Wenn wir Glück hatten, kamen wir auf zehn Gäste – und das brachte uns um. Um überleben zu können, muss in einem kleinen Restaurant jeden Tag Hochbetrieb herrschen, also brauchten wir einen Plan, um den Dienstag genauso attraktiv zu gestalten wie das Wochenende. Und so entstand die Idee des Küchenmeistertags. Die Erklärung dazu lautete: »Der Küchenmeistertag wurde aus dem Wunsch heraus geboren, die Entwicklung unserer Küche schneller voranzutreiben, jegliche Vorsicht in den Wind zu schlagen und unseren Gästen eine größere Auswahl zu moderaten Preisen anzubieten. Der Küchenmeistertag steckt voller Überraschungen und bietet die Möglichkeit, wöchentlich neue Gerichte zu probieren. Ich arbeite jedes Wochenende einen Plan aus und lasse mich bei den Zutaten von der jeweiligen Jahreszeit leiten; viele der Gerichte sind inspiriert von Erinnerungen an meine Kindheit im ländlichen Neuseeland und von der lebendigen Natur, die ich vom Auto aus sehe, wenn ich von der Arbeit nach Hause auf die Bellarine-Halbinsel fahre. Einige Gerichte sind einfach vom Verstand und der Schönheit der Naturprodukte inspiriert.«

Mein Team und ich treffen jeden Dienstagmorgen in der Küche ein, um mit den Vorbereitungen für den Abend zu beginnen. Wir versammeln uns und diskutieren, wie wir neue Ideen und Gedanken in ein in sich stimmiges Menü umwandeln können. Die Vorbereitungen dauern etwa 50 Arbeitsstunden und der Dienstag ist jeweils der erste Abend, an dem dieses Menü überhaupt serviert wird.

Es ist eine ganz schöne Herausforderung, jede Woche fünf neue Gerichte zu entwerfen, und ich schätze, meine Familie bedauert manchmal, dass diese Idee uns einen Großteil unserer kostbaren gemeinsamen Zeit raubt.

Mit der Zeit haben wir am Küchenmeistertag über 1200 verschiedene Gerichte serviert, und inzwischen ist es der Tag, an dem man am längsten im Voraus reservieren muss. Beinah alle meine besten Gerichte sind aus Ideen für den Küchenmeistertag entstanden beziehungsweise häufig sind es keine ganzen Gerichte, sondern einzelne Erfahrungen, die ich gewonnen habe – z.B. wie eine Zutat reagiert, wenn sie anders zubereitet wird. Eine einfache Idee kann dann der Ausgangspunkt für ein völlig neues Gericht sein. Die meisten meiner Gerichte durchlaufen einen langen Verfeinerungsprozess. Wir wiederholen und üben sie so lange, bis sie genau meinen Vorstellungen entsprechen. Diese Entwicklung kann bis zu sechs Monate dauern.

Diese Art zu kochen ist für alle sehr aufwendig. Küchenmeister möchten alles unter Kontrolle haben, und wenn man allwöchentlich fünf neue Gerichte kocht, muss man eine Menge Kontrolle abgeben. Aber ich wollte noch nie auf der Stelle verharren. Das »Attica« wäre niemals das geworden, was es heute ist, wenn wir nicht immer wieder unsere eigenen Grenzen überwunden hätten.

Taube, Lakritz, Zwiebelsauce, Staudensellerie

FÜR 4 PERSONEN

Seit der Eröffnung des »Attica« kaufen wir unsere Tauben bei Ian Milburn in Glenloth Game, einem kleinen privaten Züchter und Vermarkter, der in den letzten Jahren sehr unter der Dürre gelitten hat. Ich habe großen Respekt für die Ausdauer und die Hingabe, mit der er dieses köstliche Geflügel züchtet.

TAUBENSAUCE

- Karkassen von 2 Tauben
- 40 ml Bio-Canolaöl*
- 40 g Schalotten, in 2 cm große Stücke geschnitten
- 40 g Staudensellerie, gewaschen, geputzt und in 2 cm große Stücke geschnitten
- 5 g frische Knoblauchzehen
- 100 ml trockener Rotwein
- 5 g getrocknete schwarze Oliven
- 1 l goldener Hühnerfond (siehe Basics)
- 1 l Wasser

Den Backofen auf 180°C vorheizen und die Taubenkarkassen darin 30–40 Minuten goldbraun rösten.

Einen Stieltopf auf mittlerer Flamme vorheizen. Das Canolaöl hineingeben. Die Schalotten, den Sellerie und den Knoblauch darin goldbraun anbraten. Den Wein zugießen und reduzieren, bis er das Gemüse sirupartig überzieht. Die Karkassen, die Oliven, das Wasser und die Hühnerbrühe zugeben und 3 Stunden lang sanft köcheln lassen, bis die Flüssigkeit auf etwa 300 ml eingekocht ist. Dabei häufig den Schaum abschöpfen. Die Sauce abschließend durch ein feines Sieb und dann erneut durch ein mit Gaze oder mit einem Passiertuch ausgelegtes Sieb passieren, bis alle festen Bestandteile entfernt sind. Auf Raumtemperatur abkühlen lassen und bis zum weiteren Gebrauch beiseitestellen.

BITTERE ZWIEBELSAUCE

- 3 große Zwiebeln, abgezogen
- 500 ml Wasser
- 500 ml goldener Hühnerfond (siehe Basics)
- 40 ml Sherryessig
- 25 g feiner Zucker
- 1 Portion Taubensauce (siehe linke Spalte)

Eine flache Grillplatte sehr heiß erhitzen. Die Oberseite der Zwiebeln 1 cm weit abschneiden und die Zwiebeln auf die Grillplatte legen, bis sie angekohlt sind. Den verbrannten Teil 5 mm dick abschneiden und in einen Stieltopf geben. Die Zwiebeln erneut auf den Grill legen und wieder anbrennen lassen. Den Vorgang wiederholen, bis die ganzen Zwiebeln dunkel verbrannt sind.

Das Wasser und die Brühe zu den verkohlten Zwiebelscheiben in den Topf geben und 2 Stunden sanft köcheln lassen, bis die Brühe gleichzeitig bitter und ein wenig süßlich schmeckt und auf etwa 250 ml eingekocht ist. Die Zwiebelbrühe durch ein feines Sieb abseihen und erneut durch ein mit Gaze oder mit einem Passiertuch ausgelegtes Sieb gießen. In einem kleinen Stieltopf die Brühe mit dem Essig und dem Zucker mischen und erhitzen, bis sich der Zucker aufgelöst hat.

Diese Zwiebelbrühe nach und nach zu der Taubensauce gießen, bis die korrekte Balance zwischen der reichhaltigen und intensiv aromatischen Taubensauce und dem bitteren Zwiebelgeschmack erreicht ist. Die Sauce kurz aufkochen und ein paar Tropfen von dem Sherryessigsirup zufügen, bis die Sauce einen ganz zarten säuerlichen Beigeschmack bekommt.

GERÄUCHERTES ROTE-BETE-PÜREE

1 große Rote Bete, gewaschen
250 g Steinsalz
Kohle* zum Räuchern
Eichen-Holzchips* (Räucherspäne) zum Räuchern
60 ml mildes Olivenöl
20 ml Banyuls-Essig*
Tafelsalz und frisch gemahlener schwarzer Pfeffer
nach Geschmack

Den Backofen auf 160°C vorheizen, die Rote Bete in Alufolie wickeln und auf einem mit Steinsalz bestreuten Backblech 4 Stunden im Ofen backen, bis sie weich ist. Die Rote Bete aus dem Ofen nehmen und in der Folie abkühlen lassen.

In einem Räucherofen die Kohle entzünden und nach dem ersten Abbrennen ein paar Holzchips zugeben. Hat sich genügend Rauch entwickelt, die Rote Bete aus der Folie wickeln, 15 Minuten räuchern und anschließend auf Raumtemperatur abkühlen lassen.

Die Rote Bete mit einem Messer schälen, mit dem Olivenöl und dem Essig vermischen und im Standmixer samtig weich pürieren. Mit Salz und ein ganz klein wenig Pfeffer würzen. Die Konsistenz überprüfen – je nach Wassergehalt der Roten Bete eventuell noch ein paar Tropfen Wasser zufügen. Das Püree bis zum Servieren luftdicht verschlossen aufbewahren.

TAUBENBRÜSTE

2 ganze Taubenbrüste
(von mindestens 500 g schweren Tauben)
30 g gesalzene Butter, halbiert
2 Zweige Thymian
1 frisches Lorbeerblatt, halbiert
Tafelsalz nach Geschmack
50 ml Bio-Canolaöl*

Die Taubenbrüste parieren und die Brustknochen entfernen. Vor dem Servieren jede Taubenbrust mit 10 g Butter, je einem Zweig Thymian und einem halben Lorbeerblatt in einen einzelnen Beutel eines Kammer-Vakuumiergeräts* füllen und 25 Sekunden 100 Prozent vakuumieren. Anschließend die Beutel 14 Minuten in ein 60°C heißes zirkulierendes Wasserbad oder in einen mit Wasser gefüllten Topf legen und danach 10 Minuten ruhen lassen.

Eine gusseiserne Pfanne auf mittlerer Flamme erhitzen. Die Taubenbrüste aus den Beuteln nehmen und innen und außen gründlich mit Küchenkrepp trocknen. Die Taubenbrüste von beiden Seiten salzen, etwas Canolaöl in die Pfanne geben und die Taubenbrüste darin von beiden Seiten dunkelbraun anbraten. Anschließend die Filets herauslösen, die Seiten gerade schneiden und jeweils das kleine Stück Sehne auf der Fleischseite jedes Brustfilets entfernen.

Vor dem Anrichten die Taubenbrustfilets erneut von beiden Seiten mit Salz würzen und eine Bratpfanne auf kleiner Flamme erhitzen. 10 g gesalzene Butter hineingeben und die Brustfilets darin kurz erwärmen, aber nicht braten. Die Taubenbrustfilets aus der Pfanne heben und auf Küchenkrepp abtropfen lassen. Die Ränder der Filets etwas begradigen.

KÜRBIS

2 dünne Kürbisstäbchen (Winterkürbis), 6 cm × 1,5 cm
10 g Schalotte, in hauchdünne Scheiben geschnitten
10 g Dijonsenf
5 ml Weißweinessig
20 ml mildes Olivenöl
2 Zweige Thymian
Tafelsalz und frisch gemahlener schwarzer Pfeffer nach Geschmack

In einer Schüssel sämtliche Zutaten gut miteinander vermischen, alles in einen kleinen Beutel eines Kammer-Vakuumiergeräts* füllen und 40 Sekunden 100 Prozent vakuumieren. Den Beutel anschließend 8 Minuten in kochendes Wasser legen, bis der Kürbis weich ist.

Unmittelbar vor dem Servieren den Kürbis aus dem Beutel nehmen und die Stäbchen längs halbieren.

SELLERIE

1 Stange Staudensellerie
5 ml Traubenkernöl
Tafelsalz nach Geschmack
ein paar Tropfen Zitronensaft

Den Sellerie in vier 5,5 cm × 2,5 mm große Stäbchen schneiden und diese mit dem Traubenkernöl in einen kleinen Beutel eines Kammer-Vakuumiergeräts* füllen und 35 Sekunden 100 Prozent vakuumieren. Unmittelbar vor dem Servieren den Beutel 20 Sekunden in kochendes Wasser legen. Den Sellerie aus dem Beutel nehmen und mit etwas Salz und Zitronensaft würzen.

ZWIEBELRINGE

500 ml Bio-Canolaöl* zum Frittieren
1 weiße Zwiebel
20 g Kartoffelstärke
20 g Stärkemehl
Tafelsalz nach Geschmack
500 ml Wasser

Das Canolaöl in einem tiefen Topf auf 160°C erhitzen.

Die Zwiebel in vier 5 mm dicke Ringe schneiden. Die Kartoffel- und die Weizenstärke mit 1 Prise Salz mischen.

Die Zwiebelringe in Wasser tauchen und überschüssiges Wasser abschütteln. Die Zwiebelringe in der Stärkemischung wälzen und etwa 1½ Minuten frittieren, bis sie goldgelb und knusprig sind. Die Zwiebelringe auf Küchenkrepp abtropfen lassen und mit Salz würzen.

ZUM SERVIEREN

8 große Süßholzblätter (Lakritze)

1 kleinen TL des geräucherten Rote-Bete-Pürees in die Mitte jedes Tellers geben und darauf ein Stück Kürbis legen. Auf jeden Teller ein Taubenbrustfilet mit der Hautseite nach unten und ein Selleriestäbchen anrichten und mit einem Zwiebelring, Süßholzblättern und etwas von der bitteren Zwiebelsauce garnieren.

Ich werde häufig als »Sammler unter den Chefköchen« beschrieben, was ich nur widerwillig akzeptiere. Ich finde, dass damit der Fokus zu sehr auf meine Nahrungssuche in der Natur gelegt wird, was nur ein kleiner Teil meiner Tätigkeit ist. Die Zutaten in der Wildnis zu finden, ist nicht besonders modern. Bereits die Aborigines haben das jahrhundertelang getan. Für mich ist diese Nahrungssuche völlig normal, sie gehört zu meinem Alltag und spiegelt sich in allem wider, was ich mache. Wenn mich ein Journalist fragt, ob ich nicht »eine Story über Sammler« machen könne, dann ist das so, als solle ich etwas über das Atmen sagen, nichts ist natürlicher. Und Natur bedeutet für mich: ursprüngliche Wildnis.

Nahrungssuche

Die Suche nach Lebensmitteln in der Wildnis ist ein Teil von mir. Ich identifiziere mich sehr stark mit dem Erbe meines Heimatlandes, und die neuseeländischen Maori waren wie andere alte Zivilisationen zunächst Jäger und Sammler – etwas, das in der abendländischen Kultur weitgehend in Vergessenheit geraten ist. Heute leben wir im Überfluss und schlagen uns den Bauch voll. Wenn die Zeiten hart sind und wir nicht genug zu essen haben – wie z.B. in der Weltwirtschaftskrise Anfang des 20. Jahrhunderts –, dann müssten wir uns aber auf derartige Praktiken zurückbesinnen.

Mein Vater hat mir beigebracht, wie man Schalentiere sammelt – Miesmuscheln, Herzmuscheln, Abaloneschnecken und Seeigel – und wie man nach Krebsen taucht. Wir haben wilde Beeren gepflückt, vor allem Brombeeren, Walderdbeeren (die in Neuseeland eher selten sind) und Trauben, die irgendwie ihren Weg auf unsere Farm gefunden hatten und dort wild wuchsen. Wir wussten, welche Pflanzen essbar waren und welche für andere Zwecke dienlich sein konnten. Ich versuche, dieses Wissen an meine Kinder weiterzugeben.

Als Köche können wir etwas positiv verändern, wenn wir einheimische Pflanzen, unsere Kultur und unsere Traditionen in unsere Küche einfließen lassen. Doch wenn wir uns von unseren Urahnen inspirieren lassen, sollten wir nachforschen, welche Geschichten sich hinter ihren Sitten verbergen, sonst schmecken unsere Gerichte fade und nichtssagend.

Die einheimische Flora ist der reichste und fundamentalste Teil unseres natürlichen Erbes. Sie bedeckt und ernährt unsere Erde, ist Zuflucht und Nahrung für die einheimischen Tiere, schützt Flüsse, Feuchtgebiete und Küsten und verwandelt Kohlendioxyd in Sauerstoff. Die andauernde Ausbeutung und Zerstörung der einheimischen Vegetation ist die Hauptursache für Versteppung und Wasserverschmutzung und damit auch ein entscheidender Faktor für den Rückgang der Artenvielfalt auf unserem Planeten. Es stellt sich also die Frage: Wie können wir als Gesellschaft – und nicht nur die Landwirte – Verantwortung für die Gesunderhaltung unserer Böden und unseres Wassers und damit der Artenvielfalt übernehmen?

Köche, die wilde Pflanzen sammeln, haben die Verantwortung, sich mit dem Ökosystem der Pflanzen zu beschäftigen. Sie müssen wissen, dass sie eventuell ein ganzes System ins Ungleichgewicht bringen, wenn sie eine bestimmte Pflanze sammeln. Da ist z.B. in meiner Gegend eine sehr schmackhafte Quellerart namens *Tecticornia* die Hauptnahrung für den vom Aussterben bedrohten Orangebauchsittich. Ernte ich also Queller zur falschen Jahreszeit, gefährde ich eine ganze Vogelpopulation.

Köche sollten ihre Umwelt »beherrschen«, d.h. verstehen und souverän nutzen. Ich träume davon, dass wir vor allem essbares Unkraut sammeln, das andere Pflanzenarten zurückdrängt, und auf diese Weise wirklich etwas Gutes tun.

Die Menschen müssen sorgsamer mit der Natur umgehen. Ich habe schon oft gesagt, dass ich der Natur auch etwas zurückgeben will, wenn ich mir etwas von ihr nehme. Ich ernte wilde Melde und sammle gleichzeitig den Plastikmüll ein, der unter dem Busch liegt. Eine Art Tauschhandel, der selbstverständlich sein sollte.

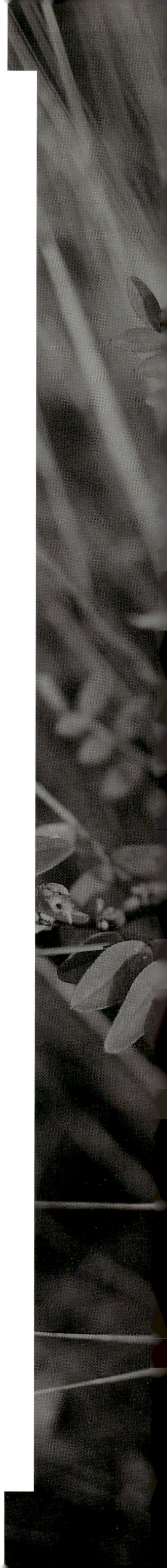

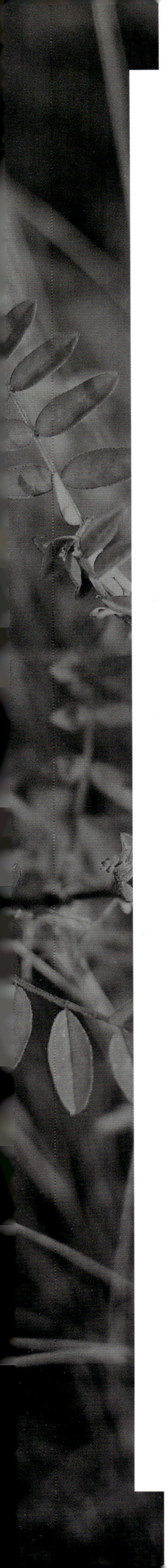

Kalbszunge, Vanille, Myrte, Romana-Salat

FÜR 4 PERSONEN – DIESES REZEPT BENÖTIGT 1 TAG VORLAUFZEIT

Knöpf dir die Zutaten vor, die du nicht magst, das ist seit sieben Jahren mein Mantra. Erkenne deine Schwächen und mache daraus deine Stärken. Keine Angst, hier spricht nicht mein Coach für positives Denken, sondern ich habe beim Kochen einfach stets den steinigeren Pfad gewählt oder besser gesagt, stets jeden Stein umgedreht. Ich habe zum Beispiel nie besonders gerne Zunge gegessen, also wollte ich ein Gericht kreieren, das selbst Leuten wie mir schmeckt.

KALBSZUNGE

- 1 gepökelte Kalbszunge (etwa 1 kg)
- 100 g Staudensellerie, gewaschen und in 3 cm lange Stücke geschnitten
- 100 g Zwiebeln, in 3 cm große Stücke geschnitten
- 75 g Möhren, in 3 cm große Stücke geschnitten
- 1 frisches Lorbeerblatt
- 1 Zweig Thymian
- 8 g Senfkörner
- 2 g Koriandersamen
- 350 ml trockener Weißwein
- 2 l Wasser
- Kohle* zum Räuchern
- Holzchips* zum Räuchern (z.B. Mallee-Wurzelholz), 30 Minuten in Wasser eingeweicht
- Meersalzflocken nach Geschmack
- 1 Portion Glühweindestillat (siehe Seite 178)

Die Kalbszunge mit dem Gemüse, den Kräutern, den Gewürzen, dem Wein und dem Wasser in einen großen Topf geben und aufkochen. Bei reduzierter Hitze etwa 3–4 Stunden köcheln lassen, dabei immer wieder den Schaum entfernen und die Zunge beschweren, damit sie ständig von der Flüssigkeit bedeckt wird. Sobald die Zunge zart ist, den Topf vom Herd nehmen und die Zunge in ihrem Sud auf 40°C abkühlen lassen.

Die Zunge aus dem Sud heben, die Haut abziehen und das Fleisch an den Rändern gerade schneiden. Den Sud durch ein feines Sieb gießen und die festen Bestandteile entfernen. Den Sud über die Zunge gießen, beides auf Raumtemperatur abkühlen lassen und danach mindestens 4 Stunden oder über Nacht in den Kühlschrank stellen.

Die Zunge in 4 je 2 cm dicke Scheiben teilen.

Kurz vor dem Servieren in einem Räucherofen die Kohle entzünden und nach dem ersten Abbrennen ein paar eingeweichte Holzchips zugeben. Hat sich genügend Rauch entwickelt, das Zungenfleisch 6 Minuten räuchern, anschließend mit Salz und etwas Glühweindestillat würzen und sofort servieren.

GLÜHWEINDESTILLAT

60 g feiner Zucker
750 ml trockener Rotwein
2 g Streifen Zitronenschale (alles Weiße entfernt)
4 g Streifen Mandarinenschale (alles Weiße entfernt)
1 Sternanis
1 frisches Lorbeerblatt
4 Gewürznelken
½ Muskatnuss, im Mörser zerstoßen
1 kleine Zimtstange, zerdrückt

Sämtliche Zutaten in einem mittelgroßen Stieltopf auf kleiner Flamme erwärmen, bis sich der Zucker aufgelöst hat, anschließend weitere 20 Minuten erwärmen und ziehen lassen. Den Wein durch ein mit Gaze oder mit einem Passiertuch ausgelegtes Sieb abseihen und die festen Bestandteile entfernen. Den Wein in ein 3-l-Gefäß eines Rotationsverdampfers füllen, die Wasserbadtemperatur auf 35°C, die Kühlung auf -20°C und die Rotationsgeschwindigkeit auf 80 RPM (Umdrehungen pro Minute) einstellen. Die Weinmischung unter Vakuum 20 Minuten destillieren, bis der Wein zu einem flüssigen Sirup reduziert ist. Das Gefäß umgedreht über einem Krug 30 Minuten austropfen lassen und den Sirup in eine kleine Squeeze-Flasche umfüllen. Den Sirup bei Raumtemperatur servieren bzw. für einen späteren Gebrauch im Kühlschrank aufbewahren.

GETROCKNETES RINDFLEISCH

200 g Bavette vom Rind (siehe Anmerkung), sauber pariert und tiefgefroren
5 g Zwiebelpulver (siehe Basics)
5 g Knoblauchpulver (siehe Basics)
2,5 g koreanisches Chilipulver
2,5 g feines Salz

Das Fleisch 10 Minuten antauen lassen, dann mit einer Schneidemaschine in 1,5 mm dünne Scheiben schneiden. Diese nebeneinander auf einen Rost eines Dörrgeräts legen. Für das Rezept werden 8 Scheiben benötigt, daher wird etwas Fleisch übrig bleiben. Aber 200 g ist die Mindestmenge, um das Fleisch sicher in Scheiben zu schneiden.

Die Pulver und das Salz vermischen und über die Fleischscheiben streuen. Im 68°C heißen Dörrgerät 6 Stunden trocknen, bis die Scheiben schön kross sind. Warm servieren.

ANMERKUNG: Beim französischen Fleischschnitt des Rindes ist die Bavette das hinterste Lappenstück der Lende.

PASTINAKENCREME

60 g Butter
200 g Pastinaken, vom Strunk befreit und in Scheiben geschnitten
Tafelsalz nach Geschmack
140 ml Vollmilch

In einem kleinen Stieltopf auf kleiner Flamme die Butter zerlassen. Die Pastinaken mit 1 Prise Salz hineingeben und 20 Minuten anschwitzen, ohne dass die Pastinaken Farbe annehmen. Die Milch zugießen und weitergaren, bis die Pastinaken weich sind. Abschmecken und eventuell noch etwas Salz zugeben. Die Pastinaken in einem Standmixer 5 Minuten pürieren, danach durch ein feines Sieb passieren und Konsistenz und Geschmack überprüfen. Die fertige Creme in ein luftdicht verschließbares Gefäß füllen und zusätzlich mit Backpapier abdecken, damit sich keine Haut bildet.

VANILLEESSIG

50 ml weißer Aceto balsamico
50 ml Reisweinessig
100 ml Wasser
0,25 g Heilala-Vanillepulver*
0,37 g Xanthan*

Die beiden Essigsorten mit dem Wasser und dem Vanillepulver mischen und in einen 500-ml-Messbecher füllen. Einen Stabmixer so in das Gefäß einführen, dass die Luft, die sich unter den Klingen befindet, entweichen kann, um nicht unnötig Luftblasen unter die Essigmischung zu mixen.

Den Stabmixer auf kleinster Stufe einschalten, damit kein Strudel entsteht, der Luft anziehen könnte. Bei laufendem Mixer nach und nach das Xanthan zugeben. Dafür am besten mit einem langen Eislöffel sachte gegen den Rand des Gefäßes klopfen, um zu vermeiden, dass das Xanthan klumpt. Bis zum Servieren beiseitestellen.

EINGELEGTE SALATBLATTRIPPEN

50 g weißer Zucker
50 ml weißer Aceto balsamico
24 ml helle Sojasauce (»Healthy Boy Brand«)
1 g Szechuanpfeffer
3 g koreanisches Chilipulver
10 g frischer Ingwer, geschält und gerieben
100 ml Traubenkernöl
12 Blattrippen (von Romana-Salatherzen)

Sämtliche Zutaten mit Ausnahme der Blattrippen und des Traubenkernöls in einem kleinen Stieltopf aufkochen und 1 Minute köcheln lassen. Den Topf vom Herd nehmen und den Inhalt 10 Minuten abkühlen lassen. Mit einem Schneebesen das Traubenkernöl untermischen und auf Raumtemperatur abkühlen lassen. Die Mischung durch ein feines Sieb passieren und die festen Bestandteile entfernen.

Unmittelbar vor dem Servieren die Salatblattrippen mit der Essigmischung in einen Beutel eines Kammer-Vakuumiergeräts* füllen und 20 Sekunden 100 Prozent vakuumieren.

ZUM SERVIEREN

4 Baby-Gemüsezwiebeln, abgezogen und geputzt
Tafelsalz nach Geschmack
5 g frische Estragonblätter, fein gehackt
2 g glatte Petersilie, fein gehackt
10 g Dillspitzen
5 g Kerbelblättchen
5 g Schnittlauch, in feine Röllchen geschnitten
20 g getrocknete Myrtebeeren (siehe Anmerkung)

Die Zwiebeln 4 Minuten blanchieren, danach halbieren und mit etwas Salz bestreuen.

Auf jeden Teller 1 TL der warmen Pastinakencreme geben und daneben einen kleinen Tropfen Glühweindestillat formen. Die Kräuter mischen und damit die Kalbszungenscheibe belegen. Ein paar getrocknete Myrtebeeren darüberstreuen und die Kalbszunge auf der Pastinakencreme und dem Glühweindestillat anrichten. Jeden Teller mit 3 eingelegten Salatrippen garnieren und dazwischen eine Zwiebelhälfte und 2 Scheiben getrocknetes Rindfleisch schieben. Zum Schluss die Teller mit je 1 EL Vanilleessig garnieren.

ANMERKUNG: Für die getrockneten Myrtebeeren frische Beeren 12 Stunden in einem 68°C heißen Dörrgerät trocknen und anschließend im Mörser grob zerstoßen.

Schweinelende, Apfel, Fenchelsamen

FÜR 6 PERSONEN – DIESES REZEPT BENÖTIGT 3 TAGE VORLAUFZEIT

EINGELEGTE GURKE

- 1 Salatgurke, geviertelt und entkernt
- 20 g Tafelsalz
- 250 ml weißer Aceto balsamico
- 100 g Kristallzucker
- 125 ml Wasser
- 1 Stück Kassiarinde (2 cm)
- 3 Gewürznelken
- 1,5 g Meerrettich, fein gerieben
- 3 g Möhrengrün, gewaschen und fein gehackt

Die Gurke mit Salz einreiben und 30 Minuten in einem Sieb abtropfen lassen.

In einem kleinen Stieltopf den Essig, den Zucker und das Wasser aufkochen. Die Kassiarinde und die Gewürznelken zugeben und alles 5 Minuten köcheln lassen. Den Topfinhalt anschließend auf Raumtemperatur abkühlen lassen und durch ein Sieb gießen, um die festen Bestandteile zu entfernen.

Die Gurken unter kaltem Wasser abspülen, mit Küchenkrepp trocken tupfen und in ein steriles Weckglas füllen. Den Essigsirup darübergießen und die Gurken so beschweren, dass sie vollständig bedeckt sind. Die Gurken 3 Tage im Kühlschrank ziehen lassen.

Unmittelbar vor dem Servieren die Gurken abtropfen lassen, grob reiben und mit dem Meerrettich und dem Möhrengrün mischen. Bis zum Anrichten luftdicht verschlossen im Kühlschrank aufbewahren.

GELIERTER CIDERSIRUP

- 6 Flaschen Cider (Apfelschaumwein, à 375 ml)
- 20 ml Apfelessig
- Agar-Agar*

Dieses Rezept ergibt deutlich mehr, als zum Servieren gebraucht wird, aber eine kleinere Menge lässt sich nicht im Standmixer pürieren. 5 Flaschen Cider in einen mittelgroßen Stieltopf gießen und so lange einkochen, bis etwa 25–50 ml zähflüssiger Sirup übrigbleiben. Den Topf vom Herd nehmen. Den Essig und die letzte Flasche Cider hinzufügen und gut verrühren.

Den Sirup wiegen. Pro 100 g Sirup 1 g Agar-Agar abwiegen (also für 500 g Sirup 5 g Agar-Agar verwenden).

Den Sirup halbieren und die eine Hälfte aufkochen. Mit einem Schneebesen das gesamte Agar-Agar untermischen, bis es sich vollständig aufgelöst hat. Den Topf vom Herd nehmen und den restlichen Sirup unterrühren. Den fertigen Sirup in einer tiefen Edelstahlschale in den Kühlschrank stellen.

Sobald der Sirup fest geworden und völlig ausgekühlt ist, lässt er sich im Standmixer zu einer glatten Sauce mixen. Um die Luftbläschen in der Sauce zu entfernen, die während des Mixens entstanden sind, die Sauce in einen Beutel eines Kammer-Vakuumiergeräts* füllen und 100 Prozent vakuumieren. Den Beutel öffnen und diesen Vorgang eventuell wiederholen, bis die Sauce klar und frei von Luftblasen ist. Bis zum Servieren im Kühlschrank aufbewahren, aber vor dem Anrichten auf Raumtemperatur erwärmen.

PINK-LADY-APFELGLASUR

- 5 Äpfel (Pink Lady)

Die Äpfel entsaften und den Saft durch ein mit Gaze oder mit einem Passiertuch ausgelegtes Sieb passieren. Den Saft in ein 3-l-Gefäß eines Rotationsverdampfers füllen. Die Wasserbadtemperatur auf 35°C, die Kühlung auf -20°C und die Rotationsgeschwindigkeit auf 50 RPM (Umdrehungen pro Minute) einstellen. Den Saft unter Vakuum 1½ Stunden destillieren, bis er zu einem zähflüssigen Sirup reduziert ist. Alternativ den Saft in einem kleinen Stieltopf so lange einkochen, bis er die Konsistenz eines Sirups hat, allerdings ist dieses Ergebnis nicht ganz so gut. Den Sirup bis zum Servieren im Kühlschrank aufbewahren und vor dem Anrichten auf Raumtemperatur erwärmen.

SCHWARZE SEMMELBRÖSEL

- 100 g frisches Sauerteigbrot ohne Rinde
- 16 g Sepiatinte

Den Backofen auf 180°C vorheizen. Das Brot in der Küchenmaschine grob mahlen, die Tinte zugeben und erneut kurz mahlen. Die schwarzen Brösel im Ofen 30 Minuten trocken und knusprig backen, auf Raumtemperatur abkühlen lassen und im Mörser fein zerreiben.

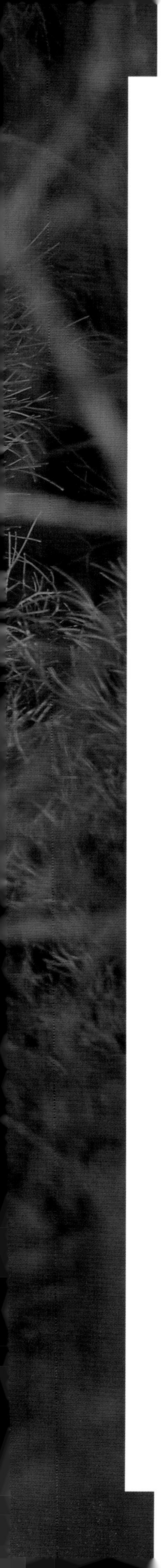

BLUTWURSTKUGELN

125 g Zwiebeln, fein gehackt
40 ml Traubenkernöl
125–175 g gekochter Reis
125 g Bio-Schweinerückenspeck, tiefgefroren
125 ml frisches Schweineblut
5 g Tafelsalz
4 g frisch gemahlener schwarzer Pfeffer
10 g süßes Paprikapulver
5 g geräuchertes Paprikapulver
0,75 g Zimtpulver
0,5 g Nelkenpulver
0,5 g fein gemahlener Oregano
Weizenmehl zum Bestäuben
1 Bio-Ei (von frei laufenden Hühnern), verquirlt
1 Portion schwarze Semmelbrösel (siehe linke Seite)
600 ml Bio-Canolaöl* zum Frittieren

Für das Gericht wird etwas weniger benötigt, aber eine kleinere Menge lässt sich nur schwer herstellen. In einem kleinen Stieltopf die Zwiebel im Traubenkernöl auf kleiner Flamme weich dünsten und anschließend etwas abkühlen lassen. Den Reis zerkleinern und abwiegen – für das Rezept sind 125 g erforderlich. Den Schweinespeck fein würfeln.

Die Zwiebeln, den zerkleinerten Reis, den Speck, das Blut, das Salz, den Pfeffer und die Gewürze gut miteinander vermischen, in einen mittelgroßen Beutel eines Kammer-Vakuumiergeräts* füllen und 40 Sekunden 100 Prozent vakuumieren. Den Beutel 15–20 Minuten in ein 70°C heißes, zirkulierendes Wasserbad oder in einen mit Wasser gefüllten Topf legen und alle 5 Minuten wenden.

Sobald sich die Mischung gesetzt hat, den Beutel in Eiswasser abschrecken und die kalte Blutwurst in 30 g schwere Kugeln rollen. Die Kugeln immer kurz ins Tiefkühlfach geben, damit sie fest werden und eine gleichmäßige Form bekommen. 1 Stunde vor dem Servieren die Kugeln zunächst im Mehl, dann im Ei und schließlich in den Semmelbröseln wälzen und zurück in den Kühlschrank stellen. Unmittelbar vor dem Anrichten das Canolaöl in einem mittelgroßen tiefen Topf auf 170°C erhitzen, die Kugeln darin etwa 2 Minuten und 20 Sekunden frittieren und danach auf Küchenkrepp trocknen lassen.

SCHWEINELENDE

600 g Bio-Schweinelende (vom Berkshireschwein)
Tafelsalz nach Geschmack
50 ml Bio-Canolaöl*

Das Fleisch 1 Stunde vor der Zubereitung aus dem Kühlschrank nehmen und auf Raumtemperatur erwärmen.

Den Backofen auf 110°C vorheizen. Die Schweinelende gut salzen und in einer heißen Bratpfanne in etwas Canolaöl goldbraun sautieren. Anschließend die Schweinelende auf einem Rost 25 Minuten im Ofen garen, bis sie eine Kerntemperatur von 54°C erreicht hat. Die Schweinelende aus dem Ofen nehmen und an einem warmen Ort 10 Minuten ruhen lassen.

SELLERIEPÜREE

500 g Knollensellerie, geschält und
in feine Würfel geschnitten
75 ml Traubenkernöl
Tafelsalz nach Geschmack
500 ml Vollmilch

In einem Stieltopf die Selleriewürfel in etwas Traubenkernöl sanft und farblos weich dünsten. Etwas Salz zugeben. Die Milch zugießen und 5 Minuten köcheln lassen. Den Topf vom Herd nehmen und die Selleriemischung glatt pürieren. Das Püree durch ein feines Spitzsieb passieren und abschmecken. Das Püree mit Backpapier abgedeckt (damit sich keine Haut bildet) im Kühlschrank aufbewahren und unmittelbar vor dem Anrichten auf kleiner Flamme sanft erwärmen.

ZUM SERVIEREN

1–2 große Nashi-Birnen
2 g Pollen von wildem Fenchel

Die Nashi-Birnen in 4 je 3 cm dicke Scheiben schneiden. Mit einem 4 cm großen runden Ausstecher aus jeder Scheibe einen Kreis stechen. Mit einem 3,5 cm großen runden Ausstecher aus jedem Kreis die Mitte ausstechen. Diese Ringe mit der eingelegten Gurke füllen und auf Küchenkrepp abtropfen lassen. Je einen gefüllten Ring auf die Teller legen. Je 1 TL Selleriepüree daneben anrichten. Das Fleisch in 4 Stücke schneiden, mit der Apfelglasur bestreichen und mit Fenchelpollen bestreuen. Das Fleisch auf das Püree setzen. Etwas Cidersirup dazugeben. Je eine Blutwurstkugel daraufsetzen.

Rinderzunge, Tomaten, Queller

FÜR 4 PERSONEN – DIESES REZEPT BENÖTIGT 1 TAG VORLAUFZEIT

Landwirtschaft ist harte Arbeit, trotzdem ist es schwer, die Mühe des Anbaus und der Zucht unserer Lebensmittel zu würdigen, wenn man nicht selbst auf einer Farm aufgewachsen ist und die tägliche Plackerei erlebt hat. Jeder sollte sich vorstellen können, was es heißt, für seinen Betrieb Viehfutter anzupflanzen, die Tiere damit zu füttern, sich ständig um die Tiere zu sorgen, Naturkatastrophen (Überschwemmungen in Neuseeland und Dürre in Australien) zu trotzen, Zäune instand zu setzen, das Vieh selbst zu vermarkten und dabei auch noch zu bangen, ob der Verkauf einen kleinen Profit abwirft.

Wer weiß, wie schwer die Aufzucht hochwertiger Fleischrinder ist, misst seinem Fleisch einen ganz anderen Wert bei und betrachtet sämtliche Fleischteile als gleichwertig, was sie ja auch sind, obwohl es historisch bedingt gesellschaftliche Vorurteile gibt, die einzelne Teile höher bewerten als andere. Von klein auf hat mir mein Vater Rob beigebracht, das ganze Tier zu essen.

Wir züchteten hauptsächlich Aberdeen-Angus-Rinder und Hereford-Angus-Kreuzungen, die bis in die 1990er-Jahre als die vorherrschenden Fleischrinderarten Neuseelands galten, bis Milchviehrassen wie das Simmentaler-, das Charolais- und das Holsteinrind die Reinzucht der ursprünglichen neuseeländischen Rassen verwässerten. Mein Vater fasst die 30 Jahre, die er Rinder gezüchtet hat, folgendermaßen zusammen:

»Ich habe im Laufe der Jahre viele missglückte Schlachtungen erlebt. Der Schlüssel ist, dass das Tier vollkommen entspannt sein muss und nicht mal ahnen soll, was kommt. Wenn man ein gestresstes oder panisches Tier schlachtet, wird das Fleisch zäh, daher sollte man das Schlachten lieber um einen Tag verschieben, wenn das Rind zu aufgeregt ist.

Am Schlachttag sollte eine kleine Herde in den dafür vorgesehenen Pferch oder unter einen Baum getrieben werden. Ein bereits geladenes Gewehr sollte bereitstehen, um den Tieren einen aufgesetzten Kopfschuss zu verpassen.

Das am Boden liegende Tier muss möglichst rasch ausbluten, daher muss man zusätzlich mit dem Messer die großen Blutgefäße in Herznähe öffnen. Viele lassen das Tier liegend ausbluten, doch ich verwende normalerweise einen Frontlader oder einen Bulldozer und eine an einem starken Ast befestigte Seilwinde, um das tote Tier hochzuziehen, damit das Fleisch nicht dreckig wird und das Rind vor dem Häuten fachgerecht ausbluten kann.

Die beste Zeit für Hausschlachtungen ist der Herbst, wenn die Tiere gut im Futter sind und das Wetter kühl genug ist, dass das Fleisch beim Abhängen keinen Schaden nimmt. Im Frühling und im Sommer oxidiert das Muskelfett aufgrund der Wärme schneller und sorgt dafür, dass das Fleisch verdirbt.

Am Tag nach der Schlachtung sollte der Tierkörper geviertelt und ins Kühlhaus gebracht werden. Dort sollte das Fleisch eine Woche abhängen, bevor es in Teilstücke zerlegt wird.«

GETROCKNETE OLIVEN

60 g Kalamata-Oliven, in Lake eingelegt, entsteint

Die entsteinten Oliven 24 Stunden im 68°C warmen Dörrgerät trocknen, danach auf Raumtemperatur abkühlen lassen, zerkrümeln und luftdicht verschlossen aufbewahren.

RINDERZUNGE

1 gepökelte Rinderzunge (etwa 1,3 kg)
200 g Staudensellerie, gewaschen und in 3 cm lange Stücke geschnitten
200 g Zwiebeln, in 3 cm große Stücke geschnitten
150 g Möhren, in 3 cm dicke Scheiben geschnitten
2 frische Lorbeerblätter
2 Zweige Thymian
16 g Senfkörner
4 g Koriandersamen
700 ml trockener Weißwein
4 l Wasser
Kohle* zum Räuchern
Holzchips* zum Räuchern (z.B. Mallee-Wurzelholz), 30 Minuten in Wasser eingeweicht
Meersalzflocken nach Geschmack
1 Portion Tomatenvinaigrette (siehe rechte Seite)

Die Zunge mit dem Gemüse, den Kräutern und Gewürzen in einen großen Topf geben, das Wasser zugießen und aufkochen. Die Temperatur reduzieren und die Zunge, mit Gewichten beschwert, damit sie ständig vom Wasser bedeckt ist, 3–4 Stunden sanft köcheln, bis sie zart ist. Dabei immer wieder den Schaum entfernen. Danach den Topf vom Herd nehmen und die Zunge im Sud auf 40°C abkühlen lassen.

Die Zunge aus dem Sud heben, häuten und an den Rändern gerade schneiden. Den Sud durch ein feines Sieb geben. Die Zunge in eine rechteckige Form legen, zur Hälfte mit dem Sud bedecken und mit einer zweiten, gleich großen und mit Gewichten gefüllten Form beschweren, um die Zunge nach unten zu drücken. Die beschwerte Zunge mindestens 4 Stunden oder über Nacht in den Kühlschrank stellen. Die Zunge in 5 mm dünne Scheiben schneiden und zum Servieren jeweils 3 Scheiben sauber übereinanderschichten.

Kurz vor dem Servieren in einem Räucherofen die Kohle entzünden. Nach dem ersten Abbrennen ein paar eingeweichte Holzchips zugeben. Hat sich genügend Rauch entwickelt, das Zungenfleisch 4 Minuten räuchern. Mit Salz bestreuen und mit Tomatenvinaigrette beträufeln.

TOMATEN

500 g gemischte Tomaten (von alten Sorten, möglichst viele verschiedene Sorten und Farben)
1 Prise Tafelsalz
1 Prise feiner Zucker

In einem großen Topf Wasser aufkochen. Die Tomaten kreuzweise einschneiden und den Stielansatz entfernen. Die Tomaten 3 Sekunden im kochenden Wasser blanchieren und danach in Eiswasser abschrecken. Die Tomaten abziehen und größere Tomaten halbieren. Aus den Tomatenhälften die Kerne entfernen und 8 ganze gehäutete Tomaten und 4 entkernte Tomatenhälften beiseitestellen.

Die Kerne und eventuell überschüssige Tomaten in eine Schüssel geben und mit je 1 Prise Salz und Zucker zerdrücken. Die Schüssel mit Klarsichtfolie abdecken und an einem warmen Ort 1 Stunde ruhen lassen, damit die Tomaten Saft ziehen. Den Tomatensaft durch ein mit Gaze oder mit einem Passiertuch ausgelegtes Sieb drücken und das aufgefangene Tomatenwasser für die Tomatenvinaigrette verwahren.

ERDBEERTOMATEN

100 ml frisch gepresster und durch ein feines Sieb passierter Erdbeersaft
25 ml frisch gepresster und passierter Tomatensaft
20 g feiner Zucker
1 kleine Prise Salz
2 reife Ochsenherz-Tomaten, blanchiert und gehäutet

Die Säfte mit dem Salz und dem Zucker aufkochen, 4 Minuten sanft köcheln, danach abkühlen lassen und durch ein feines Sieb passieren. Die Tomaten vierteln und die Kerne und die Zwischenwände entfernen. Die ausgehöhlten Tomaten mit dem Erdbeersirup in einen Beutel eines Kammer-Vakuumiergeräts* füllen und 25 Sekunden 100 Prozent vakuumieren. Anschließend den Beutel 1 Stunde ruhen lassen. Danach den Beutel öffnen und die Tomaten mit der Hautseite nach oben auf den Rost eines Dörrgeräts legen. Die Tomatenviertel mit dem Erdbeersirup bepinseln und mit etwas Salz bestreuen. Die Tomaten 45 Minuten bei 45°C trocknen und dabei alle 10 Minuten erneut mit Sirup bepinseln. Noch warm direkt aus dem Dörrgerät servieren.

TOMATENVINAIGRETTE

90 ml Tomatenwasser (siehe Tomatenrezept
auf der linken Seite)
50 ml fruchtiges, extra natives Olivenöl
10 ml Rotweinessig
20 ml weißer Aceto balsamico
Tafelsalz und feiner Zucker nach Geschmack (optional)

Die Zutaten gut vermischen und nach Geschmack mit 1 Prise Salz und ein ganz klein wenig Zucker würzen. Bis zum Servieren zugedeckt bei Raumtemperatur beiseitestellen.

RINDFLEISCH

150 g Bavette vom Wagyu-Rind (siehe Anmerkung)
Meersalzflocken nach Geschmack
30 ml Bio-Canolaöl* zum Sautieren

Das Fleisch 1 Stunde vor der Zubereitung aus dem Kühlschrank nehmen, damit es später gleichmäßig durchgart.

Den Backofen auf 110°C vorheizen. Das Fleisch mit Salz bestreuen und in einer heißen Pfanne in etwas Canolaöl anbraten, bis es gleichmäßig gebräunt ist. Die Bavette auf einem Rost 8–10 Minuten im Ofen garen. Dabei mit einem Küchenthermometer die Kerntemperatur des Fleisches messen und das Fleisch aus dem Ofen nehmen, sobald 55–56°C erreicht sind. Das Fleisch an einem warmen Ort 10 Minuten ruhen lassen.

ANMERKUNG: Beim französischen Fleischschnitt des Rindes ist die Bavette das hinterste Lappenstück der Lende.

FRITTIERTE ZWIEBELN

500 ml Bio-Canolaöl* zum Frittieren
½ kleine Zwiebel
Tafelsalz nach Geschmack

Das Canolaöl in einem mittelgroßen, tiefen Topf auf 165°C erhitzen. Die Zwiebel mit einer Mandoline in dünne Ringe schneiden und einen Ring ins heiße Öl geben. Gart die Zwiebel gleichmäßig, dann ist das Öl heiß genug. Den frittierten Zwiebelring entfernen und den Rest in das heiße Öl geben. Unablässig rühren. Die goldbraunen Zwiebelringe herausheben und auf Küchenkrepp trocknen lassen. Die abgekühlten Zwiebelringe luftdicht verschlossen aufbewahren.

WALNUSSCREME

250 g Walnusskerne (»Wellwood Wallace«)*,
blanchiert und gehäutet
Tafelsalz nach Geschmack
140 ml Eiswasser
70 g kalt gepresstes Walnussöl (»Wellwood Wallace«)*
7 ml weißer Aceto balsamico
15 ml Apfel-Cidre-Essig
10 ml filtrierter Zitronensaft
1 kleine Prise feiner Zucker

In einem Standmixer die Walnusskerne, das Salz und das Eiswasser zu einer glatten Paste pürieren. Das Walnussöl zugeben und erneut mixen. Die Paste in den Kühlschrank stellen, bis sie kalt ist, danach die restlichen Zutaten zugeben. Erneut mixen, bis eine glatte Creme entsteht. Die Creme durch ein feines Sieb passieren und bis zum Servieren luftdicht verschlossen im Kühlschrank aufbewahren. Dies ergibt mehr Creme, als für das Gericht erforderlich ist, aber kleinere Mengen lassen sich im Standmixer nur schlecht verarbeiten. Außerdem schmeckt die Creme wunderbar als Brotaufstrich und hält sich bis zu 4 Tage im Kühlschrank.

ZUM SERVIEREN

10 g fein gemahlene Walnusskerne (»Wellwood Wallace«)*
4 Scheiben Wagyu-Bresaola
16 Stengel vom wilden Queller
12 Rosmarinblüten

Zum Anrichten je 1 kleinen TL Walnusscreme auf jeden Teller geben und mit fein gemahlenen Walnüssen bestreuen.

Die beiseitegelegten gehäuteten Tomaten mit etwas Tomatenvinaigrette und Salz anmachen. Jeweils eine Tomate neben der Walnusscreme anrichten, daneben wieder 1 kleinen TL Walnusscreme geben und wieder eine Tomate danebenlegen. Eine Scheibe Bresaola darüberlegen und darauf und daneben die restlichen Tomaten garnieren.

Die Erdbeertomaten aus dem Dörrgerät nehmen und ebenfalls auf den Bresaola geben.

Die Bavette in 4 Stücke schneiden, diese mit Küchenkrepp trocken tupfen und auf den Tellern anrichten.

Auf den zweiten Löffel Walnusscreme je ein Stück Rinderzunge legen und darüber den Queller und die zerkrümelten Oliven streuen. Die Rosmarinblüten auf den Tellern verteilen und zum Schluss über die Tomaten und das Fleisch noch etwas Vinaigrette träufeln und die Zwiebelringe dazu reichen.

Schweizer Gruyère, Walnüsse, Rotweindestillat

FÜR 4 PERSONEN

CRACKER

- 230 g Weizenmehl Type 405, gesiebt
- 20 g Roggenmehl
- 3 g feiner Zucker
- 5 g Tafelsalz
- 40 g Butter, auf 4°C gekühlt und gewürfelt
- 160 ml Vollmilch

Die beiden Mehlsorten, den Zucker und das Salz in einer Küchenmaschine 10 Sekunden mischen. Dann die Butter zugeben und alles mixen, bis sich Butter und Mehl verbunden haben. Die Milch zugießen und weitere 5 Sekunden mixen. Den Teig auf einer mit Mehl bestäubten Arbeitsfläche geschmeidig kneten, dann zugedeckt 2 Stunden im Kühlschrank ruhen lassen.

Den Backofen auf 180°C vorheizen.

Den Teig in 3 Portionen teilen und diese mit Hilfe einer Nudelmaschine zu dünnen Teigblättern walzen. (Dabei bei jedem Durchgang den Abstand der Walzen geringfügig verkleinern.) Die Teigblätter auf ein mit Backpapier bedecktes Blech legen und 10 Minuten im Ofen backen, bis sie goldgelb und knusprig sind. Die gebackenen Teigblätter auf einem Rost abkühlen lassen und mit einem scharfen, gezahnten Messer in etwa 10 cm × 5 cm große Stücke teilen. Die fertigen Cracker luftdicht verschlossen aufbewahren.

ROTWEINDESTILLAT

- 750 ml Cabernet Sauvignon
- 15 g feiner Zucker
- 15 g flüssige Glukose

Sämtliche Zutaten in ein 6-l-Gefäß eines Rotationsverdampfers füllen, die Wasserbadtemperatur auf 35°C, die Kühlung auf -20°C und die Rotationsgeschwindigkeit auf 80 RPM (Umdrehungen pro Minute) einstellen. Das Rotweingemisch unter Vakuum 35 Minuten destillieren, bis alles zu einem zähflüssigen Sirup reduziert ist. Das Gefäß 30 Minuten umgedreht über einem Messbecher austropfen lassen und den Sirup in eine kleine Squeeze-Flasche umfüllen. Den Sirup bei Raumtemperatur servieren bzw. für einen späteren Gebrauch im Kühlschrank aufbewahren.

ZUM SERVIEREN

- 120 g Schweizer Gruyère, im Kühlschrank gelagert
- 40 g Walnusskerne (»Wellwood Wallace«)*, mit einer Mandoline dünn gehobelt
- 28 Blätter vom wilden Kohl
- 5 ml kalt gepresstes Walnussöl (»Wellwood Wallace«)*
- 1 kleine Prise Meersalzflocken

4 Cracker auf eine Servierplatte legen und den Käse mit der groben Klinge einer Microplane-Reibe* darüberhobeln, bis jeder Cracker etwa 1 cm dick mit Käse bedeckt ist. Die Walnusshobel darüberstreuen und jeden Cracker mit 10 Tropfen Rotweindestillat garnieren. In einer kleinen Schale die wilden Kohlblätter mit dem Walnussöl und dem Salz anmachen und über die Cracker streuen.

Apfel, Olivencreme, warme Getreidestreusel

FÜR 4 PERSONEN

APFEL UND SELLERIE

- 100 ml frisch gepresster und passierter Apfelsaft (von Pink Lady)
- 50 g feiner Zucker
- 10 ml filtrierter Zitronensaft
- 4 Äpfel (Pink Lady)
- 1 große Stange Staudensellerie, geschält und grob gerieben
- 1 EL Apfelsirup (siehe rechte Spalte)
- 1 kleine Prise Tafelsalz

In einem kleinen Stieltopf den Apfelsaft mit dem Zucker aufkochen. Sobald sich der Zucker aufgelöst hat, den Topf vom Herd nehmen und den Sirup in den Kühlschrank stellen. Den Zitronensaft in den kalten Sirup einrühren.

Die Äpfel grob reiben und mit dem kalten Apfelsirup in einen Beutel eines Kammer-Vakuumiergeräts* füllen und 45 Sekunden 100 Prozent vakuumieren. Den Beutel anschließend 8 Stunden im Kühlschrank ruhen lassen.

Unmittelbar vor dem Servieren die geriebenen Äpfel in einem Sieb über einer Schüssel abtropfen lassen, dabei den Saft auffangen und zum Anrichten aufbewahren. Die geriebenen Äpfel sanft ausdrücken, um noch mehr Saft zu gewinnen. In einer Schüssel die geriebenen Äpfel mit dem Sellerie, dem Apfelsirup und dem Salz mischen.

APFELSIRUP

- 6 grüne Äpfel (Granny Smith)

Die Äpfel entsaften und den Saft durch ein mit Gaze oder mit einem Passiertuch ausgelegtes Sieb abseihen. Anschließend den Saft in ein 3-l-Gefäß eines Rotationsverdampfers füllen, die Wasserbadtemperatur auf 35°C, die Kühlung auf -20°C und die Rotationsgeschwindigkeit auf 50 RPM (Umdrehungen pro Minute) einstellen. Den Saft unter Vakuum 1½ Stunden destillieren, bis der Saft zu einem zähflüssigen Sirup reduziert ist. Alternativ den Saft zu einem zähflüssigen Sirup einkochen lassen, allerdings ist der Geschmack dann nicht ganz derselbe.

OLIVENCREME

- 35 g Kalamata-Oliven, entsteint
- 2 Sternanis
- 450 ml flüssige Konditorsahne (35 % Fett i. Tr.)
- 250 ml Dessertwein (z.B. Sauternes)
- 60 g feiner Zucker
- 15 g Melasse
- 2 Bio-Eier (von frei laufenden Hühnern)
- 6 Bio-Eigelb (von frei laufenden Hühnern)

Den Backofen auf 110°C vorheizen. In einem kleinen Stieltopf 200 ml Sahne auf kleiner Flamme erwärmen und die Oliven und die Sternanis 15 Minuten darin ziehen lassen. Den Topf vom Herd nehmen, die Sternanis entfernen und die Olivensahne glatt pürieren. Die Sahne durch ein feines Sieb passieren und abkühlen lassen.

In einem zweiten kleinen Stieltopf den Dessertwein mit dem Zucker und der Melasse kurz aufkochen, dann den Topf vom Herd nehmen und den Inhalt abkühlen lassen.

Mit einem Schneebesen die Eier und die Eigelbe unter die Melassemischung rühren, dann die Olivensahne und die restliche Sahne unterrühren. Alles gründlich vermischen und durch ein feines Sieb passieren.

Die Creme in eine rechteckige, ca. 20 cm lange Edelstahlwanne gießen und diese fest mit Klarsichtfolie umwickeln. Die Form in einem Wasserbad etwa 25 Minuten in den Ofen stellen, bis sich die Creme gesetzt hat. Die Form aus dem Ofen nehmen, abkühlen lassen und bis zum Servieren im Kühlschrank aufbewahren.

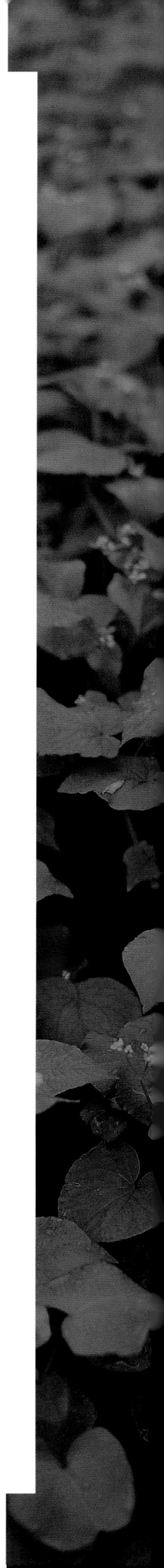

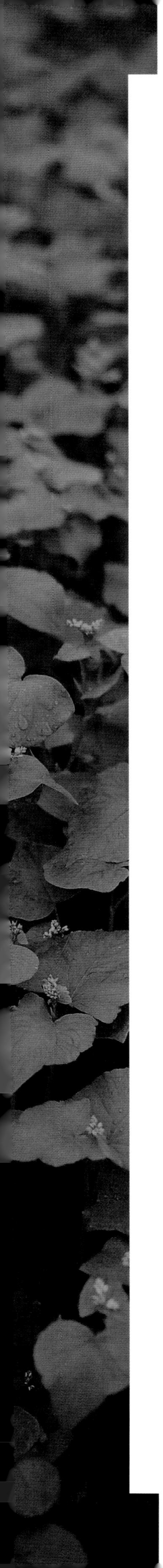

KANDIERTE HAFERFLOCKEN

250 ml Wasser
220 g feiner Zucker
100 g Haferflocken
Tafelsalz nach Geschmack

Den Backofen auf 150°C vorheizen.

In einem kleinen Stieltopf das Wasser aufkochen, den Zucker hineingeben und so lange rühren, bis dieser sich aufgelöst hat. Die Haferflocken zugeben und 5 Minuten sanft köcheln. Die Haferflocken 5 Minuten in einem Sieb über einer Schüssel abtropfen lassen, anschließend auf einer Silikonbackmatte verteilen und ein wenig Salz darüberstreuen. Die Haferflocken 10–15 Minuten im Ofen backen, bis sie knusprig und goldbraun sind.

Die kandierten Haferflocken auf Raumtemperatur abkühlen lassen und im Mörser groß zerstoßen. Bis zum Servieren luftdicht verschlossen aufbewahren.

WARME GETREIDEFLOCKEN

45 g braune Butter (siehe Basics)
15 g Butterscotch-Karamell (siehe Seite 261)
45 g kandierte Haferflocken (siehe oben)
35 g geröstete Haselnüsse, grob zerstoßen
25 g weicher brauner Zucker
1 g Zimtpulver
0,5 g gemahlene Gewürznelken
1 g feines Tafelsalz
25 g Maltodextrin*

In einem sehr kleinen Stieltopf die braune Butter mit dem Butterscotch aufkochen. Die restlichen Zutaten in einer Schüssel miteinander vermischen, die Buttermischung darübergießen und kräftig umrühren, damit sich keine Klumpen bilden. So lange rühren, bis alles glatt und gut vermischt ist.

Vor dem Servieren den Backofen auf 150°C vorheizen und die Getreideflocken darin in einer Edelstahlschüssel 4 Minuten rösten. Erneut gut umrühren und heiß servieren.

ZUM SERVIEREN

2 Blatt Reispapier, jeweils in 2 Kreise mit einem Durchmesser von 12 cm geschnitten
25 g gefriergetrocknete Äpfel*
Apfelsaft von Pink Lady (vom Rezept »Apfel und Sellerie«)

Jeweils einen Dessertlöffel Olivencreme auf den Boden jeder Dessertschale geben und mit der Apfelselleriemischung bedecken. Den Pink-Lady-Apfelsaft in eine separate Schale geben. Die Reispapieroblaten mit dem Apfelsirup bestreichen und den gefriergetrockneten Apfel darüberreiben. Die Oblaten nacheinander vorsichtig 5 Sekunden in den Apfelsaft legen, damit sie feucht werden, dann in den Dessertschalen auf die Apfelselleriemischung legen. Bei Tisch über jede Schale etwas von den warmen Getreideflocken streuen.

Rosinen, Haselnüsse, Schafgarbe

FÜR 4 PERSONEN

ROSINEN

32 große grüne Trauben

Die Trauben gründlich in kaltem Wasser waschen, mit Küchenkrepp trocken tupfen und im 70°C heißen Dörrgerät 4 Stunden trocknen, bis sie hellbraun und leicht schrumpelig sind. Die Rosinen aus dem Dörrgerät nehmen, auf Raumtemperatur abkühlen lassen und luftdicht verschlossen bis zum Servieren verwahren.

SCHAFMILCHJOGHURTMOLKE

1 kg Schafmilchjoghurt (»Meredith Dairy«)
Tafelsalz nach Geschmack
Zitronensaft nach Geschmack

Den Joghurt in ein mit Gaze oder mit einem Passiertuch ausgelegtes Sieb geben und im Kühlschrank etwa 3 Stunden über eine Schüssel hängen, damit die Molke abfließen kann. Den Joghurt für ein anderes Gericht aufbewahren. 80 ml Molke mit 1 Prise Salz und ein paar Tropfen Zitronensaft mischen. Die Molke sollte sehr säuerlich schmecken. Die Molke bis zum Servieren im Kühlschrank aufbewahren.

TRAUBENSIRUP

2 kg grüne Trauben, gewaschen und getrocknet
natürliche Zitronensäure* nach Geschmack

Die Trauben in einem Entsafter mit Zentrifuge entsaften und den Saft durch ein feines mit Gaze oder mit einem Passiertuch ausgelegtes Sieb gießen. Den Saft in ein 6-l-Gefäß eines Rotationsverdampfers füllen, die Wasserbadtemperatur auf 45°C, die Kühlung auf -25°C und die Rotationsgeschwindigkeit auf 70 RPM (Umdrehungen pro Minute) einstellen. Den Saft unter Vakuum 2 Stunden destillieren, bis er zu einem zähflüssigen grünen Sirup reduziert ist. Den Sirup abschmecken, eventuell ein ganz klein wenig Zitronensäure zugeben und gut unterrühren. Den Sirup in eine kleine Squeeze-Flasche füllen und bis zum Gebrauch im Kühlschrank aufbewahren.

FEIGENBLATTFRISCHKÄSE

1 l Bio-Milch (von Jersey-Kühen)
8 frische Feigenblätter
40 g feiner Zucker
1 Prise Tafelsalz
10 ml filtrierter Zitronensaft

Die Zutaten mit Ausnahme des Zitronensafts in einen großen Stieltopf geben, auf 70°C erhitzen und bei dieser Temperatur 20 Minuten ziehen lassen. Die Temperatur auf 80°C erhöhen und den Zitronensaft zugeben, damit sich die geronnene Milch von der Molke trennt. Die Feigenblätter entfernen, vorher alle festen Milchbestandteile von den Blättern abkratzen. Das Bruch-Molke-Gemisch vorsichtig in ein mit Käseleinen ausgelegtes Sieb schöpfen, damit die Molke ablaufen kann. Die Molke beiseitestellen und den Frischkäsebruch auf Raumtemperatur abkühlen lassen. Den Frischkäsebruch in ein luftdicht verschließbares Gefäß füllen und etwas Molke darüberlöffeln, damit er feucht bleibt. Der Feigenblattfrischkäse sollte ein bisschen aussehen wie Hüttenkäse und dezent bitter schmecken.

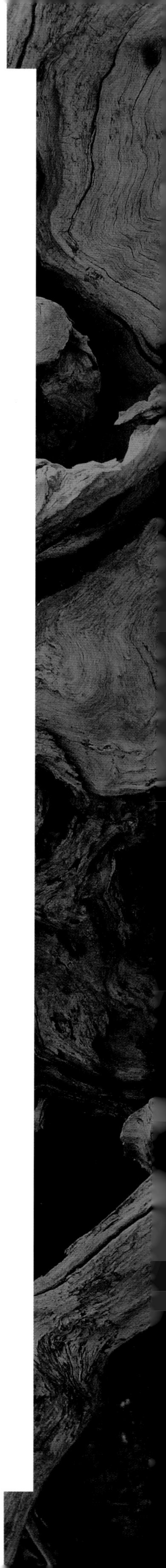

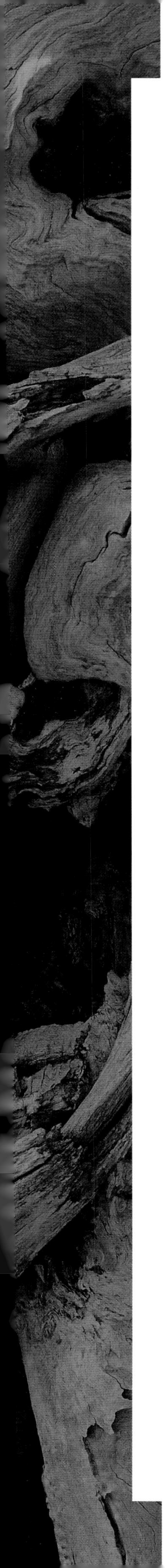

HASELNUSSGELEE

10 g weiße Blattgelatine
200 g Isomalt*
120 g feiner Zucker
50 g flüssige Glukose
200 ml Wasser
400 ml kalt gepresstes Haselnussöl (»Uncle Joe's«), auf Raumtemperatur erwärmt
1 Prise Tafelsalz

Die Gelatine 4 Minuten in kaltem Wasser einweichen, danach abtropfen lassen und ausdrücken.

In einem mittelgroßen Stieltopf das Isomalt, den Zucker, die Glukose und das Wasser miteinander mischen und unter gelegentlichem Rühren auf mittlerer Flamme so lange erwärmen, bis das Isomalt geschmolzen ist. Diesen Sirup in einen Messbecher umfüllen. Einen Stabmixer so in das Gefäß eintauchen, dass die Luft, die sich unter den Klingen befindet, entweichen kann, um nicht unnötig Luftblasen unter das Gelee zu mischen.

Den Stabmixer auf kleinster Stufe einschalten, damit kein Strudel entsteht, der Luft anziehen könnte. Bei laufendem Mixer nach und nach das Haselnussöl zugeben und so lange weitermixen, bis es vollständig emulgiert ist. Mit Salz würzen und die Gelatine so lange unterrühren, bis sie sich vollständig aufgelöst hat. Das Gelee in eine in Eiswasser stehende Schüssel füllen und so lange mit einem Holzspachtel umrühren, bis es zähflüssig, glatt und glänzend ist. Das fertige Gelee luftdicht verschlossen im Kühlschrank aufbewahren.

ZUM SERVIEREN

24 kleine grüne Trauben
28 Schafgarbe-Blattspitzen
Meersalzflocken nach Geschmack

Die Rosinen und 2 EL Traubensirup in eine Schüssel geben und so lange vorsichtig vermischen, bis die Rosinen vom Sirup überzogen sind. In jede Dessertschale 8 Rosinen und 6 Trauben geben und dazwischen jeweils etwas Haselnussgelee löffeln. Zwischen die Rosinen und Trauben kleine Mengen Feigenblattfrischkäse geben und in jede Schale 20 ml Molke gießen. Mit ein paar Schafgarbe-Blattspitzen und einigen Meersalzflocken bestreut servieren.

Mandelvariationen mit Mandarinen und Datteln

FÜR 4 PERSONEN

Es ist klar, dass hochwertige Zutaten einen enormen Einfluss auf die Gerichte haben. Irgendwie halten wir bei uns in der Küche immer Ausschau nach der perfekten frischen Zutat – der besten Tomate oder dem perfekten Pilz –, während die Zutaten aus der Vorratskammer häufig übersehen werden. Zum Beispiel die bescheidene Mandel und ihre Variationen: gemahlene Mandeln und Mandelöl. Die meisten Menschen kaufen aus Bequemlichkeit die erstbesten Mandeln und damit häufig ein minderwertiges Produkt. Mandeln werden unterschiedlich gut produziert, und Mandeln, die sorgfältig und mit Bedacht kultiviert wurden, erzielen einen völlig anderen Geschmack.

Vor acht Jahren habe ich Cihan Paksoy, einen Mandelproduzenten aus Mildura, kennengelernt und seine Mandeln probiert. Der Geschmack dieser »Happy Fruit«-Mandeln hat mich einfach umgehauen und mich dazu inspiriert, ihnen ein Gericht zu widmen, das dokumentiert, welche Mühen und Anstrengungen Cihan unternimmt, um uns mit einem solch wunderbaren Produkt zu erfreuen.

MANDELSTREUSEL

- 100 g frisch gemahlene Bio-Mandelkerne (»Happy Fruit«)
- 250 g feiner Zucker
- 100 g Weizenmehl Type 405, gesiebt
- 5 g Backpulver, gesiebt
- 1 Prise Tafelsalz
- 250 g Bio-Eiweiß (von frei laufenden Hühnern), auf Raumtemperatur erwärmt
- 120 g braune Butter (siehe Basics), gefiltert und auf 40°C abgekühlt

Die gemahlenen Mandeln, den Zucker, das Mehl, das Backpulver und das Salz in die Schüssel einer Küchenmaschine geben und mit dem Schneebesenaufsatz mixen. Das Eiweiß zugeben, weitere 35 Sekunden mixen, dann die Butter zugeben und 1 Minute untermischen. Den Teig anschließend 30 Minuten im Kühlschrank ruhen lassen.

Den Backofen auf 140°C vorheizen. Eine 20 cm lange rechteckige Backform einfetten und mit Backpapier auskleiden. Den Teig in die Backform geben und 40 Minuten im Ofen backen. Der gebackene Streuselteig sollte sich anschließend mit einem Holzspieß einstechen lassen, ohne dass Teig an ihm kleben bleibt. Den fertig gebackenen Streuselteig auf einem Kuchenrost abkühlen lassen, mit einer Gabel zerkleinern und die Streusel in einem 80°C heißen Dörrgerät 2 Stunden trocknen.

ESSPAPIER AUS ROTER BETE

2 Rote Beten, geschält und geviertelt
2 Bio-Eiweiß (von frei laufenden Hühnern)
30 g feiner Zucker
1 große Prise Tafelsalz
etwas frisch gemahlenen schwarzen Pfeffer

Die Roten Beten in kochendem Wasser weich garen, dann in einem Standmixer mit dem Eiweiß, dem Zucker, dem Salz und dem Pfeffer zu einer glatten Masse pürieren. Dieses Püree durch ein feines Sieb passieren, mit einer Palette so dünn wie möglich auf mit Backpapier bedeckte Backbleche ausstreichen und im 50°C warmen Dörrgerät oder im Ofen 2 Stunden trocknen.

MANDELMILCH

400 g Bio-Mandelkerne (»Happy Fruit«)
800 ml Bio-Vollmilch (von Jersey-Kühen)

Die Mandeln in der Küchenmaschine mahlen, bis sie die Konsistenz von groben Semmelbröseln haben. Die Milch zugießen und die Mischung weiter auf kleiner Stufe rühren, aber nicht ganz pürieren. Die Mandeln 25 Minuten in der Milch ziehen lassen. Die Milch danach durch ein Passiertuch abseihen. Die Mandelmilch bis zur weiteren Verwendung im Kühlschrank aufbewahren.

MANDELEIS

500 ml Mandelmilch (siehe linke Spalte)
75 g Trimoline (Invertzucker) oder flüssige Glukose
100 g feiner Zucker
1 Zitrone, ausgepresst und der Saft filtriert
50 ml Mandellikör
250 g Frischkäse
1 kleine Prise Tafelsalz

Die Mandelmilch, die Trimoline und den Zucker in einem mittelgroßen Stieltopf aufkochen, dann auf 4°C abkühlen.

Den Zitronensaft, den Mandellikör und den Frischkäse mit dem Schneebesen vermischen und unter die kalte Mandelmilchmischung rühren. Die Eismasse durch ein feines Sieb passieren und nach Anweisungen des Herstellers in einer Eismaschine zu Eis werden lassen. Bis zum Servieren im Tiefkühlfach aufbewahren.

MANDELCREME

Bio-Canolaöl* zum Einfetten
200 ml Mandelmilch (siehe linke Spalte)
1 Bio-Ei (von frei laufenden Hühnern)
15 g feiner Zucker
½ Heilala-Vanilleschote, aufgeschlitzt und
das Mark herausgekratzt
Tafelsalz nach Geschmack

Den Backofen auf 110°C vorheizen und 4 Dariole-Förmchen mit einem Fassungsvermögen von je 150 ml mit etwas Canolaöl einfetten.

Sämtliche Zutaten miteinander mischen und mit dem Schneebesen aufschlagen. Die Mischung in die Förmchen füllen, die nur halbvoll werden sollten. Die Förmchen in eine mit Wasser gefüllte Backform stellen und 20 Minuten im Ofen backen. Die Creme aus dem Ofen und aus dem Wasserbad nehmen, sobald sie sich gesetzt hat (sie sollte immer noch leicht »wackelig« sein).

GEBRANNTE MANDELN

200 g feiner Zucker
50 ml Wasser
200 g Bio-Mandelkerne (»Happy Fruit«), leicht geröstet

In einem gusseisernen Stieltopf Zucker und Wasser sprudelnd aufkochen und so lange unablässig rühren, bis sich goldfarbener Karamell bildet. Die Mandeln in den Karamell geben und den Topf schwenken, bis die Mandeln ganz vom Karamell überzogen sind. Den Topfboden vorsichtig in eine mit kaltem Wasser gefüllte Schüssel tauchen, damit der Karamell nicht überkocht. Die karamellisierten Mandeln auf einem mit Backpapier bedeckten Backblech verteilen, auf Raumtemperatur abkühlen lassen und nach und nach im Mörser zerstoßen. Bis zum Servieren luftdicht verschlossen aufbewahren.

MANDELÖL

15 g Mandelöl
12–16 g Maltodextrin*
15 g feiner Zucker
Tafelsalz nach Geschmack

Das Mandelöl mit 12 g Maltodextrin, dem Zucker und etwas Salz mischen und eventuell noch etwas mehr Maltodextrin zugeben, bis die Mischung pulverisiert. Das Pulver luftdicht verschlossen aufbewahren.

MANDARINEN

100 ml frisch gepresster und filtrierter Mandarinensaft
100 g feiner Zucker
8 Mandarinenfilets

Den Saft und den Zucker in einem kleinen Stieltopf aufkochen, 2 Minuten köcheln lassen, danach vom Herd nehmen und abkühlen lassen.

Die Mandarinenfilets mit dem Mandarinensirup in einen Beutel eines Kammer-Vakuumiergeräts* füllen und 40 Sekunden 100 Prozent vakuumieren. Alternativ die Mandarinenfilets mit dem Sirup in eine Schüssel geben und 2 Stunden im Kühlschrank ziehen lassen.

Vor dem Anrichten die Mandarinenfilets abtropfen lassen und in kleine Stücke teilen.

ZUM SERVIEREN

2 Medjool-Datteln, entkernt und
in feine Streifen geschnitten
4 essbare Blütenblätter

Die Mandelcreme im Wasserbad etwas erwärmen und jeweils 1 Förmchen auf jeden Teller stürzen. 1 EL Mandelstreusel darübergeben und anschließend die Mandarinenstücke, die Datteln und je 1 EL Mandeleis darübergeben. Das Eis mit den gebrannten Mandeln und dem pulverisierten Mandelöl bestreuen. Die Teller mit kleinen Stücken Esspapier und den Blütenblättern garnieren.

Mandarinen, Honig, Rosmarin

FÜR 4 PERSONEN – DIESES REZEPT BENÖTIGT 2 TAGE VORLAUFZEIT

Manuka-Honig ist ein Mono-Blütenhonig (besteht also überwiegend aus den Pollen einer einzigen Pflanzenart) aus Neuseeland, der für seine antibakterielle Heilwirkung bekannt ist. Als ich 2005 zur alten Awaku-Road-Farm zurückkehrte, auf der ich aufgewachsen war, musste ich mit Erstaunen feststellen, dass die steilen Hügel über und über mit Manuka (Südseemyrte) bewachsen waren. Dabei konnte ich mich noch gut daran erinnern, wie mein Vater stets gegen diese Pflanze angekämpft hatte, um nicht sein Weideland an sie zu verlieren. Ich fragte unseren Freund Donald Cox, dem die Farm inzwischen gehört, warum man diese Myrte so habe wuchern lassen, und er erklärte mir, dass es lukrativer sei, Manuka wachsen zu lassen und damit Honig zu produzieren, als immer wieder das Land zu roden, um es als Weideland zu erhalten. Ein wirklich positiver Ausblick – vor allem vor dem Hintergrund des weltweiten Bienensterbens aufgrund der geschwundenen Artenvielfalt, der Pestizide, Unkrautvernichtungsmittel und Krankheiten. Mein Vater hätte sich also die viele Knochenarbeit sparen können.

MANDARINEN

4 Mandarinen
65 ml Wasser
125 g flüssiger Honig (»J. Friend & Co. Manuka Active 15+«)*

Die Mandarinen schälen und mit einem kleinen Tourniermesser vorsichtig von dem weißen Mesokarp befreien. Den Honig und das Wasser miteinander verrühren und mit den ganzen Mandarinen in einen Beutel eines Kammer-Vakuumiergeräts* füllen und 50 Sekunden 100 Prozent vakuumieren. Anschließend die Beutel 8 Stunden in den Kühlschrank legen, damit die Mandarinen weiter in ihrem Saft marinieren können.

KARAMELLISIERTER SÉMILLON

75 ml australischer Sémillon (Spätlese)
25 g feiner Zucker
10 ml Wasser
200 g selbst gemachte saure Sahne
(siehe Seite 267, 2 Tage im Voraus hergestellt)
natürliche Zitronensäure* und Tafelsalz nach Geschmack

Den Wein und den Zucker in einem sehr kleinen gusseisernen Topf sprudelnd aufkochen und kochen lassen, bis der Wein zu dunklem Karamell eingekocht ist. Den Topfboden vorsichtig in eine mit kaltem Wasser gefüllte Schüssel tauchen, damit der Karamell nicht überkocht. Das Wasser ein bisschen aufrühren, um den Karamell etwas fester werden zu lassen. Anschließend den Karamell auf Raumtemperatur abkühlen lassen. Den abgekühlten Karamell in die saure Sahne einrühren und abschmecken. Eventuell etwas Zitronensäure und Salz zugeben, um das Gleichgewicht zwischen Süße und Säure herzustellen. Die Karamellsahne in einen Krug gießen und bis zum Servieren im Kühlschrank aufbewahren.

MANDARINENÖL

- 1 l frisch gepresster und filtrierter Mandarinensaft
- 20 g Isomalt*
- 30 g feiner Zucker
- 20 ml Wasser
- 70 ml Mandarinenöl (siehe Anmerkung)
- natürliche Zitronensäure* und Tafelsalz nach Geschmack

Den Mandarinensaft in ein 6-l-Gefäß eines Rotationsverdampfers füllen, die Wasserbadtemperatur auf 40°C, die Kühlung auf -20°C und die Rotationsgeschwindigkeit auf 45 RPM (Umdrehungen pro Minute) einstellen. Den Saft unter Vakuum 1 Stunde destillieren, bis er zu einem zähflüssigen Sirup reduziert ist. Alternativ den Saft in einem kleinen Stieltopf zu Sirup einkochen, allerdings ist der Geschmack nicht ganz derselbe.

In einem sehr kleinen Stieltopf das Wasser und das Isomalt auf kleiner Flamme erhitzen und dabei gelegentlich rühren, bis sich das Isomalt aufgelöst hat. Die Mischung auf 80°C erhitzen und wieder auf 40°C abkühlen lassen. Mit einem Schneebesen den Mandarinensirup unterrühren.

Die Mischung in einen 500-ml-Messbecher mit geraden Wänden füllen. Bei laufendem Stabmixer das Mandarinenöl peu à peu zugießen – so wie man für eine Mayonnaise Öl langsam unter das Eigelb rührt –, bis es vollständig mit dem Sirup emulgiert ist. Das Ergebnis sollte ein orangefarbener Sirup sein, in dem das Öl keine sichtbaren Spuren hinterlassen hat. 1 Prise Salz zufügen und abschmecken. Je nachdem, wie süß die Mandarinen waren, eventuell noch etwas Zitronensäure hinzufügen, um den Zuckergehalt der Früchte auszugleichen. Die fertige Mischung in einer luftdicht verschließbaren Flasche im Kühlschrank aufbewahren.

ANMERKUNG: Für das Mandarinenöl 25 g Mandarinenschale und 100 ml Traubenkernöl in einen kleinen Beutel eines Kammer-Vakuumiergeräts* füllen und 35 Sekunden 100 Prozent vakuumieren. Den Beutel 2 Stunden in ein 50°C heißes zirkulierendes Wasserbad oder in einen mit Wasser gefüllten Topf geben, danach abkühlen lassen und das Mandarinenöl durch ein Passiertuch abseihen. Das fertige Mandarinenöl luftdicht verschlossen im Kühlschrank aufbewahren.

ZUM SERVIEREN

- 20 gefriergetrocknete Mandarinenfilets*
- 20 g flüssiger Honig (»J. Friend & Co. Manuka Active 15+«)
- 12 Rosmarinblüten
- 12 Oxalis-Blüten, Blütenblätter abgezupft

Die marinierten Mandarinenfilets vorsichtig voneinander lösen (je nach Größe einzeln oder doppelt) und mit den gefriergetrockneten Mandarinenfilets abwechselnd ringförmig auf den Tellern anrichten. Auf jeden Teller ein paar Tropfen Honig geben und die Mandarinenfilets einzeln mit dem Mandarinenöl glasieren. Die Blüten und Blütenblätter darüberstreuen und zum Abschluss etwas karamellisierten Sémillon in den Ring aus Mandarinenfilets gießen.

Herz und Seele

KAPITEL DREI

Walnuss und ihre Schale

FÜR 4 PERSONEN – DIESES REZEPT BENÖTIGT 1 TAG VORLAUFZEIT

»Wellwood Wallace« ist eine Bio-Walnussfarm in der Nähe von Ballarat, Victoria. Dort wird ein kalt gepresstes Walnussöl hergestellt, das – wie ich meine – die französischen Walnussöle im Geschmack übertrifft. In Europa stellt man Walnussöl traditionell her, indem man die Nusskerne in Steinölmühlen zu einer Paste zerreibt und diese dann erhitzt. Das steigert zwar die Ergiebigkeit, reduziert jedoch die natürlichen Aromen und den Vitamingehalt. Erst nach dem Rösten wird die Paste mit Hilfe einer hydraulischen Presse gewonnen, was bedeutet, dass das Öl heiß gepresst ist. Kenner bevorzugen kalt gepresstes Olivenöl – warum sollte das bei Walnussöl anders sein? Für das »Wellwood Wallace«-Walnussöl werden die Nusskerne nicht geröstet und zudem mit einer Spindelpresse gepresst. Auf diese Weise ist der Ertrag zwar etwas geringer, doch man erhält einen einzigartigen, unverfälschten Geschmack.

WALNUSSCREME

- 200 g Walnusskerne (»Wellwood Wallace«)*
- 0,5 g Knoblauch
- 220 ml Eiswasser
- Tafelsalz nach Geschmack
- 50 g kalt gepresstes Walnussöl (»Wellwood Wallace«)*
- 16 g Zitronensaft
- 10 g Apfel-Cidre-Essig
- 3 g weißer Aceto balsamico

Die Walnüsse über Nacht im Kühlschrank in kaltem Wasser einweichen. Am nächsten Tag das Gefäß eines Standmixers 30 Minuten in das Tiefkühlfach stellen. Die Walnüsse abtropfen lassen und die braunen Häutchen entfernen. Die Walnüsse im Kühlschrank auf 4°C abkühlen.

Die Walnüsse, den Knoblauch, das Eiswasser und 1 Prise Salz in das kalte Gefäß füllen und im Standmixer auf höchster Stufe zu einer glatten Paste pürieren. Den Mixer weiterlaufen lassen, bis sich die Paste leicht erwärmt. Die Paste durch ein feines Sieb passieren und ins Tiefkühlfach stellen. Das Gefäß des Standmixers reinigen und ebenfalls zurück in das Tiefkühlfach stellen. Beides 30 Minuten kühlen.

Die Paste erneut in das kalte Gefäß geben und bei laufendem Motor des Standmixers nach und nach das Walnussöl, den Zitronensaft, den Apfel-Cidre-Essig und den weißen Aceto balsamico zugeben. Alles weitere 5 Minuten mixen, bis die Paste eine seidige und cremige Konsistenz hat.

Mit Salz abschmecken und durch ein feines Sieb passieren. Die Creme luftdicht verschlossen in den Kühlschrank stellen und erneut abschmecken, sobald sie wieder abgekühlt ist. Dieses Rezept ergibt mehr Creme, als für das Gericht benötigt wird.

ZUM SERVIEREN

- 100 g Eichenholzchips aus einem alten Rotweinfass
- 4 ganze Walnüsse (»Wellwood Wallace«)*, mit einer kleinen Laubsäge geöffnet, Kerne entfernt und Schalen verwahrt
- 12 g ausgepalte Markerbsen
- 8 Tropfen kalt gepresstes Walnussöl (»Wellwood Wallace«)*
- 4 Buchweizenblüten

Die Holzchips auf 4 Schälchen aufteilen und jeweils eine halbe Walnussschale auf die Chips legen. Die Walnussschalen mit je 1 TL Walnusscreme füllen und diese mit den Erbsen garnieren. Auf die Erbsen jeweils 2 Tropfen Walnussöl und eine Buchweizenblüte geben und die andere Schalenhälfte daraufsetzen, sodass eine geschlossene Walnuss entsteht.

Portulak, Gurken, Kürbiskerne

FÜR 4 PERSONEN

Von klein auf hat mich mein Sohn Kobe in die Natur begleitet, um Essbares für die Küche zu sammeln. Wir verließen morgens um 7:30 Uhr das Haus, um eine Stunde sammeln zu gehen, bevor ich ihn dann zum Kindergarten brachte. Portulak gehört aufgrund seines milden Geschmacks und seiner fleischigen Blätter zu seinen Lieblingspflanzen. Ich hoffe sehr, dass meine Kinder dank dieser Erfahrungen einmal echte Ehrfurcht vor der Natur entwickeln.

Portulak ist sehr schmackhaft. Ich serviere dieses Gericht im Spätsommer und Frühherbst, wenn die Pflanzen ausgewachsen und kurz davor sind, ihre Samen auszustreuen. Hier stelle ich einen Pflanzenteil in den Vordergrund, der häufig übersehen wird – die Triebe bzw. Stengel oder Stiele. Viele werfen diesen Teil der Pflanze einfach weg, doch für neugierige Köche, die immer nach einer neuen Konsistenz oder einem unentdeckten Aroma Ausschau halten, ist er besonders interessant. Auch Petersilienstengel lassen sich auf diese Weise hervorragend zubereiten – einfach die Garzeit ein wenig verlängern.

EIGELBE

- 4 Bio-Eigelb (von frei laufenden Hühnern)
- Tafelsalz nach Geschmack
- 10 ml Zitronensaft
- 10 ml Weißweinessig
- 50 ml Wasser
- 5 ml Traubenkernöl

Die Eigelbe in einen kleinen Beutel eines Kammer-Vakuumiergeräts* füllen und 100 Prozent vakuumieren. Anschließend die Beutel 2 Stunden in einem 65°C heißen, zirkulierenden Wasserbad garen.

Die Eigelbe aus dem Beutel in eine kleine Schüssel geben und mit einem Schneebesen das Salz, den Zitronensaft, den Essig und das Wasser unterrühren. Anschließend das Traubenkernöl einrühren, abschmecken und durch ein feines Sieb passieren. Die fertige Mischung in eine kleine Schale füllen und mit Backpapier abdecken, damit sich keine Haut bildet.

ZWIEBELGEWÜRZMISCHUNG

- 20 g Meersalzflocken
- 5 g Zwiebelpulver (siehe Basics)
- 5 g Knoblauchpulver (siehe Basics)

Sämtliche Zutaten in einer kleinen Schüssel vermischen und luftdicht verschlossen aufbewahren.

WÜRZIGE KÜRBISKERNE

- 125 g Kürbiskerne
- 10 g koreanisches Chilipulver
- 4,5 g Zwiebelgewürzmischung (siehe oben)
- 1 kleine Prise gemahlene Gewürznelken
- 9 g Traubenkernöl

Den Backofen auf 150°C vorheizen. Sämtliche Zutaten in einer Schüssel gut vermischen. Die gewürzten Kürbiskerne gleichmäßig auf einem Backblech verteilen und 5 Minuten im Ofen rösten, bis sie knusprig und goldbraun sind. Die Kürbiskerne anschließend auf Raumtemperatur abkühlen lassen und luftdicht verschlossen aufbewahren. Für das Gericht werden etwas weniger Kürbiskerne benötigt, doch sie sind auch ein Knabberspaß.

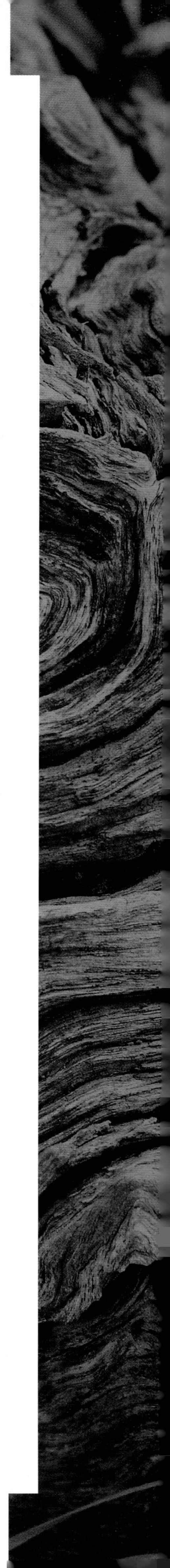

EINGELEGTE GURKE

75 g feiner Zucker
75 ml Weißweinessig
24 ml weiße Sojasauce
1 Zimtstange, geröstet und zerstoßen
60 ml weißes Sesamöl
1 Salatgurke

Den Zucker, den Essig, die Sojasauce und den Zimt in einem kleinen Stieltopf aufkochen. Den Topf vom Herd nehmen und den Sirup auf Raumtemperatur abkühlen lassen. Den Sirup durch ein feines Sieb passieren und das Sesamöl mit dem Schneebesen unterrühren.

Vor dem Servieren die Gurke in 3 cm dicke Scheiben schneiden. Mit einem 2 cm großen runden Ausstecher jeweils 3 kleine Zylinder aus jeder Scheibe ausstechen. Für das Gericht werden 8 Gurkenzylinder benötigt. Die Kerne aus den Gurkenzylindern entfernen und die Gurkenstücke mit dem Sirup in einen Beutel eines Kammer-Vakuumiergeräts* füllen und 40 Sekunden 100 Prozent vakuumieren. Die Gurkenzylinder anschließend 2 Stunden im Beutel marinieren lassen.

WEISSES MISO

50 g Saikyo Miso (weißes Miso)
15 ml Limettensaft
5 ml Reisweinessig
10 ml Wasser
15 ml Traubenkernöl

Alle Zutaten mit Ausnahme des Traubenkernöls in einer kleinen Schüssel mit dem Schneebesen kräftig verrühren. Nach und nach das Traubenkernöl unterrühren, bis eine Emulsion entstanden ist. Diese durch ein feines Sieb passieren und im Kühlschrank verwahren.

LAUCH

7 mittelgroße Stangen Lauch
25 ml Traubenkernöl
Tafelsalz nach Geschmack
5 ml Zitronensaft

Die Lauchstangen waschen, 1 cm hinter der Wurzel abschneiden und die harten Hüllblätter entfernen. Den weißen Teil der Lauchstangen jeweils in drei 3 cm lange Stücke schneiden. Für das Gericht werden 20 Stücke benötigt. Den grünen Teil der Lauchstangen für eine Gemüsebrühe verwahren. Die weißen Lauchstücke in kaltem Wasser waschen, mit Küchenkrepp trocken tupfen und mit etwas Traubenkernöl und 1 Prise Salz in einen kleinen Beutel eines Kammer-Vakuumiergeräts* füllen und 40 Sekunden 100 Prozent vakuumieren. Den Lauch im Beutel in einen Topf mit kaltem Wasser legen und dieses langsam aufkochen. Die Hitze etwas reduzieren und den Lauch 8 Minuten köcheln lassen. Der Lauch wird zarter, wenn man ihn langsam erhitzt und zum Kochen bringt.

Unmittelbar vor dem Servieren den Lauch aus dem Beutel nehmen, abschmecken, Zitronensaft zugeben und heiß servieren.

ZUM SERVIEREN

Tafelsalz nach Geschmack
12 Stengel Portulak, gewaschen
5 ml Traubenkernöl
1 kleine Corella-Birne, in 16 dünne Stäbchen geschnitten
24 Portulak-Blattspitzen, gewaschen

In einem mittelgroßen Stieltopf Wasser aufkochen und darin die Portulakstengel 15 Sekunden blanchieren. Danach abtropfen lassen und mit Salz und Traubenkernöl würzen.

Auf jeden Teller 5 Tropfen weißes Miso geben und darauf jeweils ein Stück Lauch stellen. 2 Gurkenzylinder auf jedem Teller anrichten und die Teller jeweils mit 2 kleinen Teelöffeln Eigelb garnieren. Die würzigen Kürbiskerne über das Eigelb streuen. Die Teller mit den Birnenstäbchen, den Portulakstengeln und den Blättchen garnieren und zum Abschluss etwas von dem Gurkensud darüberträufeln.

Wildkräuter und gebeizter Fisch

FÜR 4 PERSONEN

Rohen Fisch mit Salz einzureiben, wie ich es in diesem Gericht tue, ist eine exzellente Methode, beim Zurechtschneiden übriggebliebene Fischstücke zu verwerten, denn ich hasse es ja, essbare Abschnitte zu verschwenden, und das gilt ganz besonders für Fisch. Ich schneide Fisch nie in Rechtecke oder Dreiecke, nur damit er dann auf dem Teller hübsch aussieht – im »Attica« haben wir dafür zu viel Respekt vor unseren Produkten, und mich lässt diese Sterneküchentradition völlig kalt. Ein Fisch ist kein Rechteck! Die Gäste verstehen das, und außerdem ist Ästhetik als reiner Selbstzweck wertlos. Wenn ich woanders esse, möchte ich, dass man dem Fisch ansieht, dass er ursprünglich ein Fisch war. Fisch in seiner natürlichen Form schmeckt genauso gut wie Fisch, der zu einem perfekten Rechteck zurechtgeschnitten wurde, und meistens schmeckt das Endstück eines länglichen Fischfilets (das häufig weggeschnitten wird) zarter als das dicke Mittelstück, sofern es sorgfältig zubereitet und gegart wurde. Man sollte immer bedenken, dass man pro Portion etwa 20 g mehr Fisch erhält, wenn man ihn nicht in gleiche Stücke schneidet. Rechnet man das dann auf ein Jahr hoch, ist das in Anbetracht des durchschnittlich verzehrten Fischs schon eine ganze Menge.

Um die Qualität abgeschnittener Fischreste zu erhalten, sollten sie nach dem Filetieren sofort gesalzen werden. Ich serviere den gebeizten Fisch mit Wildkräutern – ein sehr einfaches Gericht, das vor allem im Frühling besonders köstlich schmeckt, wenn die Blätter und Sprossen noch jung und zart sind.

GEBEIZTER FISCH

50 g Tafelsalz
20 g feiner Zucker
0,5 g weiße Pfefferkörner, leicht zerstoßen
100 g Fischreste von weißem Fisch
(z.B. King George Wittling)
500 ml Traubenkernöl
5 g Samen von wildem Fenchel

Das Salz, den Pfeffer und den Zucker mischen und die Hälfte der Salzmischung auf ein Edelstahlblech streuen. Den Fisch in 3 cm große Stücke schneiden. Die Fischstücke auf das Salzbett legen, mit der restlichen Salzmischung bestreuen und 2 Stunden in den Kühlschrank stellen.

Danach das Salz abstreifen, die Fischstücke unter kaltem Wasser abspülen und mit Küchenkrepp trocken tupfen.

In einem kleinen Stieltopf das Traubenkernöl langsam auf 50°C erhitzen. Die Fenchelsamen leicht zerstoßen und 15 Minuten im heißen Öl ziehen lassen.

Unmittelbar vor dem Servieren den Fisch 6 Minuten im heißen Öl pochieren, bis er zart und leicht glasig ist. Den Fisch aus dem Öl heben, auf Küchenkrepp abtropfen lassen und in kleine Stücke zupfen. Das Öl zum Servieren aufbewahren.

KARTOFFELHOBEL

1 l frisches Meerwasser, durch ein Passiertuch abgeseiht
1 kleine festkochende Kartoffel, geschält

Das Meerwasser aufkochen. Die Kartoffel mit Hilfe einer Mandoline in 16 runde, 1 mm dünne Hobel schneiden. Die Kartoffelhobel 35 Sekunden im kochenden Meerwasser blanchieren, danach abtropfen lassen, nebeneinander auf ein mit Backpapier bedecktes Backblech legen und auf Raumtemperatur abkühlen lassen.

ZUM SERVIEREN

4 große Handvoll essbarer Wildkräuter und -blüten
1 Fingerhut Zitronensaft (wer Omas Fingerhut benutzt, sollte ihn vorher waschen)
Tafelsalz nach Geschmack

Die Wildkräuter vorsichtig waschen und auf Küchenkrepp trocknen lassen. Die Blüten separat waschen und trocknen lassen.

Den gebeizten Fisch in eine große Schüssel geben. In einer weiteren Schüssel die Kartoffelhobel mit ein paar Tropfen Fenchelöl (von der Fischzubereitung) und 1 Fingerhut Zitronensaft anmachen. Die Kartoffelhobel um den Fisch herum garnieren. Die Wildkräuter zugeben und sehr vorsichtig mit dem Fisch und den Kartoffelhobeln vermischen, um die Blättchen nicht zu beschädigen. Mit Salz würzen, auf 4 Salatschalen aufteilen und mit den Blüten bestreuen.

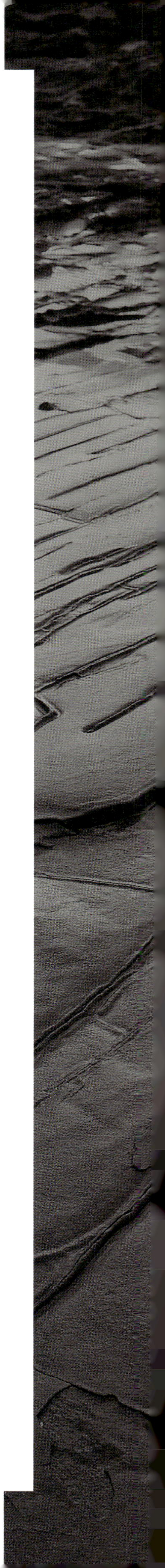

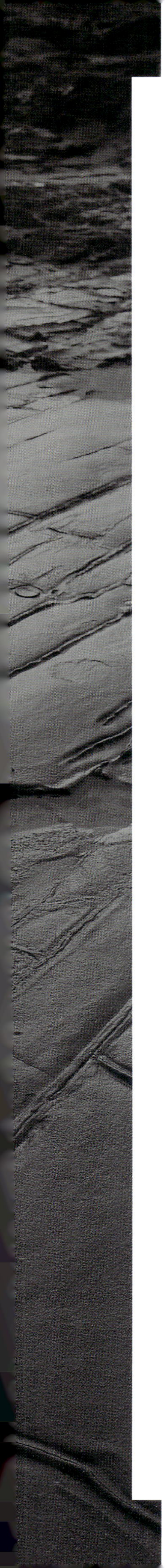

Abalone, Algen und Meersalz vom gleichen Fundort

FÜR 4 PERSONEN – DIESES REZEPT BENÖTIGT 1 WOCHE VORLAUFZEIT

Inzwischen mache ich mir sehr viel mehr Sorgen um den Fischreichtum unserer Meere als noch vor sieben Jahren, was auch daran liegt, dass ich inzwischen Kinder habe. Ich befürchte, dass sie den Saustall aufräumen müssen, den wir und unsere Vorväter in der Natur hinterlassen haben, denn gerade in den letzten ein, zwei Generationen haben wir dort ungeheuren Schaden angerichtet.

Wir dürfen nicht weiter so schlecht mit Mutter Natur, ihrem Land, ihren Flüssen und ihren Meeren umgehen. Der Fischreichtum unserer Meere schwindet keineswegs wegen irgendeiner Verschwörung, sondern aufgrund der menschlichen Habgier, dessen wurde ich von klein auf Zeuge. Wie oft habe ich mit ansehen müssen, wie Menschen Hunderte wilder Abaloneschnecken von den Felsen meiner beiden Wohnsitze in Awakino und Whareorino abgerissen und in ihren Kofferräumen verstaut haben und wie viele internationale Fischerboote illegal die Küste entlangfuhren! Ich erinnere mich, wie ich durch einen alten Lagertunnel zu einer abseits gelegenen Bucht lief, um zu beobachten, wie einer dieser Fischtrawler heimlich seinen illegalen Geschäften nachging, und selbst im Alter von elf Jahren wusste ich, dass er dort etwas Unrechtes tat. Hoffentlich gelingt es wenigstens der nächsten Generation, die Zerstörung der Meere aufzuhalten. Unsere Kinder werden viel schlauer sein, das sehe ich schon an meinem Sohn Kobe, der sich sehr für Umweltschutz und ganz besonders für den Schutz der Meere interessiert, regelmäßig den Meerestierpark vor Ort besucht und weiß, dass Haie überfischt werden und dass man keinen Blauflossenthunfisch essen sollte. Schwer zu sagen, inwieweit ich ihn beeinflusst habe, aber auf jeden Fall besitzt er jetzt schon großes Umweltbewusstsein.

Ich verfolge seit Jahren, was mit unseren Meeren geschieht. Ich habe dieses Umweltbewusstsein und die Sorge um unsere Natur von meinem Vater gelernt, und seit ich selbst Kinder habe, bin ich in dieser Hinsicht noch sensibler geworden. Ich erinnere mich gerne daran, wie ich mit meinem Vater nach Abaloneschnecken getaucht bin, und so mache ich das heute auch mit Kobe. Allerdings frage ich mich besorgt, ob es in fünfundzwanzig Jahren noch Abaloneschnecken für Kobe und seine Kinder geben wird.

Es ist wichtig, dass Kinder gute Erinnerungen an Zutaten oder einzelne Gerichte haben, und Kobe wird sicherlich nie die Ausflüge an die Küste vergessen, bei denen wir unsere Mahlzeiten direkt vor Ort zubereitet haben. Ich nahm Kobe und meine Tochter Ella vor Jahren mit zum Pilzesammeln, und sie sprechen heute noch davon, weil sie es so toll fanden. Die beiden Kinder waren selten so glücklich und engagiert wie damals, als ich ihnen gezeigt habe, welche Pilze essbar sind und gesammelt werden dürfen.

Dieses Gericht »Abalone, Algen und Meersalz vom gleichen Fundort« ist meine moderne Hommage an die einfachen Gerichte, die ich als Kind mit meiner Familie am Strand gegessen habe, nachdem mein Vater ein Feuer entzündet und die Muscheln oder Schalentiere gekocht hatte, die wir gemeinsam gesammelt hatten. Es macht besonders Spaß, dieses Gericht mit Kindern zuzubereiten und ihnen dabei beizubringen, wie wichtig die Meere als Nahrungsquelle und als unsere größte natürliche Ressource sind.

Das Meersalz sollte man mindestens eine Woche vorher herstellen und dabei darauf achten, dass man weder das Meerwasser noch den Seetang oder die Schalentiere dort entnimmt, wo viele Menschen sind oder Schadstoffe ins Wasser gelangen können. Abaloneschnecken sollten immer so human wie möglich getötet und möglichst sofort verzehrt werden, denn sie verlieren außerhalb des Wassers ihren süßlich salzigen Saft und entwickeln schnell einen unangenehmen Geschmack.

SELBST GEMACHTES MEERSALZ

3 l frisches Meerwasser

Das Meersalz lässt sich am besten im Sommer herstellen, denn je heißer es ist, desto schneller verdunstet das Wasser.

Das Meerwasser zweimal durch ein mit einem Passiertuch ausgelegtes feines Sieb gießen, um Sand und unerwünschte kleine Schwebeteilchen zu entfernen. Das gefilterte Meerwasser in 2 große, flache Wannen gießen und in die Sonne stellen, bis das Wasser verdunstet ist, was je nach Temperatur eine Woche dauern kann. Die Salzkristalle abkratzen und in einem luftdicht verschließbaren Weckglas lagern. Alternativ kann man Meerwasser so lange in einem Topf kochen, bis das Wasser verdampft ist, allerdings flockt das Salz bei der ersten Zubereitungsmethode schöner aus.

BLASENTANG-SALZ

Kohle* und Holz* zum Grillen
500 g frischer Blasentang
selbst gemachtes Meersalz (siehe oben) nach Geschmack

Mit dem Holz und der Kohle ein Feuer entzünden und sobald das Feuer etwas heruntergebrannt ist, den Blasentang etwa 20 cm über dem Feuer 1–2 Stunden grillen. Den Tang etwa alle 10 Minuten wenden und weitergrillen, bis er knusprig ist und einen angenehmen Räuchergeschmack hat. Den gegrillten Blasentang mit Meersalz würzen.

ABALONE

1 wilde Abaloneschnecke (in der Schale), gesäubert, gewaschen und aus der Schale gelöst

Mit einem Stein oder einem Fleischklopfer das Schneckenfleisch vorsichtig weich klopfen und zurück in die Schale legen. Die Schnecke mit der Schale nach unten in die Glut des Feuers legen und 10–15 Minuten garen.

ZUM SERVIEREN

28 Stücke Ao-Nori-Alge (Meereshaar)
12 Stücke Kombu-Alge (Seekohl)
36 Blätter und Blüten von wildem Meersenf
28 Blattspitzen von wilder Meerpetersilie (Apium prostratum)
28 Stücke frische essbare Rotalge

Die Abalone aus ihrer Schale nehmen, in dünne Scheiben schneiden und auf einen flachen am Meer gefundenen Stein legen. Die Algen, grünen Blätter und Blüten darüberstreuen und etwas Blasentang-Salz darübergeben.

Ein Gericht, das man mit seinen Kindern am Strand mit den Fingern essen sollte.

Gestreifter Trompetenbarsch, Babylauch, Salzbeeren, Schweinefett

FÜR 4 PERSONEN

Der gestreifte Trompetenbarsch steht bei mir nur während der Saison auf der Speisekarte. Dieser Fisch lebt hauptsächlich in den Gewässern um Neuseeland, ist aber auch vor der Küste Südaustraliens zu finden. Der gestreifte Trompetenbarsch gehört zu den begehrtesten Speisefischen Australiens und wird auch von Hobbyfischern sehr geschätzt. Er hat ein festes, leicht öliges Fleisch und einen angenehm milden Geschmack. Am besten schmeckt der Trompetenbarsch roh oder nur ganz leicht gegart.

Die meisten gestreiften Trompetenbarsche, die ich zubereitet habe, wogen etwa 4 kg, sie können aber bis zu 25 kg schwer und an die 30 Jahre alt werden. Da der Fisch erst spät geschlechtsreif wird, sollten wir streng darauf achten, ihn nicht zu überfischen. In Tasmanien ist die Fangzeit auf September bis Ende Oktober begrenzt, und es gibt strenge Richtlinien zu Größe und Anzahl der Tiere, die gefischt werden dürfen.

Wir kaufen unsere gestreiften Trompetenbarsche von einem tasmanischen Ein-Mann-Betrieb, der die beste Qualität liefert, die ich in meinen achtzehn Jahren als Koch gesehen habe. Und als Koch weiß ich, wie schwer es ist, das, was die Natur uns schenkt, noch zu verbessern. Ein Produkt, das so hervorragend ist wie der gestreifte Trompetenbarsch, sollte möglichst schlicht zubereitet werden, damit die Qualität des Fisches voll zur Geltung kommt. Allerdings erfordert es weit mehr Disziplin, etwas auf reduzierte Art zu servieren, als ein komplexes Gericht zuzubereiten, denn es ist, als würde man nackt kochen – als seien das Gericht und der Koch entblößt –, da der Koch einzig und allein auf die Qualität der Produkte auf dem Teller zurückgreifen kann und jeder Fehler seiner Zubereitung sofort entlarvt wird. Minimaler Einsatz von Technik und möglichst wenig oder gar keine Sauce sind gefordert – und keiner der traditionellen Tricks, die normalerweise helfen, eventuelle kleine Mängel oder Fehler zu verbergen.

Ich serviere den Trompetenbarsch lediglich mit den Beeren der grauen Melde (*Atriplex cinerea*), die im australischen Busch schon seit Urzeiten verzehrt werden. In Victoria können wir diese Salzbeeren von Ende August bis Ende Oktober ernten. Sie fühlen sich etwas wächsern an und haben ein salzig-mineralisches Aroma. Am besten schmecken sie, wenn man sie am Tag der Ernte roh serviert.

- 1 sehr junge, frische Stange Lauch, gewaschen
- 120 g Filet vom gestreiften Trompetenbarsch, Haut und Blutäderchen entfernt
- 12 hauchdünne Scheiben mit Salz gepökelter Bio-Schweinerückenspeck oder italienischer Lardo
- 20 ml Traubenkernöl
- 15 ml Zitronensaft
- Tafelsalz nach Geschmack
- 20 Blätter der Melde
- 36 Salzbeeren (Beeren der australischen Melde), gewaschen
- 30 ml weiße Sojasauce

Die harten Hüllblätter des Lauchs entfernen und den weißen Teil in 18 je 5 mm dicke Scheiben schneiden (den grünen Teil für eine Gemüsebrühe aufbewahren).

Mit einem Sashimi-Messer das Fischfilet in 12 gleichmäßige Stücke schneiden und jeweils 3 Stücke auf jeden Teller legen. Den Fisch jeweils mit einer Scheibe Lardo oder Schweinespeck bedecken und diesen mit einem Küchengasbrenner leicht erwärmen, damit er schmilzt und den Fisch glänzen lässt. 6 der Lauchscheiben halbieren und mit ein paar Tropfen Traubenkernöl und Zitronensaft und 1 Prise Salz anmachen. Die halbierten und die ganzen Lauchscheiben auf den Tellern verteilen und dabei neben und auf den Fisch legen. Die Teller mit den Blättern und den Beeren der Melde garnieren und ein paar Tropfen Sojasauce, Traubenkernöl und Zitronensaft auf den Tellern verteilen. Der salzige Geschmack der Sojasauce und des Specks reichen aus, um den Fisch zu würzen.

King-George-Wittling, Schnittlauchblüten, Maronenpilze

FÜR 4 PERSONEN – DIESES REZEPT BENÖTIGT 1 TAG VORLAUFZEIT

Zu meinen schönsten Kindheitserinnerungen gehören die Mahlzeiten aus einem chinesischen Imbiss in Waitara, die Großmutter Elaine meiner jüngsten Schwester Tamie und mir gelegentlich mitbrachte. Unsere Familie besuchte diesen Imbiss über Jahre hinweg und bestellte immer das Gleiche: eine dem westlichen Geschmack angepasste Version von Eiern Foo Yong, Rindfleisch und schwarze Bohnen, ein undefinierbares Fischgericht (vermutlich aus dem heute geschützten neuseeländischen Seehecht) und verschiedenes Gemüse in einer mit Maismehl angedickten Sojasauce. Wir freuten uns über die Gelegenheit, diese angelsächsisch beeinflussten Klassiker der chinesischen Küche zu probieren, und genossen das schlichte Glück, mit der ganzen Familie am Tisch zu sitzen und Fastfood zu essen. Erst mit der Arbeit an diesem Buch wurde mir bewusst, dass jene Mahlzeiten Gerichte wie dieses beeinflusst haben.

Der King-George-Wittling hat delikates, zartes und süßliches Fleisch, das hervorragend zur Raffinesse dieses Gerichts passt. Diese Wittling-Art ist ausschließlich in Australien heimisch und wird vor der Küste Victorias gefangen. Wittlinge gehören zur Familie der Dorsche und haben eine recht kurze Lebensspanne, weshalb sie die Belastungen des kommerziellen und privaten Fischfangs bislang verkraften können. Man sollte jedoch nur mit Schleppleinen geangelten Fisch kaufen, der keinen unnötigen Beifang verursacht.

MARONENPILZBRÜHE

200 g frische Maronenpilze
400 ml Wasser
1 g getrocknete Kombu-Alge, kurz unter fließend kaltem Wasser abgespült
0,5 g Bonitoflocken (Katsuobushi)
15 ml helle Sojasauce (»Healthy Boy Brand«)
1 Prise Tafelsalz
1 Prise feiner Zucker

Die Pilze mit dem Wasser in einen Beutel eines Kammer-Vakuumiergeräts* füllen und 100 Prozent vakuumieren. Den Beutel anschließend im 70°C heißen, zirkulierenden Wasserbad oder in einem mit Wasser gefüllten Topf 3 Stunden garen, danach auf Raumtemperatur abkühlen lassen und mindestens 12 Stunden im Kühlschrank marinieren lassen, damit die Pilze ihr Maximum an Aroma abgeben.

Die Brühe durch ein feines Sieb abseihen und die Pilze im Sieb mit der Unterseite einer Schöpfkelle ausdrücken, um möglichst viel Flüssigkeit herauszupressen. Die Brühe durch ein Passiertuch gießen.

In einem kleinen Stieltopf die Pilzbrühe mit der Kombu-Alge auf 70°C erwärmen und 15 Minuten ziehen lassen. Dabei immer wieder die Temperatur kontrollieren, denn die Brühe sollte auf keinen Fall heißer als 80°C werden. Nach 15 Minuten den Topf vom Herd nehmen und die Bonitoflocken 5 Minuten darin ziehen lassen. Die Brühe durch ein Passiertuch abseihen und mit der Sojasauce, Salz und Zucker würzen.

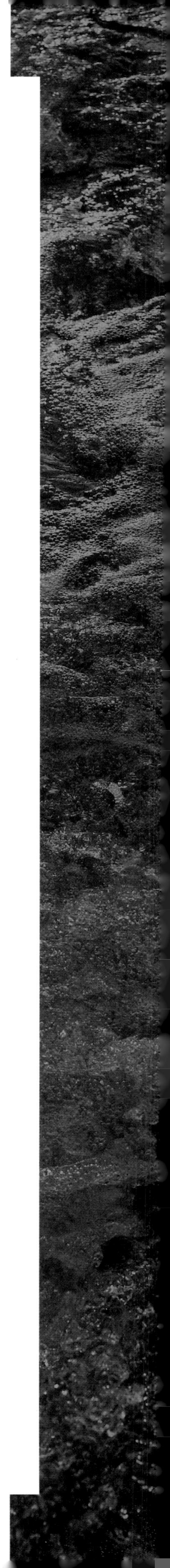

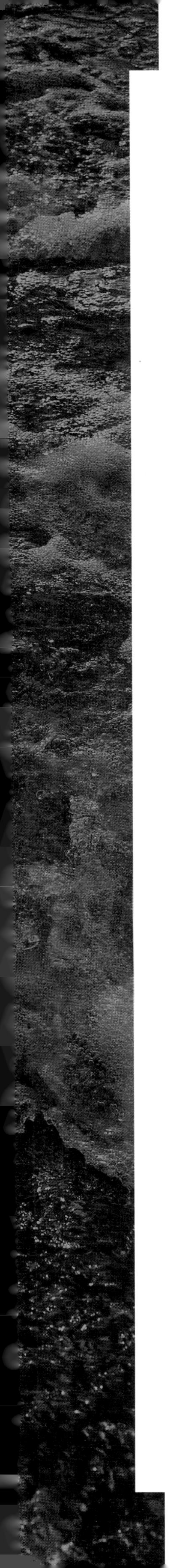

INGWER-ZITRONEN-SAUCE

- 40 g frischer Ingwer
- 260 ml filtrierter Zitronensaft
- 2,5 g Agar-Agar-Pulver (Algenextrakt)
- 5 g feiner Zucker

Den Ingwer schälen, in kleine Würfel schneiden, mit dem Zitronensaft in einen Beutel eines Kammer-Vakuumiergeräts* füllen und 100 Prozent vakuumieren. Den Beutel anschließend im 60°C heißen, zirkulierenden Wasserbad 30 Minuten ziehen lassen. Auf Raumtemperatur abkühlen lassen und mindestens 2 Stunden im Kühlschrank ruhen lassen. Die Zitronen-Ingwer-Mischung durch ein feines Sieb passieren und die festen Bestandteile entfernen. Den Saft abmessen – für das Rezept werden 250 ml benötigt.

100 ml Ingwer-Zitronen-Saft in einem kleinen Stieltopf aufkochen. Mit einem Schneebesen etwas Agar-Agar untermischen und 3 Minuten köcheln lassen, bis es sich ganz aufgelöst hat. Den Topf vom Herd nehmen und den restlichen Saft unterrühren. Den eingedickten Saft in eine tiefe Edelstahlschale gießen, diese in den Kühlschrank stellen.

Sobald der Saft fest geworden und völlig ausgekühlt ist, lässt er sich im Standmixer zu einer glatten, glänzenden Sauce pürieren. Um die Luftbläschen aus der Sauce zu entfernen, die während des Pürierens entstanden sind, die Sauce in einen Beutel eines Kammer-Vakuumiergeräts* füllen und 100 Prozent vakuumieren. Den Beutel öffnen und diesen Vorgang eventuell wiederholen, bis die Ingwer-Zitronen-Sauce klar und frei von Luftblasen ist. Bis zum Servieren im Kühlschrank aufbewahren.

KNUSPRIGE QUINOA

- 100 g rote Bio-Quinoa
- 250 ml Traubenkernöl zum Frittieren
- feines Tafelsalz nach Geschmack

In einem mittelgroßen Stieltopf Wasser aufkochen, die Quinoa hineingeben und 15 Minuten weich garen. Die Quinoa gut abtropfen lassen, auf einem Backblech verteilen und abkühlen lassen. Das Traubenkernöl in einem tiefen Topf auf 150°C erhitzen und die Quinoa darin knusprig frittieren. Anschließend die frittierte Quinoa in einem Metallsieb über einer Schüssel abtropfen lassen und danach auf Küchenpapier verteilen, damit überschüssiges Öl aufgesaugt werden kann. Die knusprige Quinoa bis zur weiteren Verwendung luftdicht verschließen.

KING-GEORGE-WITTLING

- 1 l 4°C kaltes Wasser
- 10 g Meersalzflocken
- 4 Filets vom King-George-Wittling (à 100 g), Haut und Gräten entfernt
- Tafelsalz nach Geschmack
- etwas frisch gemahlener weißer Pfeffer
- 15 ml Traubenkernöl

Die Meersalzflocken im Wasser auflösen, um damit den Fisch zu pökeln. Das Salzwasser über den Fisch gießen und den Fisch darin 4 Minuten ziehen lassen. Den Fisch herausheben und das Salzwasser weggießen. Den Fisch mit Küchenkrepp vorsichtig trocken tupfen und bis zur weiteren Verwendung im Kühlschrank aufbewahren. Kurz vor dem Servieren den Backofen auf 100°C vorheizen und 4 je 10 cm große Quadrate aus Backpapier ausschneiden. Den Fisch 15 Minuten vor der Zubereitung aus dem Kühlschrank nehmen, damit er gleichmäßig durchgart und schön feucht bleibt. Brät man kalten Fisch, dauert die Zubereitung länger und er trocknet aus.

Eine gusseiserne Pfanne sehr stark erhitzen. Die Fischfilets mit etwas Salz und frisch gemahlenem weißem Pfeffer würzen. Das Traubenkernöl in die Pfanne geben. Die Fischfilets sofort mit der schöneren Seite nach unten hineinlegen und 4 Sekunden anbraten. Die Fischfilets sofort wieder herausheben und mit der angebratenen Seite nach oben auf die Backpapierquadrate legen. Die Fischfilets auf dem Backpapier auf einen Ofenrost legen, damit die heiße Luft um den Fisch zirkulieren kann, und 3–4 Minuten im Ofen backen.

ZUM SERVIEREN

- ¼ Bund Schnittlauch, in feine Röllchen geschnitten
- 6 rote Radieschen, mit der groben Klinge einer Microplane*-Reibe gerieben
- 52 violette Schnittlauchknospen
- 80 Blüten von wildem Kohl

Die Maronenpilzbrühe sanft erwärmen, aber nicht kochen lassen, und den Schnittlauch hineingeben. Die Brühe auf 4 tiefe Teller verteilen und in der Mitte jeweils etwas geriebene Radieschen anhäufeln. Die Fischfilets aus dem Ofen nehmen und mit etwas Ingwer-Zitronen-Sauce bepinseln. Die Oberseite der Fischfilets in die knusprige Quinoa tauchen und die Filets auf den Radieschen anrichten. Den Fisch und den Teller mit den Schnittlauchknospen und den Kohlblüten garnieren.

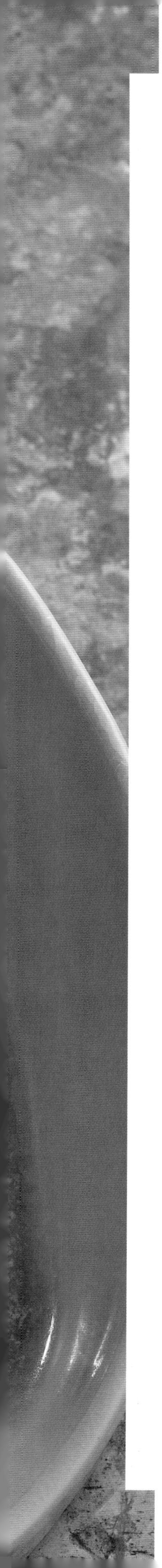

Ocean Jacket, Mandeln, Rosmarin

FÜR 4 PERSONEN

Einst besaß ich ein tolles Zaubergericht, das war der Wrackbarsch. Aber ich war kein Zauberer, sondern ein Hochstapler. Ich habe viele Menschen mit meinem Zaubergericht beglückt, denn jedes Mal, wenn ich es servierte, sagten die Leute: »Wow«. Langsam dämmerte mir, dass dieser Fisch weder eine besonders kluge noch eine nachhaltige Wahl war.

Wobei diese Erkenntnis ganz schön schwierig war, denn jeder behauptete etwas anderes und sorgte für große Verwirrung bei den Konsumenten. Dabei hätte man nur genau hinschauen müssen – die Bestände gingen zur Neige.

Aufgrund mangelnder Forschung und Missmanagement wurde der Wrackbarsch vom kommerziellen Fischfang beinahe ausgerottet, denn es ist ein Fisch, der langsam wächst und erst mit zehn bis dreizehn Jahren geschlechtsreif wird. Seine Fortpflanzungsrate ist niedrig, seine Lebensdauer beträgt dagegen bis zu sechzig Jahre, daher ist seine Population begrenzt und sein Aussterben kaum noch abzuwenden.

Ich zitiere den Naturwissenschaftler Charles Darwin aus seinem bahnbrechenden Werk »Über die Entstehung der Arten«: »In Abhängigkeit von den natürlichen Feinden bedarf es unbedingt einer großen Zahl Individuen einer Population, um ihre Art zu erhalten.«

Die Erkenntnis, nicht länger guten Gewissens diesen Fisch servieren zu können, war, als verlöre ich einen guten Freund. Es tat so weh, dass ich am liebsten geheult hätte. Die Speiseauswahl, die Köche treffen, kann das Schicksal einer ganzen Art beeinflussen, und die Tatsache, dass ich zum Aussterben des Wrackbarsches beitrug, war nur schwer zu ertragen.

Daher wandte ich mich dem Ocean Jacket zu, der noch nicht überfischt ist, obwohl ich mich, während ich dieses hier schreibe, natürlich frage, wie lange das noch stimmt. Der Ocean Jacket (*Nelusetta ayraud*) gehört zur Familie der Feilenfische und ist in den Gewässern rund um Südwestaustralien und Tasmanien heimisch.

Eine nachhaltige Fischerei bedeutet nicht nur, Fangquoten festzulegen, sondern auch Artenschutz zu betreiben.

Ich beschloss, den Wrackbarsch und alle anderen in der roten Liste bedrohter Arten aufgeführten Fische von der Speisekarte zu streichen, obwohl es mir das Herz brach. Wenn man etwas so sehr liebt, wie ich Fisch liebe, dann verzichtet man lieber darauf und hofft, dass das Überleben bedrohter Arten in unserem Ökosystem durch bessere Erziehung und Aufklärung gesichert wird.

Meist bereite ich Fisch im Ofen zu, statt ihn zu vakuumieren und im Wasserbad zu garen, da die Zubereitung im Ofen die natürliche Konsistenz des Fisches hervorragend zur Geltung bringt. Dieses Gericht ist sehr einfach, allerdings steckt der Teufel im Detail – und damit meine ich in der Sorgfalt der Zubereitung und in der Qualität der Zutaten. Außerdem muss das Gericht ganz frisch zubereitet werden.

EINGELEGTE ZITRONE

1 Bio-Zitrone mit dünner Schale
10 g feiner Zucker
10 g feines Salz

Die Zitrone mit einem sehr scharfen Küchenmesser längs halbieren und mit der Schnittseite nach unten auf ein Küchenbrett legen, um der Breite nach 8 sehr dünne Scheiben herauszuschneiden. Die restliche Zitrone für ein anderes Rezept aufbewahren.

Die Scheiben nebeneinander auf ein Edelstahlblech legen und mit dem Zucker und dem Salz bestreuen. Die Zitronenscheiben zugedeckt 2 Stunden ziehen lassen, bis sie durchscheinend werden.

Eine kleine Schüssel zur Hälfte mit Wasser füllen und die Zitronenscheiben nacheinander hineintauchen, um Zucker und Salz abzuspülen. Anschließend die Zitronenscheiben vorsichtig mit Küchenkrepp trocken tupfen, jeweils auf ein Stück Backpapier legen, mit Backpapier abdecken und bis zum Servieren aufbewahren.

CHORIZOBRÜHE

500 ml Wasser
35 g Schalotten, in dünne Scheiben geschnitten
180 g getrocknete Bio-Chorizo,
in dünne Scheiben geschnitten
1 g Xanthan*
10 ml filtrierter Zitronensaft

Das Wasser mit den Schalotten in einen kleinen Stieltopf geben und aufkochen. Die Hitze reduzieren und etwa 35 Minuten sanft köcheln lassen, bis die Brühe süßlich schmeckt. Zwischendurch immer wieder den Schaum entfernen.

Die Chorizo zugeben und weitere 35 Minuten sanft köcheln lassen, bis die Flüssigkeit auf 250 ml eingekocht ist. In dieser Zeit immer wieder Fett und Unreinheiten von der Oberfläche entfernen.

Die Brühe durch ein mit Gaze oder mit einem Passiertuch ausgelegtes Sieb abseihen und die festen Bestandteile entfernen. Die Brühe auf Raumtemperatur abkühlen lassen und abschmecken. Sollte sie zu salzig sein, einfach noch etwas Wasser zugeben.

Die Brühe in einen 1-l-Messbecher füllen und einen Stabmixer so in das Gefäß eintauchen, dass die Luft, die sich unter den Klingen befindet, entweichen kann, um nicht unnötig Luftblasen unter die Brühe zu mischen.

Den Stabmixer auf kleinster Stufe einschalten, damit kein Strudel entsteht, der Luft anziehen könnte. Bei laufendem Mixer nach und nach das Xanthan zugeben. Dafür am besten mit einem langstieligen Eislöffel ganz sacht gegen die Innenwand des Messbechers klopfen, damit das Xanthan nicht klumpt. Anschließend den Zitronensaft zugeben, erneut abschmecken und beiseitestellen.

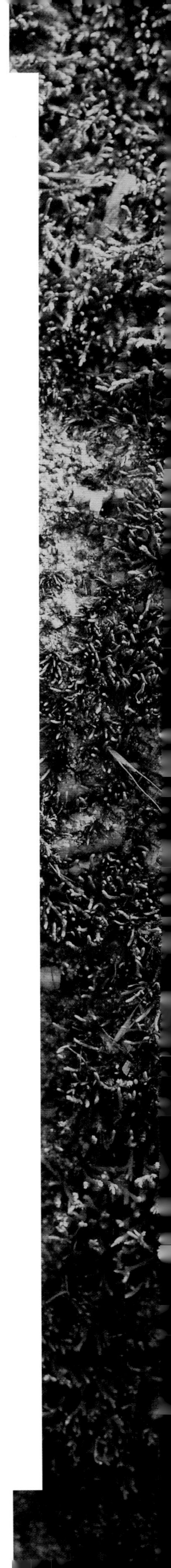

OCEAN JACKET

1 l kaltes Wasser (4°C)
10 g Meersalzflocken
4 Filets vom Ocean Jacket (à 80 g), Haut und Gräten entfernt
Tafelsalz nach Geschmack
etwas frisch gemahlener weißer Pfeffer
15 ml Traubenkernöl

Die Meersalzflocken im Wasser auflösen, um damit den Fisch zu pökeln. Das Salzwasser über den Fisch gießen und den Fisch darin 10 Minuten ziehen lassen. Den Fisch herausheben und das Salzwasser weggießen. Den Fisch mit Küchenkrepp vorsichtig trocken tupfen und bis zur weiteren Verwendung im Kühlschrank aufbewahren. Kurz vor dem Servieren den Backofen auf 110°C vorheizen und 4 jeweils 10 cm große Quadrate aus Backpapier ausschneiden. Den Fisch 15 Minuten vor der Zubereitung aus dem Kühlschrank nehmen, damit er gleichmäßig durchgart und schön feucht bleibt. Brät man kalten Fisch, der direkt aus dem Kühlschrank kommt, dauert die Zubereitung länger und er trocknet aus.

Eine gusseiserne Pfanne sehr stark erhitzen. Die Fischfilets mit etwas Salz und ein klein wenig frisch gemahlenem weißem Pfeffer würzen. Das Traubenkernöl in die Pfanne geben. Die Fischfilets sofort mit der schöneren Seite nach unten hineinlegen und 10 Sekunden anbraten. Die Fischfilets herausheben und mit der angebratenen Seite nach oben auf die Backpapierquadrate legen. Die Fischfilets auf dem Backpapier auf einen Ofenrost legen, damit die heiße Luft um den Fisch zirkulieren kann, und 6–7 Minuten im Ofen backen. Den Fisch anschließend sofort servieren.

MANDELN

180 g gesalzene Butter
100 g Bio-Mandelkerne, in 4 mm große Stücke gehackt

In einem kleinen Stieltopf auf kleiner Flamme die Butter zerlassen, die Mandeln hineingeben und gleichmäßig goldbraun und knusprig rösten. Die Mandeln in einem Metallsieb über einer Schüssel abtropfen lassen und die braune Butter für ein anderes Rezept aufbewahren. Die Mandeln auf einem mit Küchenkrepp bedeckten Blech verteilen und das Blech leicht schütteln, um so viel Fett wie möglich aufzufangen. Die abgekühlten Mandeln bis zum Servieren luftdicht verschlossen aufbewahren.

KNOBLAUCH

500 ml Bio-Canolaöl* zum Frittieren
20 g Bio-Knoblauch, abgezogen

Den Knoblauch mit Hilfe einer Mandoline längs in 0,5 mm dünne Scheiben schneiden. In einem tiefen Topf das Canolaöl auf 150°C erhitzen, den Knoblauch hineingeben und mit einem Schaumlöffel gut umrühren. Die Hitze auf 160°C erhöhen und den Knoblauch hell goldbraun frittieren. Den frittierten Knoblauch mit dem Schaumlöffel herausheben und auf Küchenkrepp abtropfen lassen. Dafür die einzelnen Knoblauchscheiben mit einer Gabel auseinanderziehen. Den Knoblauch auf Raumtemperatur abkühlen lassen und luftdicht verschlossen aufbewahren.

ZUM SERVIEREN

¼ Bund Schnittlauch
40 Rosmarinblüten

Den Schnittlauch mit einem sehr scharfen Messer so klein wie möglich schneiden, aber auf keinen Fall zerdrücken, da er sonst während der Lagerung einen unangenehmen Geruch entfaltet, auch wenn diese nur kurz ist. In einer kleinen Schüssel den Schnittlauch, den Knoblauch und die Mandeln vermischen.

In die Mitte jedes Tellers zwei Scheiben der eingelegten Zitrone legen und den Fisch mit der angebratenen Seite nach oben daraufgeben. Die Chorizobrühe erwärmen, die Mandelmischung kurz untermischen und die fertige Mischung mit einem Löffel auf den Fischfilets verteilen. Mit Rosmarinblüten bestreut sofort servieren.

Blaue Miesmuscheln

FÜR 4 PERSONEN – DIESES REZEPT BENÖTIGT 2 TAGE VORLAUFZEIT

Köche und Feinschmecker schwärmen gerne vom hohen Standard, der Exklusivität und der Herkunft ihrer Produkte, doch wo bleibt die große Mehrheit der Bevölkerung, die sich solche Zutaten nicht leisten kann oder gar keinen Zugang dazu hat? 2011 frustrierte mich die Qualität der Miesmuscheln, die wir geliefert bekamen – einen Tag waren sie hervorragend, am nächsten Tag konnte man sie am besten gleich wegschmeißen. Also bat ich unseren Muschellieferanten, mir von allen erreichbaren Muschelfarmen Proben mitzubringen, worauf wir Miesmuscheln von sechs verschiedenen australischen Muschelfarmen erhielten, die wir auf Frische, Geschmack und Konsistenz testeten. Dabei stach eine Muschellieferung aus dem ansonsten mittelmäßigen Angebot deutlich heraus. Mein Lieferant und Freund Jason Jurie erzählte mir, dass diese Muscheln von einer Farm namens »Sea Bounty« in Portarlington stammten, die auf der anderen Seite der Bucht und nur etwa 30 Kilometer vom »Attica« entfernt liege.

Jason und ich beschlossen, die Farm zu besuchen, ihre Arbeit genauer unter die Lupe zu nehmen und ihren Besitzer Lance Wiffen und sein Team kennenzulernen, doch an dem verabredeten Besuchstermin fühlte ich mich morgens so mies, dass ich am liebsten absagen wollte. Voller Selbstmitleid wollte ich mich stattdessen im Bett verkriechen, denn ich war überarbeitet, hatte nicht genug Personal und nicht genug Zeit für meine Familie. Ich war selten so deprimiert gewesen und so nahe dran, das Handtuch zu schmeißen und etwas anderes zu machen. Doch es war zu spät, den Termin abzusagen, und als Jason mich abholte und wir mit Lance und seinem Boot »Spindrift« hinaus über die Bucht fuhren, spürte ich, wie meine gute Laune zurückkehrte. Als Lance von seiner harten Arbeit als Muschelfarmer erzählte, erschienen mir meine eigenen Probleme vergleichsweise nichtig. Heute weiß ich, dass dieser Tag mit Jason und Lance zu den wichtigsten Tagen in meinem Leben zählt, zumal ich damals nicht wissen konnte, dass es der letzte Tag sein würde, den ich mit meinem Freund Jason verbrachte. Dieser Ausflug hat mich gelehrt, von Herzen dankbar für die schönen Dinge des Lebens zu sein und zu realisieren, wie kurz das Leben manchmal sein kann.

Früher hätte man Lance Wiffen für die Zucht dieser sauberen, nährstoffreichen und nachhaltigen Proteinquelle als Helden gefeiert, doch heute rackert er sich dort in seiner Bucht ab, ohne dass die meisten von uns die Qualität seines Produkts überhaupt wahrnehmen, das er mit solcher Hingabe züchtet. Eine sehr traurige Sache, die darauf zurückzuführen ist, dass unsere Speisen ihre einst bedeutende kulturelle Funktion verloren haben und für uns häufig gar kein Zusammenhang mehr zwischen dem, was wir essen, und seiner Herkunft besteht.

Wie kann ich die Mühen bewundern, die es kostet, ein so wunderbares, nachhaltiges Produkt zu züchten, wenn ich überhaupt nichts darüber weiß? Nicht meine Reputation, sondern genau dieses Wissen um meine Zutaten macht aus mir einen wirklich guten Koch, und so wissen auch all unsere Gäste, dass unsere Muscheln von der »Sea Bounty Farm« stammen.

Während des Kochens höre ich Stimmen in meinem Kopf, die mir zuflüstern: »Versau das hier bloß nicht, denk gar nicht daran. Du hast gesehen, wie viel Mühe es macht, die Muscheln zu züchten … also vermassele es nicht.« Es ist, als würde ich Lance und all den anderen Produzenten unserer Zutaten ins Gesicht spucken, wenn meine Gerichte nicht schmecken. Ich halte nachlässiges und mangelhaftes Kochen für einen großen Charakterfehler und eine persönliche Schwäche.

Die besten Zutaten gedeihen, wenn sich der Mensch möglichst wenig einmischt, so wie es bei den Muscheln der Wiffens der Fall ist – sie schmecken besser und sind nachhaltiger als die Wildform und sie sind ein preiswertes Produkt, zu dem alle in Victoria lebenden Australier Zugang haben.

ROGGENBROTBRÖSEL

50 g Kartoffelmehl
25 g modifiziertes Weizenstärkemehl*
10 g getrocknete Roggenbrotbrösel (siehe Anmerkung)
0,8 g fein gemahlener weißer Pfeffer

Diese Brösel sollten am besten am Vortag hergestellt werden, damit sie sich etwas setzen können und nicht zu viel Luft enthalten, was die Konsistenz der panierten und gebratenen Muscheln negativ beeinflussen würde. Sämtliche Zutaten miteinander vermischen und bis zum Gebrauch luftdicht verschlossen aufbewahren.

ANMERKUNG: 50 g Roggenbrot ohne Kruste zerkrümeln und über Nacht in einem 68°C warmen Dörrgerät trocknen. Die Krümel anschließend im Mörser fein zerreiben.

MUSCHELN

4 blaue australische Miesmuscheln (von der »Sea Bounty Farm«)

Die Muscheln sollten möglichst erst unmittelbar vor dem Servieren zubereitet werden. Nacheinander jede Muschel öffnen, indem man mit einem sehr kleinen palettenförmigen Messer vorsichtig in sie hineinfährt und sie an der langen Seite aufhebelt. Den Schließmuskel mit dem Messer vorsichtig lockern, damit er nachgibt, dabei aber darauf achten, nicht in die Muschel hineinzuschneiden. Die obere Muschelschale vorsichtig lösen und mit dem Palettenmesser das Muschelfleisch und den Saft vorsichtig in eine kleine Schale schieben.

Jede Musche nacheinander am Bart anfassen und diesen mit einer Schere abschneiden.

Bis zum Servieren die Muscheln in ihrem Saft luftdicht verschlossen im Kühlschrank aufbewahren.

ZUM SERVIEREN

1 l Bio-Canolaöl*
1 Stück getrocknete Ao-Nori-Alge (Meereshaar)
4 Stücke wilder Queller

In einem mittelgroßen, tiefen Topf das Canolaöl auf 200°C erhitzen. Die Muscheln in den Roggenbrotbröseln panieren und einzeln vorsichtig ins heiße Öl hineingleiten lassen, um sie 30 Sekunden zu frittieren. Die Muscheln mit einem Schaumlöffel herausheben und auf Küchenkrepp abtropfen lassen. Auf jeden Teller etwas Meereshaar legen und die Muschel daraufsetzen. Die Alge wirkt hier wie eine Art Rost und sorgt dafür, dass die Luft um die Muschel zirkulieren kann und die Muschel auf der Unterseite nicht weich wird. Jede Muschel mit einem Stückchen wildem Queller garniert servieren. Die Muscheln sollten nach dem Frittieren und vor dem Servieren 1 Minute ruhen dürfen.

ANMERKUNG: Für die getrocknete Ao-Nori-Alge frische Algen 1 Stunde im 50°C heißen Dörrgerät oder Ofen trocknen lassen.

Rohe Jakobsmuschel, Jakobsmuschelwatte, Topinambursaft

FÜR 4 PERSONEN

Dieses Gericht taucht immer nur für sehr kurze Zeit auf der Speisekarte des »Attica« auf, da ich ausschließlich von Hand aus dem Wasser getauchte Jakobsmuscheln serviere, die nur geerntet werden können, wenn das Wasser klar und das Meer ruhig ist. Ich habe großen Respekt vor den Tauchern, die ihr Leben aufs Spiel setzen, um uns ein nachhaltiges Produkt bereitzustellen, das auch noch besser schmeckt. Das kommerzielle Abtragen des Meeresbodens zur Muschelernte ist dagegen ein massiver und zerstörerischer Eingriff in die Natur, da es den natürlichen Lebensraum zahlreicher Tiere und Pflanzen vernichtet und außer den Muscheln unnötig viele andere Lebewesen tötet.

Häufig werden Jakobsmuscheln bereits bei diesem Ausbaggern getötet, weil sie mit vielen Partikeln des Meeresgrunds zusammen an die Oberfläche gebracht werden, und dies wirkt sich natürlich negativ auf ihren Geschmack und ihre Konsistenz aus. Von Hand getauchte Jakobsmuscheln leben häufig noch nach dem Ernten und sind in viel besserem Zustand, wenn ihr Weg vom Meer auf unseren Teller nicht zu lang ist. Am besten kauft man lebende Jakobsmuscheln in ihrer Schale und öffnet sie erst kurz vor dem Servieren.

JAKOBSMUSCHELWATTE

4 von Hand getauchte Jakobsmuscheln,
 aus der Schale gelöst
5 g Meersalzflocken
1 l Bio-Canolaöl* zum Frittieren

Das Jakobsmuschelfleisch in eine kleine Schüssel geben, mit dem Salz bestreuen und zugedeckt 1 Stunde in den Kühlschrank stellen. Danach die Muscheln kurz in eine mit Eiswasser gefüllte Schüssel tauchen und trocken tupfen.

Das Canolaöl in einem mittelgroßen, tiefen Topf auf 160°C erhitzen und die Muscheln darin etwa 5–10 Minuten frittieren, bis sie trocken und dunkelbraun sind. Die Muscheln auf Küchenkrepp trocknen und abkühlen lassen, dabei so viel Öl wie möglich auffangen.

Jede Jakobsmuschel halbieren und die Stücke nach und nach in einer elektrischen Gewürzmühle jeweils 2 Sekunden zerkleinern, bis sie flockig werden. Die fertige Muschelwatte bis zum weiteren Gebrauch luftdicht verpacken.

TOPINAMBURSAFT

1 kleine Prise natürliches Vitamin-C-Pulver*
1 kg Topinamburknollen, gewaschen und geschält
2 ml weißer Aceto balsamico
4 ml filtrierter Zitronensaft
Tafelsalz nach Geschmack

Die Topinamburknollen in einem Entsafter mit Zentrifuge entsaften. Vorher das Vitamin C in die Auffangschale geben, damit der Saft nicht braun wird. Den Schaum entfernen und den Saft durch ein feines Sieb passieren. Den Saft in einen kleinen Stieltopf gießen und etwa 20 Minuten sanft köcheln lassen, bis er langsam klar wird. In dieser Zeit immer wieder den Schaum und die Unreinheiten von der Oberfläche entfernen. Den Saft durch ein mit Gaze oder mit einem Passiertuch ausgelegtes Sieb gießen und in einen sauberen Topf geben, um ihn so lange zu köcheln, bis er auf die Hälfte eingekocht ist.

Den Saft mit dem Essig, dem Zitronensaft und Salz würzen, abkühlen lassen und bis zum Servieren bei Raumtemperatur beiseitestellen. Der Saft trübt eventuell wieder ein wenig ein, wird jedoch wieder klar, sobald man ihn unmittelbar vor dem Servieren erwärmt.

IN MEERWASSER GEKOCHTER GRÜNKOHL

500 ml frisches Meerwasser,
 durch ein Passiertuch abgeseiht
2 Blätter Grünkohl, in 16 je etwa 4 cm große
 Kreise geschnitten
1 Tropfen Traubenkernöl
1 Tropfen Zitronensaft

Unmittelbar vor dem Servieren das Meerwasser sprudelnd aufkochen und die Kohlblätter 1 Minute darin blanchieren. Die Kohlblätter abtropfen lassen und mit dem Traubenkernöl und dem Zitronensaft würzen.

ZUM SERVIEREN

6 von Hand getauchte Jakobsmuscheln,
 aus der Schale gelöst und halbiert
Meersalzflocken nach Geschmack
einige Tropfen Traubenkernöl
10 g wilder Meersalat
½ Fingerlimette, das perlartige Fruchtfleisch entnommen
8 Blätter Meerspinat (Tetragonia decumbens)

Die halbierten Jakobsmuscheln nebeneinander auf ein Blech legen und ganz leicht mit Salz und Traubenkernöl würzen. Jeweils 3 Scheiben in die Mitte jeder Suppenschale legen und darauf zunächst die Grünkohlblätter und dann den Meersalat garnieren. Einige Fingerlimettenperlen darüberstreuen. Parallel den Topinambursaft aufwärmen. 60 ml Topinambursaft in jede Suppenschale gießen und zum Abschluss mit etwas Jakobsmuschelwatte und 2 Meerspinatblättern garnieren.

Mahi Mahi, Nashi, Kapuzinerkresse

FÜR 4 PERSONEN – DIESES REZEPT BENÖTIGT 1 TAG VORLAUFZEIT

Dies ist meine Interpretation der japanischen Maki-Sushis, die meine Frau Natalia so liebt. Die hübschen kleinen Happen schmecken, wenn sie in den japanischen Imbissen in Australien im Voraus zubereitet werden, häufig abgestanden und haben nichts mit dem japanischen Original gemein. Daher habe ich mich bemüht, etwas Frischeres und Ursprünglicheres zu kreieren, auch wenn ich dafür ebenfalls auf die traditionelle Zubereitungsweise verzichte.

ALGENGEWÜRZMISCHUNG

- 50 g frischer Blasentang
- 100 g wilder Meersalat
- 50 g frische Dulse (Rotalge)
- 15 Blätter Rosenkohl, blanchiert
- 10 g weiße Sesamsaat, geröstet
- 10 g schwarze Sesamsaat, geröstet
- 1 g koreanisches Chilipulver
- 1 g Tafelsalz
- 5 g Garnelenwatte (siehe Basics)

Den Blasentang im Mörser zu einer groben Paste zerreiben. Mit einem scharfen Küchenmesser den Meersalat und die Dulse klein hacken. In einer Schüssel alle Zutaten miteinander vermischen und danach in einem 40°C warmen Dörrgerät über Nacht trocknen.

Die getrockneten und knusprigen Zutaten in einem ganz trockenen Mörser grob zerstoßen und bis zum weiteren Gebrauch luftdicht verschlossen aufbewahren.

MAHI MAHI (GOLDMAKRELE)

- 120 g Filet von der Goldmakrele, Blutadern und Gräten entfernt
- 2 g Fenchelsamen
- 50 g feiner Zucker
- 50 g Murray-River-Salzflocken
- 1 g fein geriebene Bio-Zitronenschale
- lebensmittelechtes Sägemehl zum Räuchern*

Dieser Fisch sollte am Tag des Kaufs verarbeitet und verzehrt werden. Den Backofen auf 150°C vorheizen.

Die Fenchelsamen 4 Minuten rösten, danach abkühlen lassen und im Mörser zerstoßen, aber nicht zerreiben. Die zerstoßenen Fenchelsamen mit dem Zucker, den Salzflocken und der Zitronenschale mischen.

Ein 30 cm langes Stück Klarsichtfolie auf die Arbeitsfläche legen und ein Drittel der Fenchelmischung auf die Mitte streuen bzw. auf eine Fläche, die der Größe des Fischfilets entspricht. Das Fischfilet darauflegen, mit der restlichen Würzmischung bestreuen und dabei darauf achten, dass die Oberfläche und die Seiten des Filets gleichmäßig davon bedeckt sind. Das Fischfilet eng mit der Folie umwickeln und 2 Stunden in den Kühlschrank legen.

Anschließend das Fischfilet wieder auswickeln, die Fenchelmischung abstreifen und das Filet in einer mit Eiswasser gefüllten Schüssel waschen. Das Fischfilet mit Küchenkrepp trocken tupfen und für etwa 35 Minuten offen in den Kühlschrank legen, bis sich der Fisch ein wenig klebrig anfühlt. In einem Smoker, der sich zum Kalträuchern eignet, die Räucherspäne entfachen und den Rauch in die Räucherkammer leiten. Das Fischfilet hineingeben und 1 Stunde bei 2°C räuchern, bis es ein feines Räucheraroma hat. Das Fischfilet erneut in Klarsichtfolie wickeln und bis zum weiteren Gebrauch im Kühlschrank ruhen lassen.

20 Minuten vor dem Servieren den Fisch aus dem Kühlschrank nehmen und unmittelbar vor dem Anrichten mit einem Sashimi-Messer in 12 Scheiben schneiden.

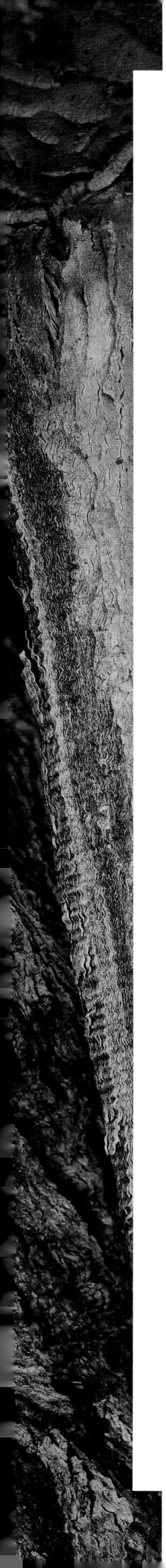

FREEKEH

- 100 g Freekeh (gerösteter grüner Weizen aus Südaustralien)
- 1,25 l Wasser
- 1 g Tafelsalz, etwas mehr nach Geschmack
- 100 ml Reisweinessig
- 20 g feiner Zucker
- ¼ Bund Schnittlauch, fein gehackt

Freekeh sollte stets am gleichen Tag zubereitet und verzehrt werden. Das Getreide unter fließend kaltem Wasser abspülen und mit dem Wasser und dem Salz in einen großen Kochtopf geben. Das Wasser aufkochen, die Temperatur reduzieren und 40 Minuten köcheln lassen, bis das Getreide weich ist. Der Freekeh sollte sehr weich gekocht werden, da er beim Abkühlen wieder härter und damit ungenießbar wird, wenn er vorher nicht weich genug war. In diesem Fall das Getreide einfach erneut aufkochen und garen, bis die Körner weich sind.

Den Freekeh in seiner Kochflüssigkeit abkühlen lassen und auch bis zum Servieren darin aufbewahren. Vor dem Servieren das Wasser durch ein Sieb abgießen und das Getreide mit Küchenkrepp trocken tupfen.

In einem kleinen Stieltopf den Essig und den Zucker erhitzen, bis sich der Zucker aufgelöst hat. Das Getreide in eine Schüssel füllen und nach Geschmack mit dem Sirup, Salz und Schnittlauch würzen. Bis zum Anrichten zugedeckt aufbewahren.

MAYONNAISE

- 4 Bio-Eigelb (von frei laufenden Hühnern)
- 30 ml Apfel-Cidre-Essig
- 15 ml Malzessig
- 1 Prise Tafelsalz
- 250 ml Traubenkernöl
- 15 ml Wasser (optional)

In einer Küchenmaschine die Eigelbe mit den beiden Essigsorten und dem Salz mixen. Bei laufendem Motor nach und nach das Traubenkernöl zugießen und weitermixen, bis das Öl vollständig emulgiert ist. Die Mayonnaise in einen Plastikbehälter füllen und abschmecken. Eventuell etwas Wasser zugeben, sollte die Mayonnaise zu fest sein. Bis zum weiteren Gebrauch im Kühlschrank aufbewahren.

NASHI-BIRNE

- 1 große Nashi-Birne
- 5 ml Zitronensaft

Vor dem Servieren die Nashi-Birne schälen und mit einer Mandoline in 4 je 2 mm dicke runde Scheiben schneiden. Die Scheiben nebeneinander in einen Beutel eines Kammer-Vakuumiergeräts* legen, den Zitronensaft zugeben und 40 Sekunden 100 Prozent vakuumieren.

ZUM SERVIEREN

- 1 kleines Stück wilder Meersalat
- 12 Blätter Kapuzinerkresse
- 4 Kapuzinerkresseblüten, die einzelnen Blütenblättchen abgezupft
- 15 ml weiße Sojasauce

In die Mitte jedes Tellers 2 TL Freekeh geben und mit ½ TL Mayonnaise garnieren. Jeweils 3 Scheiben Mahi-Mahi-Filet darauflegen und etwas platt drücken. Den Fisch mit der Algengewürzmischung bestreuen und mit dem Meersalat und den Kapuzinerkresseblättern und -blüten garnieren. Zum Abschluss ein paar Tropfen Sojasauce und eine Scheibe Nashi darübergeben.

Bennetts Wallaby, Bunya-Pinienkerne, Begonienblätter

FÜR 4 PERSONEN

Mit zehn Jahren verdiente ich mir Taschengeld, indem ich Schafsmist aus der Scheune meiner Eltern als Gartendünger verkaufte. Als ich 300 Dollar beisammenhatte, fuhr ich mit meinem älteren Cousin Jason nach Tasmanien – das Land, in dem mein Großvater Jack geboren und aufgewachsen war. Lebhaft erinnere ich mich daran, wie ich mit meinen Cousins Wallabys gejagt habe, und an den Eintopf, den sie anschließend daraus gekocht haben. Für einen jungen Neuseeländer war es eine ganz neue Erfahrung, Känguruschwanz zu essen.

Ich hatte diese Erlebnisse schon fast vergessen, als mir James Madden, der mit seinem Vater David zusammen die »Flinders Island Wallaby Farm« besitzt, eine Probe seines Wallaby-Fleisches anbot. Ich war schwer beeindruckt von der Qualität des Fleisches und den Aufzuchtbedingungen, denn auf Flinders Island leben die Tiere frei und werden sehr human getötet.

Zu dem Fleisch servieren wir eine weitere Spezialität der australischen Ureinwohner: Bunya-Pinienkerne. Innerhalb des historischen »Rippon Lea Estate«, in dem sich zwei unserer Küchengärten befinden, wachsen drei riesige Bunya-Pinien, deren Zapfen bis zu fünfzehn Kilo wiegen. Ein solcher Zapfen kann einen Mann töten, wenn er ihm auf den Kopf fällt, weshalb mein Freund Justin Buckley, der dort den Gartenbaubetrieb leitet, die Bäume mit einem Seil absperren muss, damit die Besucher gefahrlos über das Gelände spazieren können.

Die Bunya-Pinie hat ihren ganz eigenen Willen, was die Zapfenbildung betrifft. In manchen Jahren verliert sie gar keine Zapfen, in anderen Jahren verliert sie vier Zapfen, und dann gibt es Jahre, da finden wir über vierzig Zapfen unter dem Baum. 2012 war ein gutes Jahr, und wir haben hektisch so viele Zapfen wie möglich für den Winter gesammelt. Wir schätzen, dass wir nun einen Vorrat von über 1500 Pinienkernen haben.

Den Ureinwohnern Australiens war die Bunya-Pinie heilig. Wenn die Zapfen heranreiften, kamen die Leute von überall her zusammen, um sie zu ernten und die Pinienkerne zu essen. Diese besonderen Festtage zogen sich manchmal Monate lang hin. Doch bedauerlicherweise fällten die Kolonialsiedler viele Bunya-Pinien wegen des begehrten Holzes, und so wurde es für die Aborigines immer schwieriger, geeignete Orte und Bedingungen für ihre Feste zu finden.

Bennetts Wallaby und die Bunya-Pinienkerne sind einzigartige australische Zutaten, und ich bin stolz darauf, sie auf meiner Speisekarte zu haben. Ihr authentisches und historisches Aroma ruft die lange Geschichte der australischen Ureinwohner in Erinnerung, zu deren wichtigsten Nahrungsquellen sie einst zählten.

WALLABY-BLUT

- 125 g braune Zwiebeln, klein gewürfelt
- 5 g Tafelsalz
- 35 ml Bio-Canolaöl*
- 1,6 g gemahlene Akaziensamen
- 2 g geräuchertes Paprikapulver
- 2,8 g süßes Paprikapulver
- 5,3 g frisch gemahlener schwarzer Pfeffer
- 125 g gegarter Jasminreis
- 125 g Wallaby-Blut
- 125 g Lardo, gewürfelt

In einem kleinen Stieltopf die Zwiebeln mit dem Salz im Canolaöl auf kleiner Flamme glasig dünsten und dann die beiden Paprikapulver und die gemahlenen Akaziensamen dazugeben. Den Topf vom Herd nehmen und den Reis, das Blut und den Lardo unterrühren. Die Mischung in einem mittelgroßen Beutel eines Kammer-Vakuumiergeräts* füllen und 20 Sekunden 100 Prozent vakuumieren. Anschließend den Beutel 1 Stunde in ein 80°C heißes, zirkulierendes Wasserbad oder in einen mit Wasser gefüllten Topf legen. Danach den Beutel öffnen, die Mischung in einen Standmixer umfüllen und zu einer glatten, sämigen Sauce mixen. Eventuell noch etwas heißes Wasser zugeben, bis die gewünschte Konsistenz erreicht ist. Die Sauce durch ein feines Sieb passieren und abkühlen lassen.

MACADAMIANUSSPÜREE

- 200 g Macadamianusskerne (»Brookfarm«)
- 30 ml kalt gepresstes Macadamianussöl (»Brookfarm«)
- Tafelsalz nach Geschmack
- 10 ml Weißweinessig
- 90 ml Wasser

Die Macadamianüsse mit dem Macadamianussöl, dem Salz und dem Essig etwa 10 Minuten im Standmixer zu einer glatten Paste pürieren. Dabei eventuell etwas Wasser zugeben, um die gewünschte Konsistenz zu erhalten. Die Paste durch ein Spitzsieb streichen und anschließend abschmecken. Für das Gericht wird eine kleinere Menge benötigt, aber in dieser Menge lassen sich die Nüsse einfacher pürieren.

WALLABY-SAUCE

- Wallaby-Abschnitte (vom Zuschneiden des Wallaby-Filets, siehe rechte Seite)
- 25 ml Bio-Canolaöl*
- ½ Möhre, fein gewürfelt
- 1 Stange Staudensellerie, fein gewürfelt
- 1 Schalotte, fein gewürfelt
- 1½ Knoblauchzehen, fein gewürfelt
- 100 ml trockener Rotwein
- 375 ml goldener Hühnerfond (siehe Basics)
- 375 ml Wallaby-Brühe (siehe Basics)
- Zitronensaft nach Geschmack

In einer heißen Bratpfanne die Fleischabschnitte in der Hälfte des Canolaöls anbraten und anschließend in einem Metallsieb abtropfen lassen, um das überschüssige Öl zu entfernen.

Das restliche Canolaöl in einen gusseisernen Stieltopf geben und darin die Möhren-, Sellerie-, Schalotten- und Knoblauchwürfel auf mittlerer Hitze goldbraun dünsten. Das angebratene Fleisch und den Wein zugeben und auf mittlerer Stufe weitergaren, bis der Wein vollständig eingekocht ist. Den Hühnerfond und die Wallaby-Brühe zugießen und köcheln lassen, bis die Flüssigkeit auf ein Drittel reduziert ist, dabei immer wieder mit dem Schaumlöffel die Oberfläche abschöpfen. Die Sauce durch ein Sieb passieren.

Unmittelbar vor dem Servieren 90 ml der Sauce vorsichtig erwärmen und am Schluss mit 1 Spritzer Zitronensaft abschmecken.

GASTRIQUE VON AUSTRALISCHEN JOHANNISBEEREN

250 ml frisch gepresster Johannisbeersaft
(von australischen Johannisbeeren), passiert
75 ml Sherryessig
50 g feiner Zucker

Sämtliche Zutaten in einem kleinen Stieltopf auf mittlere Temperatur erhitzen und so lange einkochen lassen, bis 60 ml übrig sind. Die fertige Sauce bis zur weiteren Verwendung beiseitestellen.

WALLABY-FILET

2 große Wallaby-Filets (Bennetts Wallaby)
Meersalzflocken nach Geschmack
20 ml Bio-Canolaöl*

Das Wallaby-Filet gründlich säubern und die Sehnen entfernen. Die Abschnitte für die Sauce auf der linken Seite aufbewahren und das Filet bis zum weiteren Gebrauch in den Kühlschrank stellen.

Kurz vor dem Servieren das Fleisch aus dem Kühlschrank nehmen, auf Raumtemperatur aufwärmen lassen und mit Salz würzen. Das Wallaby-Fleisch in einer heißen Pfanne von allen Seiten braun anbraten und an einem warmen Ort 5 Minuten ruhen lassen.

ZUM SERVIEREN

1 große Prise zerstoßene Akaziensamen
20 wilde Johannisbeeren
1 Bunya-Pinienkern
12 Begonienblätter
8 Gebirgskresseblätter
40 ml kalt gepresstes Macadamianussöl (»Brookfarm«)
Meersalzflocken nach Geschmack

Den Backofen auf 110°C vorheizen. In einem kleinen Stieltopf die Wallaby-Sauce mit 1 EL Gastrique vermischen.

Je 1 EL Macadamianusspüree neben die Mitte jedes Tellers geben und direkt daneben 1 TL vom angedickten Wallaby-Blut anrichten. Das Fleisch 1 Minute im Ofen erwärmen und danach jedes Filet längs in 2 Portionen aufteilen und auf Küchenkrepp abtropfen lassen.

Die Schnittseite mit den Akaziensamen bestreuen. Je ein Fleischstück auf die Blutsauce legen und mit 5 Johannisbeeren garnieren. Mit einem Löffel etwas Sauce über das Fleisch geben. Den Pinienkern mit der groben Klinge einer Microplane-Reibe* reiben und davon jeweils etwas über das Fleisch sprenkeln. Die Blätter der Begonie und der Kresse um das Fleisch herum verteilen und zum Abschluss etwas Macadamianussöl und Salz darübergeben.

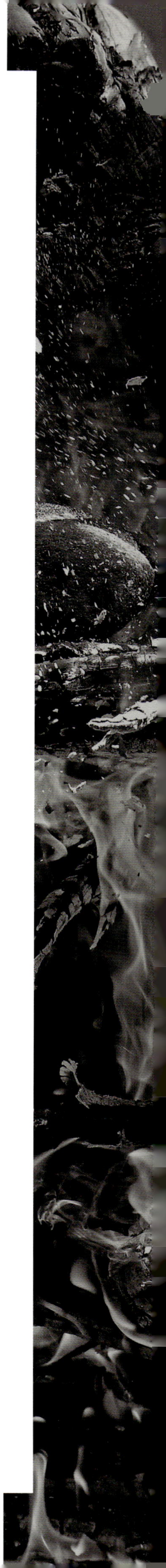

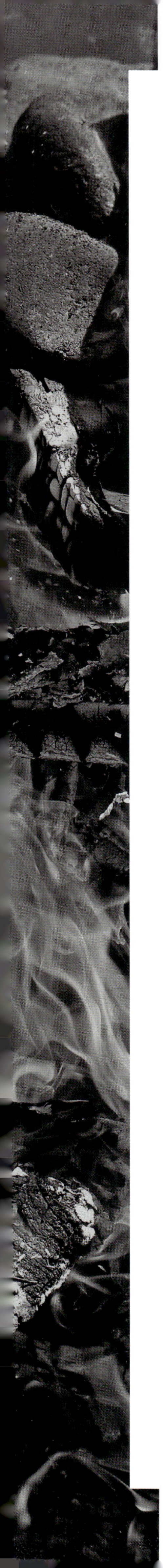

Ich habe eine enge Verbindung zum Hāngi, der traditionellen Kochweise der Maori, und damit zu einem alten Teil der neuseeländischen Kultur. In meiner Jugend war das Bauen eines Hāngi fester Bestandteil der verschiedensten Familienfeste, denn man bekommt mit ihm viele Leute satt. Außerdem haben die im Hāngi zubereiteten Speisen einen absolut einmaligen Geschmack, der mich an meine Heimat erinnert.

Historische Wurzeln

Ich habe meinen ersten Hāngi mit etwa zehn Jahren gebaut und nur ein paar Kartoffeln hineingetan, allerdings war ich so ungeduldig, dass ich sie nach nur zwei Stunden wieder ausgegraben habe. Die Kartoffeln waren noch halb roh, doch ich fand sie köstlich. Diese Erfahrung inspirierte mich zu dem Gericht »Kartoffeln, gegart in der Erde, aus der sie wuchsen« (siehe Seiten 48–51). Mit Kumpeln einen Hāngi zu bauen, macht unheimlich viel Spaß. Zunächst sucht man zusammen, was man braucht: Lavagestein (Steine, die hohe Temperaturen aushalten können), trockene Äste und Feuerholz (man muss beides mischen, und das Holz darf nicht grün sein, da es dann nicht genug Hitze entwickeln kann, um die Steine zu erwärmen) und Jutesäcke oder Mulltücher, damit die Lebensmittel nicht mit der Erde in Berührung kommen (man kann natürlich auch Alufolie verwenden oder Blätter und Rinde wie die Maori). Danach muss man nach einem guten, etwas abgelegenen Platz Ausschau halten und ein Loch graben, das etwa 60 cm tief ist und so breit, dass die Zutaten bequem hineinpassen. Über das Loch werden zunächst ein paar Äste und etwas Feuerholz gelegt, und darauf kommt eine Schicht Steine. Darüber muss man im 90-Grad-Winkel zum ersten Holz weitere Äste und Feuerholz stapeln, und darauf werden wieder Steine gelegt. Den Abschluss bilden abermals Äste. Das Lagerfeuer sollte ziemlich groß werden. Wenn das Holz brennt, kann man mit den Vorbereitungen für das Essen beginnen und die unterschiedlichen Zutaten in getrennte Jutesäcke oder Mulltücher packen.

Wenn das Feuer vollständig runtergebrannt ist, sollten die weiß glühenden Steine in das Loch gefallen sein. Dann wird es Zeit, den Hāngi zu befüllen. Die vorbereiteten Päckchen in Wasser einweichen und zunächst Flachsblätter und dann die Päckchen auf die heißen Steine legen. Fleisch und Kohl kommen wegen der längeren Garzeit ganz nach unten. Außerdem verhindern diese Päckchen hoffentlich, dass andere Zutaten anbrennen. Danach kann man weitere Päckchen auflegen und zum Abschluss alles noch einmal mit einer Lage wassergetränkter Jute abdecken. Zuletzt wird das Loch mit Erde zugeschüttet, was einen unvergleichlichen Geruch aus Erde und garendem Gemüse erzeugt. Ein Hāngi sollte vier bis sechs Stunden in Ruhe gelassen werden. Das Ganze ist eine super Gelegenheit, Zeit mit Freunden und Familie in der Natur zu verbringen, und es ist die Art Küche, die ich am meisten liebe. Eine wunderbare Erfahrung, die ganz ohne Schnickschnack auskommt und Geschichte spürbar macht.

Gegrillter kanadischer Käse, Heueis

FÜR 4 PERSONEN – DIESES REZEPT BENÖTIGT 1 TAG VORLAUFZEIT

Auf meiner Reise durch den Südwesten Ontarios hatte ich das Glück, das wunderbare Farmerehepaar Max und Vicki Lass kennenzulernen: Sie züchten auf ihrer »Church Hill Farm« Rinder, Schweine, Schafe und Geflügel, die auf riesigen Weiden so natürlich wie möglich gehalten werden. Die Sorgfalt, die sie der Aufzucht dieser Tiere widmen, ist absolut bemerkenswert. Sie bauen ihr eigenes Bio-Getreide an, um die Tiere mit vollwertigem Futter gut durch die harten kanadischen Winter zu bringen, und umsorgen ihr Vieh auf liebevolle Weise.

Dank dieses Ehepaars habe ich auch den Ahornsirup besser kennengelernt. Kanada produziert über 80 Prozent der weltweiten Ahornsirupernte, und aufgrund meiner Familiengeschichte (meine Großmutter Elaine stammte aus Kanada) beschloss ich, dass es keinen besseren Ort geben könne, mein Wissen über den Ahornsirup zu erweitern, als bei Max und Vicki. Der Großteil des Ahornsirups wird in Quebec produziert, doch Elaine stammte aus Ontario, daher wollte ich den Sirup kennenlernen, mit dem sie aufgewachsen war. Die Lass-Familie besitzt einen Wald von Ahornbäumen, die auch Zuckerbäume genannt werden. Bis vor Kurzem hatten sie auch noch eine altmodische Kochhütte (*sugar shack*), die jedoch während der letzten Sirupsaison abbrannte, was wohl gar nicht so selten passiert, wie mir gesagt wurde.

Früher wurde der Sirup von kleinen Milchviehbetrieben nur für den eigenen Bedarf eingekocht. Eventuell zu viel produzierter Sirup wurde auf den lokalen Märkten oder am Straßenrand verkauft, um das Einkommen aufzubessern.

Früher war es zeitraubend, den Sirup zu »ernten«, da man erst ein Loch in die Rinde des Baumes bohren und darunter einen kleinen Eimer hängen musste, um den wertvollen Saft aufzufangen. Heutzutage wird der Saft meist mit Hilfe von durch den ganzen Wald führenden Plastikschlauchsystemen in Sammelcontainern aufgefangen, in die der Saft durch ein natürliches Gefälle fließt oder mit Unterdruck hineingepumpt wird. Anschließend muss der Saft ohne chemische Zusätze sehr sorgfältig auf die gewünschte Konsistenz eingekocht werden. Früher kochte man den Ahornsaft in einer großen gusseisernen Pfanne über offenem Feuer in Kochhütten – ein Vorgang, der stundenlang dauerte und ständige Aufmerksamkeit verlangte. 160 Liter Ahornsaft müssen so lange eingekocht werden, bis am Ende 4 Liter Ahornsirup übrigbleiben.

Nach einem Rundgang über die Farm und durch eine Ahornsirupproduktion in der Nachbarschaft genoss ich ein fantastisches Mittagessen mit Max, Vicki und ihren Kindern Owen und Ava. Am meisten hat mich dabei ein gegrilltes kanadisches Käsegericht beeindruckt, für das selbst gemachter würziger Cheddar zwischen dicken Weißbrotscheiben (das Brot hatte Owen selbst gebacken) in der Pfanne mit reichlich frischer Butter goldbraun und knusprig gebacken wurde. Nach dem Braten wurde das Brot noch wortwörtlich in Ahornsirup gebadet. Dieses einfache Sandwich war eines der besten Gerichte, das ich je gegessen habe.

Als ich zurück in Australien über die Aromen der Landwirtschaft nachdachte, fiel mir dieses Erlebnis wieder ein und ich kochte den »gegrillten kanadischen Käse« mit Ahornsirup für unseren Küchenmeistertag nach und servierte dazu mit geröstetem Heu aromatisiertes Eis. Einer der Gäste erzählte mir hinterher, dass ihn der Geschmack dieses Gerichts an glückliche Sommer in seiner Kindheit erinnert hätte, an denen er mit seiner Familie Heu gemacht hatte.

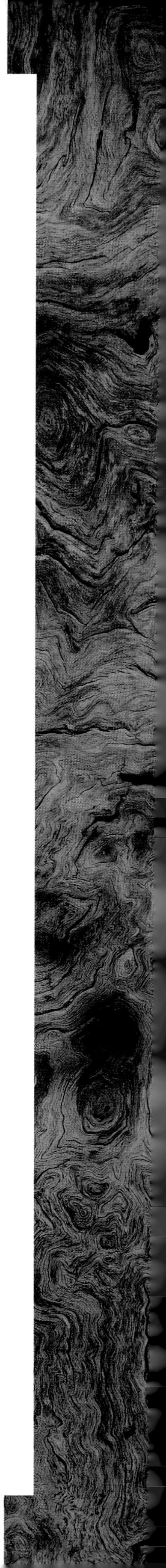

HEUMILCH

25 g Bio-Heu
500 ml Vollmilch

Den Backofen ohne Umluft auf 180°C vorheizen. Das Heu auf ein tiefes Blech legen und mit einem Backrost beschweren, um es im Ofen 15 Minuten goldbraun zu rösten.

Das geröstete Heu mit der Milch in einen Topf geben und auf kleiner Flamme sanft köcheln lassen. Den Topf vom Herd nehmen und das Heu weitere 15 Minuten in der Milch ziehen lassen. Anschließend die Milch durch ein Passiertuch abgießen und beiseitestellen.

HEUEIS

150 g weicher brauner Zucker
40 ml Wasser
300 ml flüssige Konditorsahne (35 % Fett i.Tr.)
9 Bio-Eigelb (von frei laufenden Hühnern)
450 ml Heumilch (siehe oben)
1 Prise Tafelsalz

In einem kleinen gusseisernen Stieltopf 130 g Zucker und das Wasser erhitzen und so lange umrühren, bis sich der Zucker aufgelöst hat. Die Temperatur erhöhen und die Mischung aufkochen. Das Umrühren einstellen und die Temperatur auf 174°C erhöhen, damit sich ein goldfarbener Karamell bildet. Den Topfboden vorsichtig in eine mit kaltem Wasser gefüllte Schüssel tauchen, damit der Karamell nicht überkocht.

Die Sahne behutsam dazugießen und aufpassen, denn es kann dabei heftig spritzen. Am besten bindet man sich ein Geschirrtuch um die Hand, um sich vor Verbrennungen zu schützen. So lange rühren und erneut sanft erhitzen, bis sich glatter Sahnekaramell gebildet hat.

Die Eigelbe mit 20 g Zucker aufschlagen, bis die Mischung blassgelb und schaumig wird. Den Karamell sorgfältig unterrühren und die Mischung in einen sauberen Topf gießen. Die Mischung ganz leicht köcheln lassen, bis sie eindickt, aber nicht kocht.

Die Heumilch und das Salz zugeben und gründlich unterrühren. Die Creme durch ein feines Sieb passieren, auf 4°C abkühlen lassen und in einer Eismaschine nach Anleitung des Herstellers zu Eis rühren. Das fertige Eis bis zum Servieren im Tiefkühlfach aufbewahren. Das Eis schmeckt am besten, wenn es noch am gleichen Tag verzehrt wird.

GEGRILLTER KÄSE

50 g weiche, selbst gemachte Butter (siehe Seite 18, diese muss einen Tag im Voraus hergestellt werden)
4 Scheiben gutes Weißbrot (kein Sauerteigbrot), dick wie Toastbrot
140 g pikant gereifter Cheddar, in dünne Scheiben geschnitten

Jede Brotscheibe auf einer Seite mit der weichen Butter bestreichen und 2 Brotscheiben mit der gebutterten Seite nach unten auf ein mit Backpapier bedecktes Backblech legen. Den Käse gleichmäßig auf den Brotscheiben verteilen und mit den restlichen beiden Brotscheiben so bedecken, dass die Butterseite oben ist.

ZUM SERVIEREN

50 g geklärte Butter (siehe Basics)
20 g geriebene Walnuss
100 ml Ahornsirup, leicht erwärmt

Vier Dessertschalen im Backofen vorwärmen. Die geklärte Butter auf zwei beschichtete Pfannen aufteilen und in jeder Pfanne jeweils ein Sandwich von beiden Seiten goldbraun und knusprig braten. Die Sandwichs erst aus der Pfanne nehmen, wenn der Käse geschmolzen ist. Jedes Sandwich in zwei Finger breite Streifen schneiden und die Rinde entfernen.

Jeweils einen Streifen gegrillten Käse in die Mitte jeder Dessertschale legen. Daneben ½ TL geriebene Walnüsse streuen und ein Bällchen Heueis auf die Walnüsse setzen (dank der Walnüsse schmilzt das Eis nicht sofort in der vorgewärmten Schale). Den Ahornsirup über den gegrillten Käse gießen, ein paar geriebene Walnüsse darüberstreuen und sofort servieren. Der gegrillte Käse sollte sehr heiß sein, damit dieses Gericht wirklich gut schmeckt, da er beim Abkühlen schnell gummiartig wird.

»Violet Crumble«

FÜR 4 PERSONEN

Obwohl ich beinah ein Jahrhundert jünger bin als der Erfinder des »Violet Crumbles« – ein australischer Schokoriegel in violetter Verpackung –, habe ich das Gefühl, als seien wir Brüder im Geiste. Abel Hoadley war ein Erfinder und eine romantische Seele. 1913 erfand er den beliebtesten australischen Schokoriegel und benannte ihn nach der Lieblingsblume seiner Frau – dem Veilchen. In Neuseeland war ich mit ähnlich knusprigen Schokoriegeln aufgewachsen, die dem Original jedoch nicht das Wasser reichen konnten. Wir Neuseeländer lieben den luftigen und knusprigen Karamellkern, der »honeycomb« (Honigwaben) genannt wird und aus Zucker, Glukosesirup und Natron (Backsoda) besteht. Als ich begann, meinen eigenen Stil zu entwickeln, dachte ich bei vielen Gerichten an meine Heimat und wollte gleichzeitig etwas schaffen, das von meiner neuen Heimat in Melbourne erzählt. So entstand dieses Dessert.

Wenn ich neue Gerichte erarbeite, beschäftige ich mich immer auch mit der Geschichte und dem Umfeld der Zutaten, und so wurde mir, als ich meine Version des »Violet Crumble« herstellen wollte, bewusst, wie wenig ich über Schokolade wusste. Natürlich hatte ich mein ganzes Leben lang Schokolade gegessen, aber erst dank einer BBC-Dokumentation mit dem Titel »Schokolade. Die bittere Wahrheit« begann ich zu ahnen, dass Schokolade auch eine weniger süße Seite hat. Was ich in dieser Dokumentation erfuhr, war wie ein Schlag ins Gesicht. Als mir bewusst wurde, dass ausgerechnet die Zutat, die so vielen Kindern auf der Welt Freude bereitet, für tausende Kinder in Westafrika großes Leid bedeutet, war ich so erschüttert, dass mir die Tränen kamen. In dem Fernsehbeitrag wurde enthüllt, dass 40 Prozent der weltweiten Kakaoproduktion aus der Elfenbeinküste stammt und dass die Vereinten Nationen schätzen, dass dort mehr als 15 000 Kinder, die zum Teil gerade erst acht Jahre alt sind, als Sklaven auf den Kakaoplantagen arbeiten müssen. Diese Kinder werden häufig einfach von ihren Familien weggeholt und damit jeglicher Chance auf eine normale Kindheit und auf Bildung beraubt, weshalb sie auch später als Erwachsene keine Chance auf ein eigenes Einkommen haben. Ohne Aussicht auf Erlösung führen diese Kinder ein sehr gefährliches Leben, denn sie sind allen möglichen giftigen Chemikalien ausgesetzt und müssen die Kakaobohnen mit Macheten von Hand ernten.

Am nächsten Tag rief ich meinen Schokoladenlieferanten an.
ICH: Woher stammt der Kakao, den Sie uns liefern?
LIEFERANT: Mmh, da muss ich mich erst mal kundig machen.
ICH: Können Sie mit Bestimmtheit sagen, ob die Produktion dieser Schokolade Kinderarbeit erfordert hat oder nicht?
LIEFERANT: Ah, da muss ich erst mal den Hersteller in Spanien anrufen.
ICH: Haben Sie gestern Abend die BBC-Dokumentation über Schokolade gesehen?
LIEFERANT: Nein, habe ich nicht.
ICH: Wir werden keine Schokolade mehr bei Ihnen kaufen.

Dann habe ich aufgelegt und dem Schokoladenlieferanten meine Fragen per E-Mail zugeschickt. Allerdings habe ich nie eine Antwort bekommen.

An jenem Tag strich ich sämtliche Schokoladenprodukte von unserer Speisekarte und startete mit meinem Freund und Chocolatier Tad Lombardo die schwierige Suche nach einem Schokoladenproduzenten, der seine Produkte mit ethischer Verantwortung erzeugt. Es dauerte drei Monate, doch dann fand ich schließlich einen Produzenten, der mir garantieren konnte, dass seine Produkte ohne Kinderarbeit produziert werden und dass seine Löhne weit über den Mindestlöhnen des Fairtrade-Handels liegen.

Und schon aus diesem Grund schmeckt diese Schokolade viel besser.

VEILCHENEIS

350 ml Vollmilch
50 g feiner Zucker
100 g flüssige Glukose
100 g kandierte Veilchen
50 g ungespritzte frische Veilchenblütenblätter
30 ml Zitronensaft
500 g saure Sahne

Die Milch mit dem Zucker und der Glukose in einem mittelgroßen Stieltopf bis zum Siedepunkt erhitzen. Anschließend den Topf vom Herd nehmen und auf Raumtemperatur abkühlen lassen. Die Mischung im Standmixer mit den kandierten und frischen Veilchen zu einer glatten Creme mixen. Diese durch ein feines Sieb passieren. Den Zitronensaft unter die saure Sahne mischen und diese dann mit dem Schneebesen in die Veilchenmischung einrühren. Die fertige Creme in den Becher eines Pacojets* füllen und diesen im Schockfroster* 6 Stunden bei -25°C kühlen, bis die Masse vollständig durchgefroren ist.

Zwanzig Minuten vor dem Servieren das Eis im Pacojet pacossieren und dann bis zum Servieren erneut auf -18°C kühlen.

GEFRORENE SCHOKOLADE

320 ml Wasser
90 ml flüssige Konditorsahne (35 % Fett i.Tr.)
25 g feiner Zucker
120 g fair produzierte dunkle Schokolade (70 % Kakaoanteil), klein gehackt
60 g gesalzene Butter, klein gehackt

Den Schockfroster* auf -40°C einstellen.

Das Wasser, die Sahne und den Zucker in einem kleinen Stieltopf erwärmen und so lange rühren, bis sich der Zucker aufgelöst hat. Den Topf vom Herd nehmen und die Temperatur messen. Wenn die Mischung auf 49°C abgekühlt ist, die Schokolade und die Butter zugeben und alles glatt rühren.

Die noch warme Mischung in einen Pacojet*-Becher füllen und 5 Stunden schockgefrieren.

Unmittelbar vor dem Servieren die gefrorene Schokolade portionsweise im Pacojet pacossieren. Das fertig aufgeschlagene Eis in einen luftdicht verschließbaren Behälter füllen und die übrigen Portionen zubereiten. Das fertige Eis im Tiefkühlschrank aufbewahren. Ich bitte allerdings zu beachten, dass der Schweizer Erfinder des Pacojet vermutlich nicht im Sinn hatte, mit seinem Gerät -40°C kalte Speisen aufzuschlagen, als er seine Maschine konstruierte. Unser Pacojet jault ganz schön, wenn er sich durch die extrem harte Kruste gefrorener Schokolade arbeiten muss, allerdings ist diese Methode notwendig, um die richtige Konsistenz zu erzielen. Ich übernehme jedoch keinerlei Haftung, sollten Sie mit Ihrem Gerät versuchen, dieses Dessert nachzukochen.

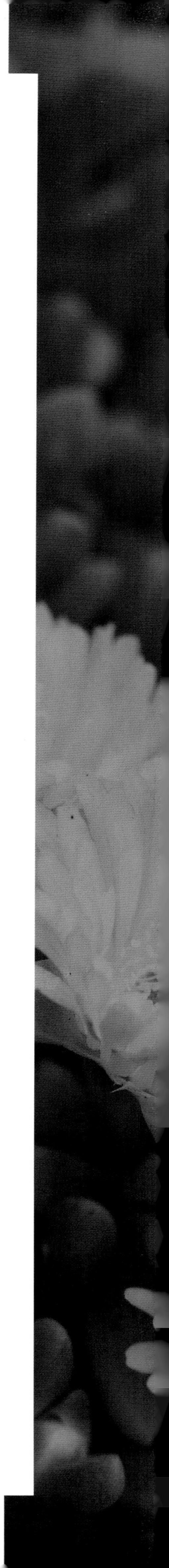

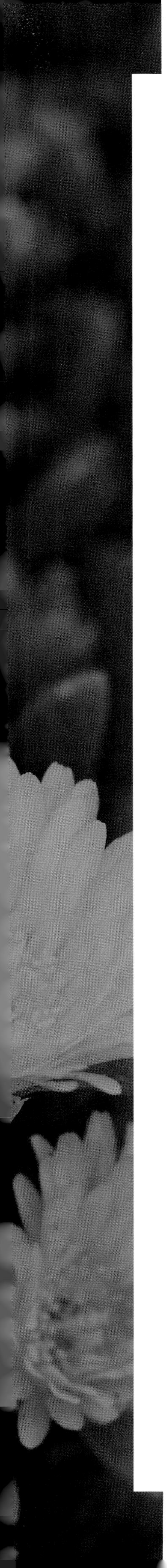

HONEYCOMB-KARAMELL

75 g feiner Zucker
35 g Golden Syrup (Glukosesirup aus Zuckerrohr)
5 g Natron (Backsoda), 2-mal gesiebt

Ein Backblech mit Backpapier bedecken. In einem kleinen Stieltopf den Zucker und den Golden Sirup mischen und unter ständigem Rühren sanft erwärmen, bis sich der Zucker aufgelöst hat. Die Temperatur erhöhen und die Mischung 2 Minuten kochen lassen, dabei gelegentlich umrühren, damit nichts anbrennt. Den Topf vom Herd nehmen, das Natron zugeben und schnell rühren, bis die Mischung aufschäumt. Die Masse sofort auf das vorbereitete Blech gießen und bei Raumtemperatur abkühlen lassen. Bis zum Servieren luftdicht verschlossen aufbewahren.

BUTTERSCOTCH-KARAMELL

80 ml flüssige Konditorsahne (35 % Fett i.Tr.)
75 g weicher brauner Zucker
50 g gesalzene Butter, klein gehackt
7 ml Heilala-Vanilleextrakt*
20 ml flüssige Glukose

Sämtliche Zutaten in einem kleinen Stieltopf auf kleiner Flamme sanft erhitzen und köcheln lassen. So lange rühren, bis sich der Zucker aufgelöst hat. Etwa 5 Minuten köcheln lassen, bis der Karamell leicht eingedickt ist. Auf Raumtemperatur abkühlen lassen und dabei gelegentlich mit einem Schneebesen umrühren. Anschließend bis zum Servieren im Kühlschrank aufbewahren.

ZUM SERVIEREN

30 g fair produzierte dunkle Schokolade (70 % Kakaoanteil), fein gerieben
10 g kandierte Veilchen, im Mörser zu einem feinen Pulver zerrieben
10 g kandierte Veilchen, im Mörser grob zerstoßen
8 ungespritzte frische Veilchenblüten, Blätter abgezupft

In die Mitte jeder Dessertschale 1 gestrichenen TL Butterscotch-Karamell geben und daneben etwas Honeycomb-Karamell krümeln. Auf den Karamell ein Bällchen Veilcheneis setzen und darüber etwas geriebene Schokolade und gefrorene Schokolade streuen. Noch etwas von dem Honeycomb-Karamell darüberkrümeln und die Schalen zum Schluss mit Veilchenpulver, zerstoßenen Veilchen und Veilchenblütenblättern garnieren.

Ananas in Salz, Blütencreme

FÜR 4 PERSONEN – DIESES REZEPT BENÖTIGT 3 TAGE VORLAUFZEIT

Dieses Rezept erinnert mich immer an meine Tochter Ella, die wir nach der von meiner Großmutter Elaine verehrten Ella Fitzgerald genannt haben. Ella liebt Blumen – um nicht zu sagen, sie ist besessen von ihnen. Ella pflückt sie fast jeden Tag in unserem Garten und streut die Blütenblätter in kleine, mit Wasser gefüllte Schalen. Gerne sagt sie: »Wenn ich groß bin, werde ich Blumenpflückerin!« Als ihre kleine Schwester geboren wurde, wollte sie Babyblumenpflückerin genannt werden. Ella ist sehr lieb, stets pflückt sie wilde Blumen für ihre Mami oder ihren Bruder: »Kobe würden diese gelbe Blume gefallen, Daddy.«

BLÜTENCREME

- 200 g selbst gemachter Quark (siehe Basics, dieser Quark sollte 2 Tage im Voraus hergestellt werden)
- 5 g Rosmarinblüten
- 20 g unbehandelte und duftende rote Rosenblätter
- 20 g Jasminblüten
- 8 g feiner Zucker
- 1 Prise Tafelsalz
- 1 thailändisches Jasminräucherstäbchen (siehe Anmerkung)

Den Quark mit dem Schneebesen zu einer glatten Masse aufschlagen, sämtliche Blüten und Blütenblätter unterheben und zugedeckt im Kühlschrank 24 Stunden ziehen lassen. Den Quark durch ein feines Sieb in eine mittelgroße Schüssel streichen und dabei die Blüten entfernen. Den Zucker und das Salz zugeben und gut untermischen.

Das Räucherstäbchen in eine kleine saubere Schüssel stellen und diese auf den Quark setzen. Das Räucherstäbchen auf beiden Seiten entzünden und eine große Schüssel umgekehrt darüberstülpen, um den Quark und das Räucherstäbchen völlig einzuschließen. Das Räucherstäbchen wird verlöschen, aber der Rauch kann nicht entweichen. Die große Schüssel erst nach 10 Minuten entfernen, damit der Rauch in den Quark ziehen kann. Diesen Vorgang 6–10-mal wiederholen und zwischendurch immer wieder den Quark umrühren, bis er ein fein rauchiges Aroma bekommen hat. Die Quarkcreme zugedeckt im Kühlschrank aufbewahren.

ANMERKUNG: Die Räucherstäbchen gibt es im Asialaden.

ANANAS IN SALZ

- 1,05 kg Tafelsalz
- 150 g Bio-Eiweiß (von frei laufenden Hühnern)
- 1 Ananas (etwa 2 kg schwer)

Den Backofen auf 180°C vorheizen.

In einer Schüssel das Salz und das Eiweiß vermengen. Den Deckel mit den Blättern der Ananas abschneiden. Die Ananas dünn mit der Salzmischung ummanteln.

Einen Bräter mit 2 Schichten Backpapier auslegen. Etwas Salzmischung in die Mitte geben, die Ananas daraufsetzen und mit der restlichen Salzmischung komplett bedecken. Die Ananas 3 Stunden 20 Minuten im Ofen backen. Danach aus dem Ofen nehmen und an einem warmen Ort 1 Stunde ruhen lassen. Die Salzkruste aufbrechen und entfernen. Die Ananas schälen und in 4 dünne, lange Rechtecke schneiden.

ZUM SERVIEREN

- 60 g Buchen-Honigtau-Honig (»J. Friend & Co. Beechwood Honeydew Honey«)*
- verschiedene essbare Blüten
- 1 Prise kandierte Veilchen, fein gemahlen
- 1 Prise violettes Rosenpulver (siehe Anmerkung)

Die 4 Ananasscheiben mit dem Honig bepinseln, auf 4 Teller legen und mit den Blüten garnieren. Daneben 1 TL Blütencreme anrichten. Mit Veilchen- und Rosenpulver bestreuen.

ANMERKUNG: Für das Rosenpulver unbehandelte Rosenblätter etwa 2 Stunden im 50°C heißen Dörrgerät trocknen, dann im Mörser zu einem feinen Pulver zerreiben.

Erdbeeren, saure Sahne, Erdbeeröl

FÜR 4 PERSONEN – DIESES REZEPT BENÖTIGT 1 TAG VORLAUFZEIT

Wir servieren dieses Gericht nur im Sommer, wenn bei uns die Erdbeeren reif sind und der wilde Fenchel blüht. Jeden Morgen pflücke ich direkt bei mir vor der Haustür, wo wilder Fenchel wie Unkraut wächst, junge Fencheltriebe und mit Pollen gefüllte Blüten. Dieses Gericht schmeckt sehr intensiv und ist das Lieblingsdessert meines Sohnes Kobe. Als ich ihn letztes Jahr mit seiner Großmutter Kaye ins »Attica« einlud, mussten wir Erwachsenen lachen, als er angesichts des intensiven Erdbeeraromas, das etwas von der sauren Sahne gemildert wird, in einer Mischung aus Freude und Schmerz das Gesicht verzog.
Er aß an dem Abend sieben Gänge und sprach tagelang von nichts anderem.

ERDBEERÖL

- 250 g Erdbeeren, geputzt
- 120 ml Traubenkernöl
- 1 l frisch gepresster und abgeschäumter Erdbeersaft, durch ein Passiertuch abgeseiht
- 50 ml Wasser
- 25 g flüssige Glukose
- 100 g Isomalt*
- Tafelsalz und natürliche Zitronensäure* nach Geschmack

Die Erdbeeren und das Traubenkernöl in einen Standmixer geben und mixen, bis die Erdbeeren grob püriert sind. Die Mischung in einen Beutel eines Kammer-Vakuumiergeräts* füllen und 40 Sekunden 100 Prozent vakuumieren. Den Beutel danach 12 Stunden in den Kühlschrank legen. Den Inhalt des Beutels in ein Passiertuch geben und über eine Schüssel hängen. Während die Flüssigkeit durch das Tuch tropft, trennt sich das Erdbeeröl vom Saft. Das Erdbeeröl vorsichtig abschöpfen und in einem kleinen Kunststoffbehälter beiseitestellen. Für das Rezept werden 100 ml Erdbeeröl benötigt.

Den Erdbeersaft in ein 6-l-Gefäß eines Rotationsverdampfers füllen, die Wasserbadtemperatur auf 30°C, die Kühlung auf -20°C und die Rotationsgeschwindigkeit auf 30 RPM (Umdrehungen pro Minute) einstellen. Alles unter Vakuum 2 Stunden destillieren, bis der Saft zu einem leuchtend roten Sirup reduziert ist. Alternativ den Saft in einem kleinen Topf zu Sirup einkochen, allerdings ist der Geschmack nicht ganz der gleiche, denn wenn der Erdbeersaft bei 100°C köchelt, bekommt der Sirup ein Marmeladenaroma, wohingegen der kalt destillierte Saft frisch und nach rohen Erdbeeren schmeckt.

In einem kleinen Stieltopf das Wasser, die flüssige Glukose und das Isomalt auf 80°C erhitzen und so lange rühren, bis sich der Zucker und das Isomalt aufgelöst haben. Die Mischung auf 40°C abkühlen lassen und mit dem Schneebesen in den Erdbeersirup einrühren. Die Erdbeermischung in einen 500-ml-Messbecher mit geraden Wänden füllen. Bei laufendem Stabmixer das Erdbeeröl peu à peu zugießen – so wie man für eine Mayonnaise Öl langsam unter das Eigelb rührt –, bis es vollständig mit dem Sirup emulgiert ist. Das Ergebnis sollte ein orangefarbener Sirup sein, in dem das Öl keine sichtbaren Spuren hinterlässt. 1 kleine Prise Salz hinzufügen und abschmecken. Je nachdem, wie süß die Erdbeeren waren, eventuell noch etwas Zitronensäure hinzufügen, um den Zuckergehalt der Früchte auszugleichen. Die fertige Mischung in einer luftdicht verschließbaren Flasche im Kühlschrank aufbewahren.

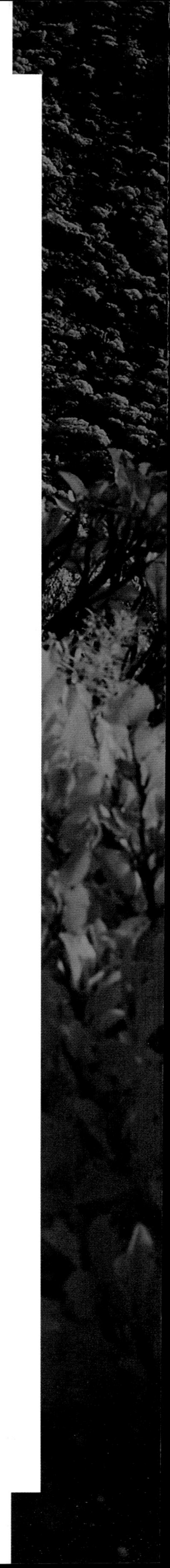

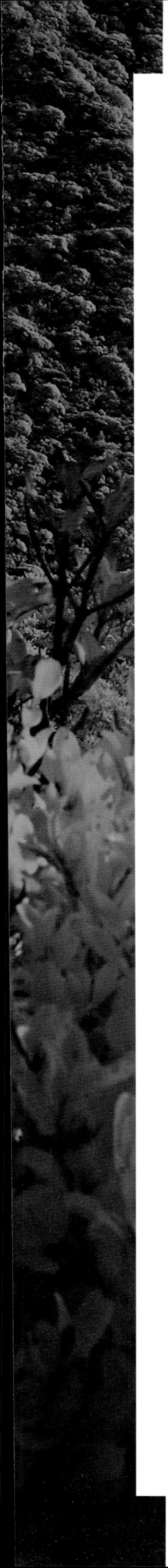

SELBST GEMACHTE SAURE SAHNE

300 ml flüssige Konditorsahne (35 % Fett i.Tr.)
100 ml selbst gemachte Buttermilch (siehe Seite 18, sie sollte einen Tag im Voraus hergestellt werden)

Die Sahne und die Buttermilch gut miteinander vermischen, in einen sauberen Behälter gießen, mit einem Stück Gaze oder Mulltuch abdecken und an einem warmen Ort (etwa 26°C) 24 Stunden ruhen lassen.

Die Säure und die Konsistenz überprüfen – die Sahne sollte merklich eingedickt sein, aber nicht so fest werden wie gekaufte saure Sahne. Diese selbst gemachte saure Sahne ist bis zu 5 Tage im Kühlschrank haltbar.

Vor dem Servieren die saure Sahne mit dem Schneebesen aufschlagen, bis sie glatt ist, und in ein kleines Servierkännchen füllen.

BRAUNER VANILLEZUCKER

100 g weicher brauner Zucker
0,5 g getrocknetes Heilala-Vanillepulver*
feines Salz nach Geschmack

Den Zucker in einer elektrischen Gewürzmühle fein zermahlen und danach in einer kleinen Schale mit dem Vanillepulver mischen. 1 kleine Prise Salz zufügen und luftdicht verschlossen aufbewahren.

ZUM SERVIEREN

28 kleine Erdbeeren
1 große Prise frischer Pollen vom wilden Fenchel

Auf jeden Teller 2 EL Erdbeeröl geben. Die Erdbeeren in den braunen Vanillezucker tauchen und jeweils 7 Erdbeeren auf jedem Teller anrichten. Den Fenchelpollen über die Erdbeeren streuen und erst bei Tisch etwas saure Sahne über die Erdbeeren gießen.

Rubys Rhabarber

FÜR 4 PERSONEN – DIESES REZEPT BENÖTIGT 1 TAG VORLAUFZEIT

Am 19. Januar 2010 kam Ruby, unser drittes Kind, zur Welt. Fünf Tage später flog ich von Australien nach Spanien, um auf der »Madrid Fusíon« – einer der weltweit wichtigsten Veranstaltungen für kreative Spitzenküche – einen Vortrag zu halten. Ich war dort als erster Koch aus Victoria eingeladen worden, und es war eine riesige Ehre. Wer so bescheiden angefangen hat wie ich, kann es gar nicht fassen, dass sein Ruf ihm derart vorauseilt, dass er sich neben den weltweit besten Köchen auf der Bühne in Madrid behaupten kann. So aufgeregt wie ich über meine Teilnahme war, so schwer fiel es mir, unser Haus zu verlassen. Meine Frau Natalia hatte nicht die Kraft, sich allein um ein neugeborenes Baby zu kümmern, und unsere beiden anderen Kinder Kobe und Ella waren noch nicht mal fünf Jahre alt. Gott sei Dank kam meine Mutter Kaye aus Neuseeland angeflogen, um Natalia tatkräftig zu unterstützen.

Es war eine schwierige Zeit in unserem Leben, und ich fühlte mich schuldig, unser Baby eine ganze Woche allein zu lassen. Und so kam ich nach einem 30-stündigen Flug in Gesellschaft meines damaligen Lehrlings Rory Cowcher müde und aufgewühlt in Madrid an. Natürlich hatte ich die Absicht, einen tollen Vortrag zu halten, aber gleichzeitig machte ich mir die ganze Zeit Sorgen um meine Familie. In solchen Momenten funktioniere ich wie eine Maschine und tue rein instinktmäßig, was getan werden muss. Wir arbeiteten fünf Tage lang zwanzig Stunden, kochten mit meinem Freund Eneko Atxa ein Essen für 80 Gäste und präsentierten meine Art zu kochen vor 1400 Leuten. Es war eine irre Zeit, und wir lernten fantastische Leute kennen. Als ich wieder zurück nach Hause kam, kreierte ich Ruby zu Ehren ein Gericht – hier ist es, obwohl es nicht halb so schön ist wie Ruby selbst.

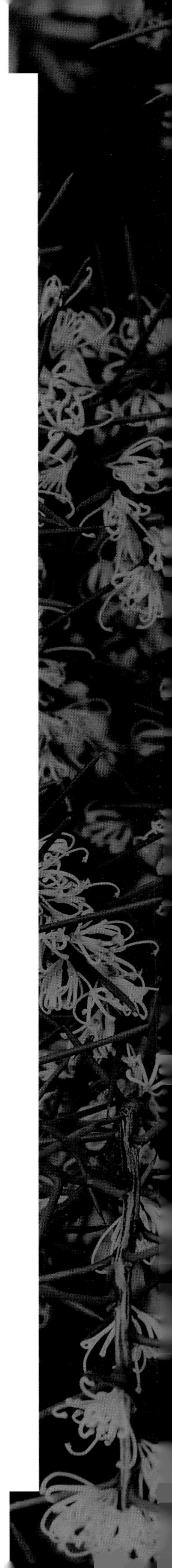

RHABARBER-MOLKE-EIS

900 g frische Blattstiele vom Rhabarber (von möglichst intensiver Farbe), in dünne Scheiben geschnitten
320 g feiner Zucker
100 g flüssige Glukose
½ Heilala-Vanilleschote*, halbiert und das Mark herausgekratzt
350 ml Joghurtmolke (siehe Basics, die Molke sollte einen Tag im Voraus hergestellt werden)
Tafelsalz nach Geschmack

Den Rhabarber mit dem Zucker und der flüssigen Glukose mischen und zugedeckt an einem warmen Ort 30 Minuten ruhen lassen. Danach die Mischung in einen mittelgroßen Stieltopf füllen und auf mittlerer Flamme etwa 10 Minuten köcheln lassen, bis der Rhabarber weich ist. Den Rhabarber mit der Vanille im Standmixer zu einer glatten Masse pürieren und danach durch ein feines Sieb in eine kleine Schüssel passieren. Die Schüssel in eine größere, mit Eis gefüllte Schüssel stellen und rühren, bis das Rhabarberpüree kalt ist.

Die Molke unterrühren und mit 1 kleinen Prise Salz würzen. Die Mischung in einen Pacojet*-Becher füllen und bei -25°C schockgefrieren. Kurz vor dem Servieren das Eis im Pacojet pacossieren. Alternativ das Eis nach Herstellungsanleitung in einer Eismaschine zubereiten.

GESALZENE BIRNEN

2 l frisch gepresster Birnensaft (von Corella-Birnen), abgeschäumt und gefiltert
100 ml gefilterter Zitronensaft
2 feste Beurre-Bosc-Birnen
1 kleine Prise Meersalzflocken

Den Birnen- und den Zitronensaft in ein 6-l-Gefäß eines Rotationsverdampfers* füllen, die Wasserbadtemperatur auf 30°C, die Kühlung auf -20°C und die Rotationsgeschwindigkeit auf 65 RPM (Umdrehungen pro Minute) einstellen. Die Saftmischung bei 100 Prozent Vakuum 25 Minuten destillieren, bis sie zu einer dicklichen Paste reduziert ist.

Die Paste bis zum Servieren im Kühlschrank aufbewahren. Unmittelbar vor dem Anrichten die Birnen schälen und in dünne Scheiben schneiden. 20 Birnenscheiben in eine Schüssel geben, mit dem Salz besprenkeln und 5 Minuten ziehen lassen. Die Birnen abtropfen lassen. 1 EL Birnenpaste vorsichtig unter die Birnenscheiben mischen, bis sie gleichmäßig davon überzogen sind.

KANDIERTER KAKAOBOHNENBRUCH

100 g Isomalt*
100 g Glukosepulver
100 g fair produzierter Kakaobohnenbruch*

In einem kleinen gusseisernen Topf das Isomalt mit dem Glukosepulver mischen und auf mittlerer Flamme schmelzen. Die Temperatur erhöhen und die Zuckermischung kochen, bis sie 150°C erreicht. Den Topf vom Herd nehmen, den Kakaobohnenbruch unterrühren und weiterrühren, bis er vollständig vom Zucker überzogen ist. Den Kakaobohnenbruch auf einem mit einer Silikonbackmatte bedeckten Blech verteilen und vollständig abkühlen lassen. Dann im Mörser grob zerstoßen.

HIBISKUSSAUCE

100 ml Hibiskussirup (siehe unten)
100 ml frisch gepresster und abgeschäumter Rharbarbersaft
100 g feiner Zucker
½ frisches Lorbeerblatt
10 schwarze Pfefferkörner
einige Tropfen Zitronensaft

Sämtliche Zutaten bis auf den Zitronensaft in einem kleinen Topf vermischen und sanft aufkochen. So lange köcheln, bis die Saftmischung um die Hälfte reduziert ist. Den Saft durch ein feines Sieb passieren und auf Raumtemperatur abkühlen lassen. Mit Zitronensaft abschmecken und auf das Gleichgewicht der einzelnen Aromen achten.

ZUM SERVIEREN

12 rote Hibiskusblüten in Sirup, abgetropft und der Sirup für die Hibiskussauce (siehe oben) verwahrt
2 Radicchioblätter, in Stücke gerupft
10 g gefriergetrockneter Rhabarber*, in dünne Hobel geschnitten

Die Hibiskusblütenblätter voneinander trennen und mit Küchenkrepp trocken tupfen. In jede Dessertschale einen Ring aus den gesalzenen Birnenscheiben legen und darauf eine Kugel Rhabarber-Molke-Eis geben. Den Rand der Schüssel mit Radicchiostücken auslegen. Die Hibiskusblütenblätter um das Eis arrangieren. Etwas Hibiskussauce über den Radicchio und die Blume geben. Den gefriergetrockneten Rhabarber dazwischenlegen. Mit Kakaobohnenbruch bestreut servieren.

Pukekos Ei

FÜR 4 PERSONEN

Ein Spitzenkoch muss auch etwas über die Geschichte und die Kultur anderer Küchen wissen. Dank der Globalisierung und der damit erleichterten Reisemöglichkeiten nehmen wir von überall auf der Welt kleine Informationsschnipsel mit und flechten diese – bewusst oder unbewusst – in unsere Gerichte ein. Wer nur das scheinbar Neue nimmt und dabei nicht berücksichtigt, dass diese Kochtradition oder jene Technik vielleicht schon jahrtausendealt ist, wird Gerichte kreieren, die hohl, wirr und emotionslos sind. Für mich ist es wichtig, eine Verbindung zur Vergangenheit zu haben, Respekt und Empathie für Tiere und Pflanzen und Emotionen, die sich auf die Erinnerung an eine erlebte Kultur stützen oder an ein Ereignis, das mich geformt hat.

Auslöser für das Dessert »Pukekos Ei« war ein wunderschönes Bild, das mein Vater gemalt hat und das zwei Pukekos (Neuseeländische Purpursumpfhühner) zeigt. Als Kind hatte mein Vater – ein liebenswerter, naturverbundener Mann, ein Künstler und Vogelkenner – mir stets die Folgen meines Handelns vor Augen geführt. Er brachte uns Kindern bei, fast lautlos durch die Natur zu gehen und wilde Tiere und Pflanzen mit Respekt zu behandeln. Als junger Erwachsener vergaß ich diese Lektionen, denn wie viele Jungköche konzentrierte ich mich auf die Küchentechniken statt auf die Zutaten. Jetzt, wo ich selbst Vater bin, verstehe ich erst, wie sehr er mich doch beeinflusst hat.

Ich denke, dass wir Menschen zu häufig nehmen statt zu geben und dabei zu wenig über unser Handeln nachdenken. Wenn ich heute Pflanzen am Meer sammele, nehme ich mir stets ein paar Minuten Zeit, um auch etwas Abfall zu sammeln und so der Natur etwas zurückzugeben. Ich tausche mit Mutter Natur eine alte Blechdose gegen etwas Meersalat. So versuche ich stets, meine Umgebung besser zurückzulassen, als ich sie vorgefunden habe.

Als mir mein Vater das Bild schenkte, wusste ich, dass ich zu Ehren der Lebensweisheiten meines Vaters und des Pukekos ein Gericht kreieren wollte. Das neuseeländische Purpursumpfhuhn ist ein witziger Vogel, der sich lustig bewegt, merkwürdig gackert und dabei seinen Schwanz so hochstellt, dass man den darunterliegenden weißen Federbausch aufblitzen sieht. Auf dem Bild meines Vaters erscheinen sie als neugierige, wissbegierige Vögel, die einen stets beobachten wollen, ohne dass man es ihnen anmerkt. Heute sucht der Pukeko, ähnlich wie ich, sein Futter häufig am Rand der Pfützen neben den Straßen. Im Gegensatz zu mir wurden die Vögel jedoch dazu gezwungen, weil die Sümpfe von den Menschen trockengelegt wurden. Dieser listige Vogel mit dem majestätischen roten Schnabel und dem blau schimmernden Gefieder ist dafür bekannt, dass er im Schutz der Dunkelheit den Bauern Kartoffeln, Süßkartoffeln und Getreide stiehlt. Auch auf Wiesen sucht er nach Nahrung. Auf diese Weise ist es dem Pukeko gelungen, trotz der menschlichen Eingriffe in seinen Lebensraum im Bestand sogar zu wachsen.

Als wir dieses Dessert zum ersten Mal servierten, legte ich ein Foto von echten Pukeko-Eiern neben die Eier aus Schokolade, die wir in einem Nest aus Sumpfgräsern servierten. Ich erzählte den Gästen zum Spaß, dass dies die Eier eines neuseeländischen Vogels, des Pukeko, seien. Dieser Vogel sei vom Aussterben bedroht und es sei in Australien illegal, seine Eier zu essen, daher würde ich darum bitten, mich nicht zu verraten, da ich sonst große Schwierigkeiten bekäme. Danach ging ich ganz cool weg und beobachtete von der Küche aus, wie die Gäste fassungslos auf die Eier starrten. Ihr Gesichtsausdruck sprach Bände: »Erwartet er tatsächlich, dass wir die essen?« Langsam berührten sie die Eier, nahmen sie hoch und untersuchten sie aus nächster Nähe. Schließlich bissen sie zaghaft in ein Ei hinein, und sobald sie den salzigen Karamell und die Schokolade auf der Zunge spürten, verwandelte sich ihr Gesichtsausdruck von Entsetzen in Entzücken.

Dieses Dessert wäre nicht ohne die Hilfe meines guten Freundes und Schokoladenexperten Tad Lombardo entstanden, denn er hat die Technik zur Herstellung der Eier erfunden. Das »Attica« hat viele sehr besondere Menschen, die ich als meine Helfer bezeichne: großzügige Freunde, die das Restaurant unterstützen, weil sie daran glauben. Zu diesen Freunden zählt auch Tad.

GESALZENER KARAMELL

200 g feiner Zucker
160 g flüssige Glukose
196 g Crème Double (45 % Fett i.Tr.)
75 g Butter, klein geschnitten
4,5 g Tafelsalz
175 ml flüssige Konditorsahne (35 % Fett i.Tr.)

In einen mittelgroßen gusseisernen Topf sämtliche Zutaten bis auf die süße Sahne geben und alles unter ständigem Rühren auf mittlerer Flamme erhitzen, bis sich der Zucker aufgelöst hat. Weiter erhitzen, bis der Karamell 125°C heiß ist.

Den Topf vom Herd nehmen, die süße Sahne zugießen, um den Karamell abzukühlen, und so lange rühren, bis die Karamellmasse glatt ist. Die Karamellmasse in eine große Edelstahlwanne gießen und auf Raumtemperatur abkühlen lassen, dabei gelegentlich umrühren. Anschließend den Karamell im Kühlschrank auf 4°C abkühlen lassen und bis zum weiteren Gebrauch luftdicht verschlossen aufbewahren.

Den Karamell 20 Minuten vor dem Servieren wieder auf Raumtemperatur erwärmen und in einen Spritzbeutel mit feiner Tülle füllen. Dieses Rezept ergibt etwas mehr Karamell, als für die Eier nötig ist.

PUKEKO-EIERSCHALEN

Beim Temperieren der Schokolade sind die Raumtemperatur und die Luftfeuchtigkeit in der Küche absolut entscheidend für das Gelingen. Die Raumtemperatur sollte zwischen 18°C und 21°C betragen und die Luftfeuchtigkeit sollte 60–65 Prozent nicht übersteigen.

Die Eierformen sollten trocken und sauber sein. Ich verwende Hühnereierformen für 55 g schwere Eier (5,5 cm lang und 4 cm breit, erhältlich bei dem belgischen Hersteller »Chocolate World«, siehe www.chocolateworld.be). Die Innenseiten der Formen vorher stets mit Wattebällchen auswischen, um Kakaobutterreste oder Spülmittelrückstände zu entfernen, da sich jegliche Unreinheiten auf der Oberfläche des fertigen Eis zeigen.

BRAUNE FLECKEN

139 g fair produzierte Kakaobutter*
9 g fettlösliche weiße Lebensmittelfarbe (siehe Anmerkung)
6 g fettlösliche braune Lebensmittelfarbe (siehe Anmerkung)

81 g Kakaobutter auf sehr kleiner Flamme schmelzen und darauf achten, dass sie nicht wärmer als 50°C wird. Mit einem Stabmixer die weiße Lebensmittelfarbe untermischen, bis die Kakaobutter gleichmäßig durchgefärbt ist.

Die restliche Kakaobutter (58 g) auf sehr kleiner Flamme schmelzen und darauf achten, dass sie nicht wärmer als 50°C wird. Mit einem Stabmixer die braune Lebensmittelfarbe untermischen, bis die Kakaobutter gleichmäßig durchgefärbt ist.

Für die Sprenkel auf der Eierschale die flüssige weiße Kakaobutter mit der braunen Kakaobutter zusammen in einen kleinen Topf gießen und auf kleiner Flamme erwärmen. Mit einem Stabmixer gut vermischen und so lange weiterrühren, bis die Masse 33°C warm ist.

Die Eierformen mit einem Küchengasbrenner auf 25°C erwärmen. Sie sollten sich warm anfühlen. Einen trockenen Backpinsel mit 2 cm langen Borsten in die braune Kakaobutter tauchen und überschüssige Kakaobutter abstreichen. Den Pinsel über die Eierformen halten und mit der stumpfen Seite einer Messerklinge die Borsten entlangstreichen, damit winzige Tröpfchen Kakaobutter in die Formen tropfen. Den Vorgang so oft wiederholen, bis die gewünschte Sprenkelung erzielt ist. Anschließend überschüssige Kakaobutter vom Rand der Förmchen kratzen und die Formen verkehrt herum auf Küchenkrepp stürzen, um Kakaobutterrückstände zu entfernen. Es ist wichtig, die Formen so sauber wie möglich zu halten.

ANMERKUNG: Bei den Lebensmittelfarben sollte es sich um Pulver auf Fettbasis handeln, das ohne chemische Zusätze produziert wurde.

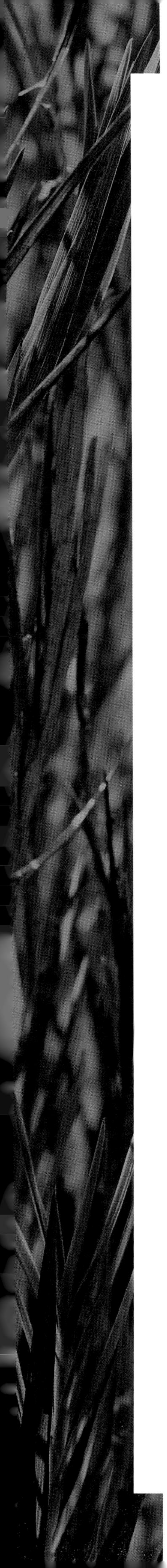

EIERSCHALEN AUS WEISSER SCHOKOLADE

- 25 g fair produzierte Kakaobutter*, geschmolzen
- 0,24 g fettlösliche grüne Lebensmittelfarbe (siehe Anmerkung)
- 0,57 g fettlösliche braune Lebensmittelfarbe (siehe Anmerkung)
- 5,2 g fettlösliche weiße Lebensmittelfarbe (siehe Anmerkung)
- 1,05 kg fair produzierte weiße Schokolade*, klein gehackt

Es gibt zahlreiche Methoden, Schokolade zu temperieren. Ich verwende hier die Impfmethode (ungeschmolzene Schokolade wird unter geschmolzene Schokolade gemischt). Die Kakaobutter mit den drei Lebensmittelfarben mischen und mit einem Stabmixer zu einer gleichmäßig durchgefärbten Masse verarbeiten. 250 g und 450 g weiße Schokolade in zwei trockene, saubere, hitzebeständige Schüsseln füllen. Beide Schüsseln jeweils so über einen Topf mit leicht köchelndem Wasser hängen, dass die Schüsseln das Wasser nicht berühren. Die Schokolade etwas umrühren, damit sie gleichmäßig schmilzt, und mit einem digitalen Küchenthermometer den Moment abpassen, an dem sie eine Temperatur von 43°C–47°C erreicht (je nach Angaben des Schokoladenproduzenten). Die eingefärbte Kakaobutter mit einem Stabmixer unter die geschmolzenen 250 g weiße Schokolade rühren. Diese gefärbte Schokolade wiederum unter die 450 g geschmolzene Schokolade mischen und schließlich die restliche, klein gehackte weiße Schokolade nach und nach (jeweils ein Drittel auf einmal) unter die bereits geschmolzene Schokolade mischen. (Dies bezeichnet man als Impfen.) Das nächste Drittel immer erst zugeben, wenn das vorherige Drittel vollständig geschmolzen und die Masse wieder glatt ist. So lange weiterrühren, bis die gesamte Schokolade vollständig geschmolzen ist und auf 29°C–30°C abgekühlt ist, also auf die Temperatur, bei der sich stabile und instabile Kristalle rasch bilden. Sollte die letzte Schokolade noch nicht geschmolzen sein, die Temperatur aber bereits auf unter 29°C gefallen sein, kann man die Schokolade wieder auf 29°C–30°C erwärmen, indem man die Schüssel noch einmal über das dampfende Wasser hängt, ohne dass die Schüssel das Wasser berührt.

Um zu testen, ob die weiße Schokolade richtig temperiert ist, die Spitze eines Palettenmessers in die Schokolade tauchen und auf ein Stück Backpapier legen, um zu messen, wie schnell die Schokolade kristallisiert. Korrekt temperierte Schokolade sollte bei einer Raumtemperatur von etwa 20°C in 5–7 Minuten an der Oberfläche gleichmäßig kristallisieren.

Die Eierförmchen mit der temperierten Schokolade füllen, überschüssige Schokolade mit einer Palette oder einem Spachtel abstreichen. Die Form leicht auf eine harte Oberfläche klopfen, um eventuelle Luftbläschen aufzulösen. Danach die Form über einer Schüssel umdrehen und leicht gegen die Form klopfen, damit überschüssige Schokolade in die Schüssel läuft. Die Ränder der Form sauber kratzen. Die Form umdrehen, hart auf einer mit Backpapier bedeckten, glatten Arbeitsfläche aufsetzen und dann die Schokolade kristallisieren lassen. Bei einer Raumtemperatur von 21°C sollte dies etwa 1 Stunde dauern.

ANMERKUNG: Bei den Lebensmittelfarben sollte es sich um Pulver auf Fettbasis handeln, das ohne chemische Zusätze produziert wurde.

FERTIGSTELLEN DER EIER

Um die Eierschalen aus der Form zu lösen, die Form etwa 5 Minuten in den Kühlschrank stellen. Anschließend die Form erneut 5 Minuten bei Raumtemperatur ruhen lassen und dann sanft gegen die Arbeitsplatte klopfen, damit sich die Eierschalen herauslösen lassen.

Eine saubere, glatte teflonbeschichtete Dauerbackfolie im 50°C warmen Backofen erwärmen. Zum Fertigstellen der Eier sind Baumwollhandschuhe oder Gummihandschuhe notwendig, um auf den Eierschalen keine Fingerabdrücke zu hinterlassen. Jeweils 2 Eierschalen auf einmal mit der hohlen Seite nach unten kurz auf die erwärmte Backfolie drücken und die Eierschalen dann sanft gegeneinanderdrücken. Sorgfältig die Naht von überschüssiger Schokolade reinigen.

Einen Metallspieß erwärmen und damit ein Loch in die Unterseite des Eis bohren. 13 g gesalzenen Karamell in das Ei spritzen und die fertigen Eier luftdicht verschlossen bei 12°C–18°C lagern, damit sie schön glänzen.

Zum Anrichten aus verschiedenen Gräsern ein Nest formen und die Eier hineinlegen.

Australische Früchte

FÜR 4 PERSONEN – DIESES REZEPT BENÖTIGT 1 TAG VORLAUFZEIT

Australisches Obst ist weltweit einzigartig, und doch weiß kaum jemand die besonderen Sorten und ihren Geschmack zu schätzen. Mit diesem Dessert wollte ich den Australiern zeigen, dass sie stolz auf ihre einheimischen Produkte sein können. Das »Attica« bezieht die meisten einheimischen Früchte von Mike und Gayle Quarmbys »Outback Pride Project« im Northern Territory, wo Aborigines lernen, einheimische Pflanzen zu kultivieren. So haben sie Arbeit und können ihr Wissen später an ihre Gemeinden weitergeben, damit alte Kochtraditionen bewahrt werden.

CREME VON DER GOLDAKAZIE

5 Bio-Eigelb (von frei laufenden Hühnern)
45 g Buchen-Honigtau-Honig
(»J. Friend & Co. Beechwood Honeydew Honey«)*
110 ml flüssige Konditorsahne (35 % Fett i.Tr.)
110 ml Vollmilch
4 g weiße Blattgelatine
2 g grüne Samen von der australischen Goldakazie, gemahlen
Tafelsalz nach Geschmack

In einer Schüssel die Eigelbe mit dem Honig aufschlagen. Die Sahne und die Milch zugeben und mit dem Schneebesen gründlich unterrühren. Die Mischung 24 Stunden in den Kühlschrank stellen, damit sie sich setzen kann.

Die Gelatine 4 Minuten in kaltem Wasser einweichen, danach abtropfen lassen und überschüssiges Wasser ausdrücken.

Die Sahnemischung in einem mittelgroßen Stieltopf langsam auf 82°C erhitzen und dabei unablässig rühren. Den Topf vom Herd nehmen und die Gelatine einrühren. Den Goldakaziensamen und 1 kleine Prise Salz untermischen. Die Creme durch ein feines Sieb in eine Schüssel streichen, die in einer großen, mit Eiswürfeln gefüllten Schüssel steht. Die abgekühlte Creme in einen luftdicht verschließbaren Behälter füllen und die Oberfläche mit Klarsichtfolie abdecken, damit sich auf der Creme keine Haut bildet. Die Creme etwa 6 Stunden in den Kühlschrank stellen, bis sie fest ist.

AUSTRALISCHER WÜSTENLIMETTENSIRUP

125 g Wasser
90 g feiner Zucker
15 g australische Wüstenlimette

In einem kleinen Stieltopf das Wasser und den Zucker erwärmen und dabei umrühren, bis sich der Zucker aufgelöst hat. Weiter erhitzen, bis die Zuckermischung köchelt. Die Wüstenlimette zugeben, erneut köcheln lassen, dann den Topf vom Herd nehmen. Den Sirup in einem luftdicht verschließbaren Behälter 24 Stunden in den Kühlschrank stellen.

SORBET VON AUSTRALISCHEN JOHANNISBEEREN

100 g Wasser
32 feiner Zucker
50 g australische Johannisbeeren
Zitronensaft nach Geschmack
Tafelsalz nach Geschmack

In einem kleinen Stieltopf das Wasser und den Zucker aufkochen. Die Johannisbeeren in einen Standmixer geben und den heißen Sirup zugießen. 30 Sekunden mixen – nicht zu lange, um die schwarzen Kerne nicht zu zerdrücken. Die Mischung durch ein feines Sieb geben. Einige Tropfen Zitronensaft und 1 Prise Salz untermischen.

Die Johannisbeermischung in eine Edelstahlschale füllen und ins Gefrierfach stellen. Sobald sich die ersten Eiskristalle gebildet haben, diese alle 30 Minuten mit einer Gabel aufkratzen, bis das Sorbet durchgefroren und locker ist. Das Sorbet luftdicht verschlossen im Gefrierfach verwahren.

KARAMELLISIERTER WALDANIS

50 g flüssige Glukose
25 g Isomalt*
1 g getrockneter australischer Waldanis

In einem sehr kleinen Stieltopf die Glukose und das Isomalt erwärmen, bis sich beides aufgelöst hat. Die Temperatur auf 155°C erhöhen, damit sich goldener Karamell bildet. Den Topfboden vorsichtig in kaltes Wasser tauchen, damit der Karamell nicht überkocht. Den Anis zugeben und den Topf leicht schwenken, um die kleinen Samen vom Karamell zu ummanteln. Den karamellisierten Anis auf einer Silikonbackmatte verteilen, auf Raumtemperatur abkühlen lassen und danach im Mörser grob zerstoßen. Bis zum Servieren luftdicht verschlossen im Tiefkühlfach lagern.

EUKALYPTUSJOGHURT-GRUNDMISCHUNG

30 g frische Blätter vom Eukalyptus
130 g Schafmilchjoghurt (»Meredith Dairy«)

Dieses Rezept ergibt mehr, als für das Dessert benötigt wird, aber es ist nicht möglich, eine kleinere Menge zu mixen.

Die Eukalyptusblätter in der Küchenmaschine fein zermahlen, den Joghurt zugeben und 3 Minuten auf kleiner Stufe mixen. Die Mischung durch ein feines Sieb passieren und luftdicht verschlossen aufbewahren.

EUKALYPTUSJOGHURT

50 g Schafmilchjoghurt (»Meredith Dairy«)
Eukalyptusjoghurt-Grundmischung nach Geschmack
australischer Wüstenlimettensirup (siehe linke Seite) nach Geschmack
Tafelsalz nach Geschmack

In einer Schüssel den Joghurt mit dem Schneebesen aufschlagen, bis er glatt ist. Vorsichtig ein paar Tropfen Eukalyptusjoghurt-Grundmischung, ein paar Tropfen Wüstenlimettensirup und 1 kleine Prise Salz untermischen. Abschmecken und eventuell noch etwas nachwürzen. Der Joghurt sollte ein mildes Eukalyptusaroma haben und leicht säuerlich schmecken. Bis zum weiteren Gebrauch luftdicht verschlossen in den Kühlschrank stellen.

GERÖSTETE MACADAMIANÜSSE

25 g gesalzene Butter
10 g Macadamianusskerne (»Brookfarm«), fein gehackt
Tafelsalz nach Geschmack

In einem kleinen Stieltopf die Butter auf kleiner Flamme zerlassen. Die Nüsse und 1 Prise Salz hineingeben und unter ständigem Rühren so lange rösten, bis die Nüsse goldbraun sind. Die Nüsse in einem Sieb abtropfen lassen, dann auf Küchenkrepp trocknen. Die gerösteten Nüsse abkühlen lassen und luftdicht verschlossen verwahren.

EINHEIMISCHE FRÜCHTE

500 ml Wasser
125 g feiner Zucker
20 g australische Johannisbeeren
50 g Lemon Aspen (Acronyvhia acidula)
50 g Muntries (Kunzea pomifera – australische Cranberries)
80 g Quandong (Santalum acuminatum)

In einem Stieltopf das Wasser und den Zucker aufkochen und so lange rühren, bis sich der Zucker aufgelöst hat.

Die Früchte separat in hitzebeständige und luftdicht verschließbare Behälter geben und mit etwas heißem Zuckersirup übergießen. Die Früchte abkühlen lassen und bis zum Servieren zugedeckt im Kühlschrank verwahren.

ZUM SERVIEREN

2 rote Hibiskusblüten, in Sirup eingelegt, in 8 Stücke zerteilt
12 tiefgefrorene australische Johannisbeeren
1 Zylinderputzerblüte, Staubgefäße abgepflückt
8 winzige Apfelblütenblätter
kalt gepresstes Macadamianussöl (»Brookfarm«)

Auf jeden Teller einen Ring aus Eukalyptusjoghurt ziehen. Darauf die in Sirup eingelegten Früchte, einschließlich der Wüstenlimette und der Hibiskusblütenstücke, anrichten. Auf die Johannisbeeren je 3 tiefgefrorene Johannisbeeren geben. Das Obst mit gerösteten Macadamianusssplittern und kandiertem Waldanis bestreuen. In die Mitte jedes Tellers 1 EL Creme von der Goldakazie geben und die Teller mit je 6 Zylinderputzerblütenstaubgefäßen und 2 Apfelblütenblättern garnieren. Etwas Macadamianussöl über das Obst träufeln. Das Johannisbeersorbet auf die Creme in der Mitte geben.

Basics

KAPITEL VIER

Basics

GEKLÄRTE BUTTER

ergibt etwa 200 g

250 g gesalzene Butter

Die Butter in einem kleinen Stieltopf auf kleiner Flamme zerlassen, bis das Milcheiweiß ausflockt. Den Topf vom Herd nehmen, die Butter abkühlen lassen und den Topf in den Kühlschrank stellen, bis das Butterfett fest wird.

In das Fett ein kleines Loch bohren, den Topf umdrehen und das Milcheiweiß austropfen lassen und weggießen. Mit dieser Methode erhält man besonders viel geklärte Butter. Diese sollte bis zur weiteren Verwendung im Kühlschrank aufbewahrt werden.

BRAUNE BUTTER

ergibt etwa 200 g

250 g gesalzene Butter

Die Butter in einem kleinen Stieltopf auf mittlerer Flamme zerlassen und so lange köcheln, bis die Butter karamellisiert. Dabei mit einem Holzlöffel immer wieder die festen Bestandteile vom Topfboden lösen. Weiterköcheln lassen, bis die Butter dunkelbraun wird. Den Topf vom Herd nehmen und den Topfboden vorsichtig in eine Schüssel mit kaltem Wasser tauchen, damit die Butter nicht anbrennt. Die abgekühlte Butter im Kühlschrank aufbewahren.

GERÄUCHERTES ÖL

ergibt 100 ml

100 ml fruchtiges Olivenöl extra vergine
250 g lebensmittelechtes Sägemehl zum Räuchern*

Das Olivenöl in eine Edelstahlschüssel gießen. In einem Smoker, der sich zum Kalträuchern eignet, das Sägemehl entfachen und den Rauch in die Räucherkammer leiten. Die Edelstahlschüssel hineinstellen und 2–4 Stunden bei 2°C räuchern. Das Sägemehl löschen und die Schüssel weitere 2 Stunden im Ofen stehen lassen, damit das Öl so viel Raucharoma wie möglich aufnimmt.

SCHWARZES SESAMÖL

ergibt etwa 90 g

50 g schwarze Sesamsaat, geröstet
40 ml Traubenkernöl
Hickory- oder Eichenholzchips* (Räucherspäne) zum Räuchern
Meersalzflocken nach Geschmack

Den Sesam im Mörser grob zermahlen, das Traubenkernöl untermischen und das fertige Sesamöl in eine kleine Edelstahlwanne gießen. In einem Smoker, der sich zum Kalträuchern eignet, die Holzchips entfachen und den Rauch in die Räucherkammer leiten. Die Edelstahlschüssel hineinstellen und 2 Stunden bei 4°C räuchern. Alternativ das Sesamöl auf dem Herd warm räuchern, allerdings ist das Ergebnis nicht das gleiche, denn der warme Rauch hat ein viel härteres Aroma.

Das Sesamöl in einem Stieltopf sanft erwärmen, um die im Sesam enthaltenen Öle freizusetzen und das Räucheraroma zu intensivieren. Den Topf vom Herd nehmen und das Öl mit Salz würzen. Auf Raumtemperatur abkühlen lassen und sofort luftdicht verschlossen in den Kühlschrank stellen, da das Öl bei Raumtemperatur und an der Luft sehr schnell ranzig werden kann.

ZWIEBELPULVER

ergibt etwa 26 g

200 g braune Zwiebeln, in Scheiben geschnitten

Die Zwiebelscheiben im 70°C warmen Dörrgerät 12 Stunden trocknen und danach im Mörser zu einem feinen Pulver zerreiben. Luftdicht verschlossen aufbewahren.

KNOBLAUCHPULVER

ergibt etwa 64 g

200 g Bio-Knoblauchzehen, in Scheiben geschnitten

Die Knoblauchscheiben im 70°C warmen Dörrgerät 12 Stunden trocknen und danach im Mörser zu einem feinen Pulver zerreiben. Luftdicht verschlossen aufbewahren.

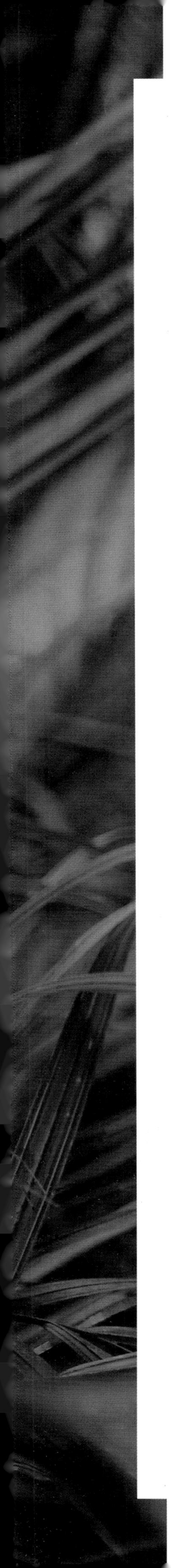

GARNELENWATTE

ergibt etwa 90 g

- 15 rohe (grüne) Garnelen, geschält und die Darmstränge entfernt
- 50 ml Fischsauce
- 1 l Bio-Canolaöl* zum Frittieren

Die Fischsauce über die Garnelen gießen und diese dann zugedeckt 1 Stunde im Kühlschrank marinieren lassen.

Die Garnelen abtropfen lassen, die Fischsauce weggießen und die Garnelen mit Küchenkrepp trocken tupfen. Das Canolaöl in einem hohen Topf auf 160°C erhitzen und die Garnelen darin etwa 6 Minuten frittieren, bis sie recht trocken und dunkelbraun sind. Die Garnelen auf Küchenkrepp abtropfen lassen und dabei so viel Öl wie möglich entfernen. Anschließend die Garnelen auf Raumtemperatur abkühlen lassen.

Die Garnelen in 1 cm große Stücke schneiden und jeweils in kleinen Mengen in einer elektrischen Gewürzmühle fein mahlen, dabei die Mühle in 2-Sekunden-Rhythmen pulsieren lassen, bis die Garnelen sich wie Watte aufbauschen. Die fertige Garnelenwatte luftdicht verschlossen im Kühlschrank aufbewahren.

QUARK

ergibt etwa 1,7 kg – dieses Rezept benötigt 2 Tage Vorlaufzeit

- 3,78 l Vollmilch
- 1 g Starterkultur (Lactococcus lactis)

Die Milch in einem großen Topf auf kleiner bis mittlerer Flamme erwärmen und dabei gelegentlich umrühren. Hat die Milch eine Temperatur von 41°C erreicht, die Kultur zugeben, 2 Minuten einweichen lassen und dann umrühren. Die gesäuerte Milch zugedeckt 24 Stunden bei 22°C ruhen lassen und danach 12 Stunden in den Kühlschrank stellen.

Die Molke und den Bruch mit einer Schöpfkelle in ein großes, mit Käseleinen ausgeschlagenes und über einer Schüssel hängendes Sieb füllen und 4–5 Stunden im Kühlschrank austropfen lassen. Der fertige Quark sollte nicht mehr zu feucht sein und hält sich bis zu 4 Tage im Kühlschrank.

JOGHURTMOLKE

ergibt etwa 350 ml – dieses Rezept benötigt 1 Tag Vorlaufzeit

- 1,2 kg ungesüßter Bio-Joghurt

Den Joghurt in ein mit Käseleinen ausgeschlagenes Sieb füllen und dieses über einen kleinen Eimer hängen und etwa 12 Stunden oder über Nacht in den Kühlschrank stellen, damit die Molke austropfen kann. Den Joghurt für eine andere Gelegenheit aufbewahren.

LEICHTE HELLE HÜHNERBRÜHE

ergibt etwa 1,25 l

- 4 Geflügelkarkassen (von Bio-Hühnern)
- 500 g Hühnchenflügel (von Bio-Hühnern)
- 2 l Wasser
- 2 Schalotten, in dünne Scheiben geschnitten
- 1 Stange Lauch, nur der weiße Teil, in dünne Ringe geschnitten
- 5 weiße Pfefferkörner

Die Karkassen und Flügel in einen mittelgroßen Topf geben, mit kaltem Wasser bedecken und aufkochen. Sobald das Wasser köchelt, den Topf vom Herd nehmen, die Knochen in ein Sieb geben. Die Flüssigkeit weggießen. Die Karkassen unter kaltem Wasser sauber abbürsten. (Diese Methode nenen wir Kalt-Wasser-Blanchieren.)

Die Knochen in einen großen, sauberen Topf geben, 2 l Wasser zugießen und die restlichen Zutaten zugeben. Das Wasser aufkochen, danach die Hitze reduzieren und die Brühe 2 Stunden bei 90°C sanft köcheln lassen, dabei alle 10 Minuten mit einem Schaumlöffel Schaum und Fett von der Oberfläche entfernen.

Die Brühe durch ein feines Sieb abgießen und anschließend zweimal durch ein mit Gaze oder mit einem Passiertuch ausgelegtes Sieb abseihen. Die Brühe abkühlen lassen und danach im Kühlschrank aufbewahren, am besten jedoch noch am gleichen Tag weiterverwenden.

GOLDENER HÜHNERFOND

40 ml Bio-Canolaöl*

Die gleichen Zutaten wie im Rezept »Leichte helle Hühnerbrühe« verwenden, die Karkassen und Flügel jedoch nicht kalt-Wasser-blanchieren, sondern mit 40 ml Bio-Canolaöl* 30–40 Minuten im 180°C warmen Backofen rösten, bis sie goldbraun sind. Danach die Knochen mit dem Fett in einen mittelgroßen Topf geben, das Wasser und die restlichen Zutaten zufügen und weiter, wie im Rezept oben beschrieben, verfahren.

ENTENFOND

ergibt etwa 1,8 l

- 2 kg Entenkarkassen, inklusive Gurgel (überflüssiges Fett und Bürzel entfernt)
- ein paar Tropfen Bio-Canolaöl*
- 250 ml Shiraz
- 25 ml Bio-Canolaöl*
- 2 Schalotten, grob gewürfelt
- ½ Staudensellerie, grob gewürfelt
- 2,75 l Wasser
- ¼ frisches Lorbeerblatt
- 15 schwarze Pfefferkörner
- 5 Zweige Thymian

Den Backofen auf 180°C vorheizen. Die Karkassen mit einem Küchenbeil in etwa 5 cm große Stücke teilen und diese mit ein paar Tropfen Canolaöl in einen gusseisernen Röster legen und im Ofen goldbraun rösten.

Die Knochen aus dem Röster nehmen, den Röster auf den Herd stellen und vorsichtig erwärmen. Den Shiraz hineingeben und ein paar Minuten köcheln lassen, bis der Alkohol weitestgehend verdunstet ist.

In einem gusseisernen Topf 25 ml Canolaöl auf mittlerer Flamme erwärmen und die Schalotten und den Sellerie darin goldbraun anschmoren. Die Knochen und die Weinsauce zugeben, das Wasser angießen und aufkochen und danach 2 ½ Stunden köcheln lassen. Das Lorbeerblatt, den Thymian und die Pfefferkörner zugeben und den Schaum regelmäßig entfernen.

Den Fond durch ein feines Sieb abseihen, die festen Bestandteile entfernen und die Brühe erneut durch ein Passiertuch abgießen. Den Fond abkühlen lassen und danach im Kühlschrank aufbewahren, am besten jedoch noch am gleichen Tag weiterverwenden.

REDUZIERTER ENTENFOND

Den gefilterten Entenfond in einem sauberen Topf auf mittlerer Flamme erhitzen und auf 250 ml einkochen lassen.

LAMMFOND

ergibt etwa 500 ml

- 2 kg fleischige Lammknochen
- 60 ml Bio-Canolaöl*
- 4 Schalotten, halbiert
- 100 ml trockener Weißwein
- 2 l Wasser
- 2 l leichte helle Hühnerbrühe (siehe Seite 285)
- 6 Zweige Thymian

Den Backofen auf 200°C vorheizen. Die Knochen in einer großen Schüssel mit 40 ml Canolaöl gut vermischen, bis sie vom Öl überzogen sind. Anschließend die Knochen in einem großen gusseisernen Röster 1 Stunde im Ofen goldbraun rösten.

In der Zwischenzeit 20 ml Öl in einem großen Topf auf mittlerer Flamme erhitzen und die Schalottenhälften darin goldbraun schmoren. Den Wein zugießen und einkochen lassen. Die fertig gerösteten Knochen mit in den Topf geben. Den Röster bei kleiner Flamme auf den Herd stellen und etwas Wasser hineingeben, um den Bratensatz zu lösen. Den Bratensatz mit in den Topf zu den Knochen geben und mit dem restlichen Wasser und der Hühnerbrühe aufgießen. Den Thymian zugeben, alles 4 Stunden köcheln lassen und dabei regelmäßig alle 10 Minuten den Schaum von der Oberfläche entfernen. Die Brühe so lange kochen, bis die Flüssigkeit auf 500 ml reduziert ist. Den Fond durch ein feines Sieb abgießen und dann erneut durch ein mit einem Passiertuch ausgelegtes Sieb abseihen. Den Fond abkühlen lassen und danach im Kühlschrank aufbewahren, am besten jedoch noch am gleichen Tag weiterverwenden.

LAMMGLACE

Den gefilterten Lammfond in einem sauberen Topf auf mittlerer Flamme erhitzen und auf etwa 200 ml einkochen lassen.

WALLABY-FOND

ergibt etwa 500 ml

- 2 kg fleischige Wallaby-Knochen
- 60 ml Bio-Canolaöl*
- 4 Schalotten, halbiert
- 100 ml trockener Weißwein
- 2 l Wasser
- 1 Schweineschwanz
- 2 l leichte helle Hühnerbrühe (siehe Seite 285)

Den Backofen auf 200°C vorheizen. Die Knochen in einer großen Schüssel mit 40 ml Canolaöl gut vermischen, bis sie vom Öl überzogen sind. Anschließend die Knochen in einem großen gusseisernen Röster 1 Stunde im Ofen goldbraun rösten.

In der Zwischenzeit 20 ml Canolaöl in einem großen Topf auf mittlerer Flamme erhitzen und die Schalottenhälften darin goldbraun schmoren. Den Wein zugießen und einkochen lassen. Die fertig gerösteten Knochen mit in den Topf geben. Den Röster bei kleiner Flamme auf den Herd stellen und etwas Wasser hineingeben, um den Bratensatz zu lösen. Den Bratensatz mit in den Topf zu den Knochen geben und mit dem restlichen Wasser und der Hühnerbrühe aufgießen. Den Schweineschwanz zugeben, alles 4 Stunden köcheln lassen und dabei regelmäßig alle 10 Minuten den Schaum von der Oberfläche entfernen. So lange kochen, bis die Flüssigkeit auf 500 ml reduziert ist. Den Fond durch ein feines Sieb abgießen und dann erneut durch ein mit einem Passiertuch ausgelegtes Sieb abseihen. Den Fond abkühlen lassen und danach im Kühlschrank aufbewahren, am besten jedoch noch am gleichen Tag weiterverwenden.

LEICHTE SCHWEINEBRÜHE

ergibt etwa 2,2 l

- 1 kg Bio-Schweinerippen (Bauch mit Knochen)
- 3 l Wasser
- 1 kleine Prise feiner Zucker

Mit einem scharfen Messer die Rippen voneinander trennen und diese anschließend mit kaltem Wasser waschen. Die Rippen in einen mittelgroßen Topf geben, mit Wasser bedecken und auf hoher Flamme aufkochen lassen.

Sobald das Wasser köchelt, den Topf vom Herd nehmen, die Rippen in ein Sieb geben und die Flüssigkeit weggießen. Diese Methode nennt sich Kalt-Wasser-Blanchieren und ich verwende sie für viele unserer Brühen. Den Topf gründlich reinigen und die Rippen unter kaltem Wasser abbürsten, um eventuelle Unreinheiten zu entfernen.

Die Knochen in einen sauberen Topf geben, 3 l Wasser zugießen und 1 Prise Zucker zugeben. Das Wasser aufkochen, danach die Hitze reduzieren und die Brühe 2 Stunden sanft köcheln lassen, dabei alle 10 Minuten mit einem Schaumlöffel Schaum und Fett von der Oberfläche entfernen.

Die Brühe durch ein feines Sieb abgießen und anschließend zweimal durch ein mit Gaze oder mit einem Passiertuch ausgelegtes Sieb abseihen. Die Brühe abkühlen lassen und danach im Kühlschrank aufbewahren, am besten jedoch noch am gleichen Tag weiterverwenden.

Glossar

AGAR-AGAR
Ein natürliches Geliermittel, das aus den Zellwänden verschiedener Rotalgen gewonnen wird.

APFELPEKTIN
Ein natürliches Geliermittel, das im Lebensmittelfachhandel und im Konditoreibedarf erhältlich ist.

BANYULS-ESSIG
Ein aus dem französischen Süßwein Banyuls hergestellter Essig mit einem milden, fruchtbetonten Aroma. In Online-Shops erhältlich.

BIO-CANOLAÖL
Ein aus Rapsölsamen hergestelltes Speiseöl, das in der Zusammensetzung der Fettsäuren dem Olivenöl recht ähnlich ist. Der Name leitet sich von einer besonders in Kanada produzierten Rapssorte ab: Canadian oil, low acid. Achten Sie beim Kauf unbedingt darauf, dass der Raps nicht genetisch verändert wurde.

DAMPFGAROFEN
Ein Ofen, der mit einer Kombination aus Heißluft und Dampf arbeitet. Das Gargut bleibt zart und saftig, bekommt aber außen dennoch eine knusprige Kruste.

DÖRRGERÄT
Dörrgeräte oder Dörrautomaten eignen sich zum Trocknen von Lebensmitteln, indem sie ihnen die Feuchtigkeit entziehen. Meist verstärkt dies das Aroma der Lebensmittel.

GEFRIERGETROCKNETES OBST
Gefriergetrocknete Früchte (z.B. Himbeeren, Brombeeren, Kokosnussraspel, Apfelringe, Mandarinen, Rhabarber) sind in speziellen Lebensmittelhandlungen und Online-Shops erhältlich.

HEILALA-VANILLE
Ich verwende ausschließlich neuseeländische Vanilleprodukte (Vanilleschoten, Vanillepulver, Vanilleextrakt ...) der Firma Heilala, die in Online-Shops erhältlich sind.

HEISSRÄUCHERN
Das Heißräuchern dient nicht nur zum Aromatisieren der Lebensmittel, sondern vor allem dazu, sie zu garen und zu konservieren. Beim Heißräuchern wird nicht nur Räuchermaterial verbrannt, sondern auch eine zusätzliche Heizquelle in der Räucherkammer verwendet, sodass die Lebensmittel bei durchschnittlich 70°C gegart werden.

HOLZCHIPS
siehe Räuchermaterial

ISOMALT
Isomalt ist ein aus Saccharose gewonnener Zuckeraustauschstoff, der nicht so schnell wie Zucker kristallisiert und daher Süßwaren und Desserts eine gewisse Textur verleiht. Isomalt ist in Online-Shops erhältlich.

»J.FRIEND & CO.«-HONIG
Meine Freunde Jeremy Friend und Sharyn Woodnorth vertreiben seltene Sortenhonige, die nach traditionellen und sehr zeitaufwendigen Methoden hergestellt werden und eine schonende und umweltverträgliche Arbeitsweise der Honigjäger und Imker verlangen. Beim Sortenhonig bestimmt jeweils die Blütentracht einer Pflanzenart die Honigsorte und der Konsument hat die Garantie, Honig einer bestimmten Geschmacksrichtung zu erhalten, und kann zudem das Produkt mit seiner Herkunft und seiner Geschichte verbinden.

KAKAOMASSE, KAKAOBOHNENBRUCH, FAIR PRODUZIERT
Für Kakaobohnenbruch werden Kakaobohnen getrocknet, geröstet und zerstoßen, während sie für die Kakaomasse geröstet, enthülst und fein zermahlen werden.

KAMMER-VAKUUMIERGERÄT
Ein Gerät, das mittels einer Pumpe den in Beuteln verpackten Lebensmitteln den Sauerstoff entzieht und daher auch ihr Volumen reduziert. Der Folienbeutel wird hinterher luftdicht verschweißt, sodass die Lebensmittel darin vakuumverpackt bleiben.

KOHLE
siehe Räuchermaterial

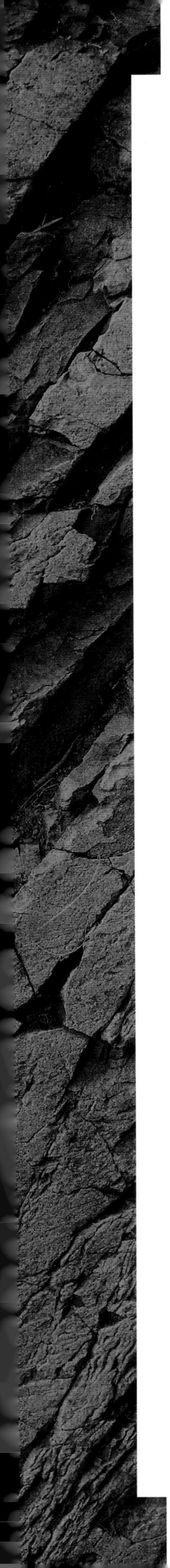

KREBSTIERE
Krebse, Garnelen, Hummer usw. sollten nach dem Fang möglichst human getötet und frisch verzehrt werden. Lebende Krebstiere sollten bei -2°C verwahrt und unmittelbar vor dem Töten noch weiter heruntergekühlt werden, da sie bei reduzierter Körpertemperatur weniger empfindsam sind.

MALTODEXTRIN
Die modifizierte Tapiokastärke eignet sich zum Andicken, aber auch als Trägersubstanz flüchtiger Aromen und Gewürze. Außerdem bindet Maltodextrin Fette und Öle und kann daher auch zur Herstellung von Pulvern verwendet werden.

MANDELKERNE, FRISCH GEMAHLEN
Mandeln frisch zu mahlen ist leicht und sorgt für einen ungleich besseren Geschmack in vielen Speisen, denn bereits gemahlene Mandeln schmecken oft ranzig und wenig süß. Im »Attica« mahlen wir sämtliche Nüsse immer ganz frisch auf Bestellung. Die Nüsse in der Küchenmaschine mit kurzen Impulsen mahlen, danach sieben und die größeren Stücke erneut mahlen, bis ein feines Nussmehl entsteht.

MEERESFLORA
Bei der Verwendung von Meeresflora sollte stets die Wildform gewählt werden, da es gezüchteten Algen und Sukkulenten häufig an Aroma und Konsistenz mangelt. Meeresflora in möglichst unberührten Strandabschnitten sammeln.

MICROPLANE-REIBEN
Die amerikanische Firma Microplane stellt ein ganzes Sortiment besonders präzise handhabbarer und funktionaler Edelstahlreiben mit rasiermesserscharfen Klingen für Köche her.

MODIFIZIERTE WEIZENSTÄRKE
Ein modifiziertes Stärkemehl aus Weizenkörnern.

PACOJET
Eine sehr leistungsfähige Küchenmaschine, die vor allem das Zerkleinern tiefgefrorener Lebensmittel ermöglicht und z.B. Eis eine besonders cremige Konsistenz verleiht. Aufgrund der Kompaktheit eine gute Alternative zur klassischen Eismaschine.

RÄUCHERMATERIAL
Beim kalten und heißen Räuchern spielt die Herkunft der Kohle und der Holzchips eine ganz entscheidende Rolle. Das Holz sollte unbehandelt und nachhaltig produziert sein und Sägemehl, das sich besonders gut zum kurzen Räuchern eignet, sollte lebensmitteltauglich sein. Ich beziehe es von meinem Metzger. Zum längeren Räuchern verwende ich meist Holzchips aus Hickory-, Eichen- oder Mallee-Wurzelholz. Bei der Kohle sollte es sich stets um natürliche Holzkohle handeln und auch zum Anzünden verwende ich lieber einen Küchengasbrenner als Grillanzünder, da sie chemische Zusätze beinhalten, die den Geschmack des Räucherguts beeinträchtigen können.

ROTATIONSVERDAMPFER
Ursprünglich ein Laborgerät aus der chemischen Industrie zum Aufkonzentrieren von Lösungen bzw. zum Verdampfen von Lösungsmitteln, wird dieses Gerät mittlerweile in der Molekularküche zur Herstellung von natürlichen Destillaten, Reduktionen und Extrakten eingesetzt.

SÄGEMEHL
siehe Räuchermaterial

SAMMELN IN DER NATUR
Beim Sammeln von Nahrungsmitteln in der Natur (z.B. Wildkräutern) gilt es, umweltverschmutzte Gegenden – etwa Feldränder, auf denen chemische Pestizide, Insektizide oder Düngemittel ausgebracht wurden – zu meiden. Am besten nimmt man einen Experten mit.

SCHOCKFROSTEN
Spezielle Froster ermöglichen ein sehr schnelles Reduzieren der Temperatur der einzufrierenden Lebensmittel auf eine definierte Lagertemperatur. Im »Attica« verwenden wir diese Methode häufig, um Lebensmittel besonders stark abzukühlen. Noch tiefgekühlt im Pacojet aufgefräst, bekommen diese Produkte eine besonders feine, glatte Konsistenz.

SCHOKOLADE, FAIR PRODUZIERT
Schokolade eines Herstellers, der garantiert, dass seine Schokolade ohne Kinderarbeit hergestellt und fair gehandelt wurde.

SMOKER ZUM KALTRÄUCHERN

Dank des Kalträucherns werden Lebensmittel mit Rauch aromatisiert, aber nicht unbedingt haltbar gemacht. Meist wird der Rauch über eine indirekte Wärmequelle, die 25°C nicht überschreiten darf, erzeugt und in die Räucherkammer des Smokers geleitet. Im »Attica« besitzen wir einen Smoker, den wir aus einem Edelstahlkühlschrank gebaut haben. Dieser ermöglicht es uns, Lebensmittel über mehrere Stunden wirklich kalt (bei 5°C) zu räuchern und so auch wärmesensible Produkte wie Frischkäse oder kalt gepresste Öle mit einem intensiven Räucheraroma zu aromatisieren.

TEMPERIEREN VON SCHOKOLADE

Das richtige Temperieren ist wichtig für den späteren Glanz der Schokolade. Dafür muss beim Schmelzen der Schokolade eine präzise Temperaturkurve eingehalten werden.

THERMOMIX

Eine leistungsstarke Küchenmaschine mit vielen Funktionen, die wir hauptsächlich zum Mahlen von Nüssen und Gewürzen einsetzen und zum Fertigstellen von Pürees.

TRIMOLINE

Ein Invertzucker, der als Sirup vor allem in Konditoreien eingesetzt wird, um zu verhindern, dass Zucker nach dem Erhitzen wieder kristallisiert, und um z.B. Speiseeis eine besonders cremige Konsistenz zu verleihen.

VITAMIN-C-PULVER, NATÜRLICH

Natürliches Vitamin-C-Pulver (auch unter dem Namen Ascorbinsäure erhältlich) verhindert als Antioxidanz die Verfärbung bestimmter Lebensmittel. Ich verwende ausschließlich natürliches bzw. mittels Destillation aus Früchten gewonnenes Vitamin-C-Pulver, das sich allerdings im Gegensatz zu chemisch hergestelltem Pulver nicht erhitzen lässt, ohne seine gesundheitsförderlichen Eigenschaften zu verlieren.

WELLWOOD-WALLACE-WALNÜSSE UND KALT GEPRESSTES WALNUSSÖL

»Wellwood Wallace« ist eine Bio-Nussfarm in der Nähe von Ballarat in Victoria. Im Gegensatz zum Herstellungsverfahren französischer Nussöle werden hier die Walnüsse nicht geröstet und zudem mit einer Spindelpresse gepresst, was dem Öl ein besonders intensives Nussaroma verleiht.

XANTHAN (GENTECHNIKFREI)

Ein natürliches Verdickungs- und Geliermittel, das mit Hilfe von Bakterien aus Getreide hergestellt wird. Das Fermentationsprodukt ist als wasserlösliches Pulver erhältlich.

ZITRONENSÄURE, NATÜRLICH

Natürliche Zitronensäure (im Gegensatz zu biotechnisch hergestellter Zitronensäure durch Fermentation zuckerhaltiger Rohstoffe) wird vornehmlich aus Zitrusfrüchten gewonnen und kann für viele Speisen als Säuerungsmittel dienen. Ich verwende sie vornehmlich, wenn ich ein leicht saures Aroma erzeugen möchte und nicht zusätzlich Flüssigkeit (Fruchtsäfte, Essig) zugeben will.

Dank

Ich widme dieses Buch meiner wundervollen Familie.

Mein Dank geht auch an:
Andrew McConnell
Die Teams des »Attica« (jetzt und früher)
Banjo Harris Plane
Beet Fowlman
Belinda So
Ben Craven
Benedict Beauge
Bronwyn Terry
Colin Page
Con und Billy Maglis
Dan Pepperell
David und Helen Maccora
David Brown
David Thompson
Donald Cox
Elaine Shewry
Ella Shewry
Graeme Causey
Gurnam Singh Cheema
Hannah Green
Harold McGee
James Andronis
James Snelleman
Jason Chong
Jason Jurie
John Shewry
Johnny Abegg
Josh Murphy
Justin Buckley
Kerry Turner
Kobe Shewry
Kris Coad
Lance und Lizzie Wiffen
Livia Caiazzo
Lois Turner
Mark und Claire Turner
Mark und Helen Limacher
Mark Best
Matt Bax
Matt Wilkinson
Matthew Boyle
Melbourne Food and Wine Festival
Michael Hazelwood
Michel Roux
Mike Gaal
Mrs. Marshall
Mama und Papa
Murray und Ann Evans
Murray Trowen
Natalia Shewry
Patrick Craig
Peter Gilmore
Peter Gunn
Pierre Bugaud
René Redzepi
Rory Cowcher
Ruby Shewry
Reuben Crossman
Sally Webb
Shannon Blanchard
Sharlee Gibb
Sonia Greig
»Sunny« Amandeep Sherma
Supratim Adhikari
Tad Lombardo
Tamie Shewry
Tess Shewry
Tony Tan
Tracy Turner
Vic Loggin Crew
Yvonne Hawkes

Register der Rezepte

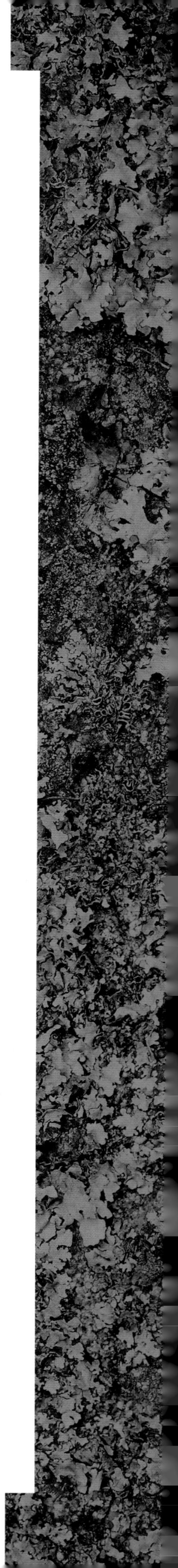

H

I

J

Z

VERZEICHNIS DER REZEPTFOTOGRAFIEN

Ben Shewry

Ben Shewry wurde 1977 in North Taranaki geboren, an der rauhen Westküste der neuseeländischen Nordinsel. Seine Jugend verbrachte er auf dem Bauernhof seiner Eltern, sein Vater züchtete Schafe und Rinder. Er wollte nicht in die Fußstapfen seines Vaters treten und beschloss deshalb bereits im Alter von 5 Jahren Koch zu werden. Mit 16 begann Ben Shewry seine Kochausbildung und gelangte nach mehreren Stationen schließlich ins »Roxburgh Bistro«, dessen Küchenchef Mark Limacher, zu einem seiner maßgeblichsten Mentoren wurde.

Nächste wichtige Stationen stellen das »nahm« in London und das »Circa« in Melbourne dar, bevor der Neuseeländer im Jahr 2005 schließlich Küchenchef des beinahe insolventen Restaurants »Attica« wurde. Die Anfangszeit war schwierig, er setzte jedoch konsequent auf seinen persönlichen Kochstil und hatte schlussendlich Erfolg damit. Im Jahr 2013 wurde das Melbourner Restaurant auf Rang 21 der San-Pellegrino-Liste der 50 weltbesten Restaurants geführt.

Ben Shewrys Intention ist es, mit seinen Gerichten Emotionen zu wecken, Geschichten zu erzählen, Assoziationen hervorzurufen und denjenigen, der sie genießt, zum Nachdenken anzuregen. Ihm ist es wichtig, mit seinen kulinarischen Kreationen alle Sinne seiner Gäste anzusprechen. Selbstverständlich soll dabei alles unverfälscht nach den ursprünglichen Zutaten schmecken und von erstklassiger Qualität sein.

Inspirationen für seine Kreationen findet Ben Shewry in seiner Kindheit – den Vulkanen, den Flüssen, dem Meer und der reichen Pflanzenwelt seiner Heimat. Aus den Erinnerungen an diese wilde, ungezähmte Natur entstanden Gerichte wie »Der Geschmack des Meeres«, »Schneekrabbe«, »Kartoffeln, gegart in der Erde, in der sie wuchsen« oder »Terroir«. Heute lebt Ben Shewry mit seiner Frau und seinen drei Kindern auf der Bellarine-Halbinsel im australischen Bundesstaat Victoria. Hier geht er täglich an den nahen Strand, um wilde Pflanzen zu sammeln, die er dann in die Küche des »Attica« bringt und zu einzigartigen Gerichten verwandelt. »Origin« ist sein erstes Kochbuch.

Die Originalausgabe erschien 2012
unter dem Titel »Origin. The Food of Ben Shewry«
bei Murdoch Books

Gestaltung: Reuben Crossman
Fotografie: Colin Page
Redaktion: Belinda So
Rezeptredaktion der Originalrezepte: Sonia Greig
Übersetzung aus dem Englischen: Franziska Weyer, Hellenthal
Redaktion der deutschen Rezepte: Dr. Regina Roßkopf, München
Druck und Bindung: 1010 Printing International Ltd
Printed in China

ISBN 978-3-87515-091-9

Ben Shewry und Murdoch Books bedanken sich bei Glen Proebstel und Andrea Moore von Prop.d in Melbourne für die Ausstattung der Foodfotografie. Unser Dank geht auch an Miriam Steenhauer, Kris Coad, Potier, Craft Victoria, Mr. Kitly, Dinosaur Designs, Shelley Panton, Made in Japan, Aeria Country Floors, Arte Domus und Eco Timber.